汽车电气系统检修

主　编　陈伟儒
副主编　徐　振
参　编　莫恺丰　谭光尧

图书在版编目(CIP)数据

汽车电气系统检修/陈伟儒主编.—长沙:中南大学出版社,2016.11
ISBN 978-7-5487-2541-1

Ⅰ.汽... Ⅱ.陈... Ⅲ.汽车-电气系统-检修-职业教育-教材 Ⅳ.U472.41

中国版本图书馆 CIP 数据核字(2016)第 301592 号

汽车电气系统检修

陈伟儒 主编

□**责任编辑** 刘锦伟
□**责任印制** 易红卫
□**出版发行** 中南大学出版社
社址:长沙市麓山南路 邮编:410083
发行科电话:0731-88876770 传真:0731-88710482
□**印　　装** 长沙鸿和印务有限公司

□**开　　本** 787×1092 1/16 □**印张** 14.5 □**字数** 368 千字
□**版　　次** 2016 年 11 月第 1 版 □2016 年 11 月第 1 次印刷
□**书　　号** ISBN 978-7-5487-2541-1
□**定　　价** 34.00 元

总序

Preface

汽车后市场风云变幻，打破配件垄断、汽车维修技术信息公开、互联网+、大众创业万众创兴等对传统汽车后市场业态产生了巨大冲击，传统业态——4S店、一二类综合性维修企业的发展空间备受挤压，利润大幅缩水，甚至面临企业的生存问题；而新兴业态——上门保养，技术上门，快修快保连锁经营，综合维修企业联盟发展，汽车维保线上下单、线下作业等层出不穷但却没有赚到理想中的利润，发展前途堪忧。随着制造汽车的原材料、汽车零部件的加工工艺、汽车装配工艺、汽车运行材料等的技术进步，以及道路条件的大幅改善，汽车的故障概率大幅度下降，汽车的可靠性大幅度提高，“汽车不坏了”已经是一个不争的事实；在环保和能源的重重重压之下，新能源汽车，特别是纯电动汽车的市场份额将急剧扩大。因此，过去汽车“以修为主”的时代已经成为历史，“以养代修”的汽车后市场时代已经来临。基于以上现实，在不久的将来，传统业态中的4S店、大型综合性汽车维修企业将面临大批倒闭的困境，汽车后市场的转型升级势在必行；流程化、规范化、标准化、专业化、品牌化、连锁化的汽车专项维修将是汽车后市场的必然发展趋势；汽车后市场对汽车类人才的需求将从单一的“技术技能型人才”向“技能服务型人才”过渡，过去汽修职业教育“以就业为导向”的人才培养模式将面临挑战，毕业生将无业可就，倒逼汽修职业教育人才培养向“以创、就业为导向”人才培养模式转变，因此，汽修职业教育也必须进行转型升级，从而汽车职业教育也要从人才培养模式、人才培养方案、教学计划、教学大纲、课程建设、师资队伍建设、实训基地建设等方面进行全新规划。

职业教育不是为过去的行业培养人才，而是要为未来的行业发展需求储备人才，因此，职业教育要紧跟行业发展，甚至要预判行业未来发展趋势，走在行业发展的前面，千万不能职业教育和行业发展两张皮，我办我的教育，不管行业发展什么事。因此汽修职业教育一定要研究汽车后市场，一定要贴近汽车后市场，一定要比汽车后市场更懂汽车后市场，要知道汽修职业教育到底应该教什么！到底应该怎么教！到底要教到什么程度！谋定而后动，直击汽修职业教育的痛点。鉴于此，中南大学出版社邀请行业专家参与，组织国内知名汽修职业教育院校教育专家共同剖析汽车后市场发展现状，研究汽车后市场发展趋势，积极探索汽修职业教育人才培养方案和人才培养模式，以满足汽车后市场现实要求和适应未来汽车后市场未来发展需求为出发点，构建全新的汽修与汽服职业教育课程体系，打造全国职业教育汽车类“十三五”规划教材，相信这套丛书的出版将对推动我国汽车职业教育的发展，为汽车后市场的发展奠定基础。

李东江

2016 年 6 月

前言

Foreword

随着一体化课程的推广，传统的汽车电气类教材的弊端逐渐凸显。传统的汽车电气教材的主要缺点有：

(1)不同的电气系统使用不同的车型进行介绍，各系统之间割裂；

(2)只主要学习内容，不注重学习方式。虽能作为参考书，但在一体化课堂上的使用效果较差。

(3)不注重标准的工作过程，不使用维修手册，检修方案不符合企业要求。

本书具有如下特色：

(1)本书以一个汽车电气系统为一个章节，每个章节分为前置学习任务、学习资讯、任务书三个部分。在使用本书时，学生应在进入每个任务的学习前，通过微课、维修手册、网络等手段，完成前置学习任务。教师通过检查学生完成前置学习任务的情况，初步判断学生对本次学习任务的掌握情况，找出学习难点。在正式上课时，教师先解决学生的学习难点，之后学生便可以根据任务书的内容进行任务的学习。此时，教师可以选择统一进行一个学习任务的教学，也可以选择平行任务的方式进行教学。学生依照任务书内容执行任务的过程中，教师可适当进行指导，帮助学生处理学习过程中的疑问。

(2)每个系统的学习顺序为整体线路到零部件检修，尊重学生的学习规律。

(3)注重标准工作过程，使用维修手册，遵守企业工作要求。

本书由陈伟儒主编，徐振为副主编，莫恺丰、谭光尧参编，冯月崧主审。其中模块一、模块二、模块五由陈伟儒编写；模块八、模块九、模块十、模块十一由莫恺丰编写；模块三、模块四、模块六、模块七由谭光尧编写。同时，本书在编写过程中参阅了一些文献资料，谨向这些作者表示感谢。

本书存在不妥之处在所难免，欢迎读者批评指正。

编　者

2016年12月

目录

CONTENTS

模块一　汽车电气系统入门

【学习目标】

1. 能正确使用当代汽车上的主要电气设备；
2. 能根据实车，叙述汽车电气设备的主要特点；
3. 能根据丰田电路图的识读规则，正确解读卡罗拉点烟器电路图；
4. 能按要求在车上加装行车记录仪，并向顾客解答一些使用上的疑问；
5. 能根据电路图，叙述汽车电路故障判断的主要方法。

【学习资源】

<table>
<tr><th>类别</th><th>序号</th><th>名称</th><th>数量与备注</th></tr>
<tr><td rowspan="3">学材、教材</td><td>1</td><td>前置学习任务</td><td rowspan="3">模块一</td></tr>
<tr><td>2</td><td>任务书</td></tr>
<tr><td>3</td><td>评价表</td></tr>
<tr><td rowspan="6">实训设备</td><td>4</td><td>卡罗拉实训车</td><td>AT，5 人一台</td></tr>
<tr><td>5</td><td>卡罗拉维修与电路手册</td><td rowspan="6">每个工位一套</td></tr>
<tr><td>6</td><td>行车记录仪</td></tr>
<tr><td>7</td><td>卡罗拉使用手册</td></tr>
<tr><td>8</td><td>数字万用表</td></tr>
<tr><td>9</td><td>常用拆装工具</td></tr>
<tr><td rowspan="2">学习环境</td><td>10</td><td>电脑</td></tr>
<tr><td>11</td><td>拍照手机</td><td>学生自备</td></tr>
</table>

【前置学习任务】

一、在实训车中，找出以下电气设备，拍照，并准备在任务前分享。

蓄电池	交流发电机
起动机	点火开关
前照灯	雾灯
高位制动灯	仪表

二、拍摄出的点火开关属于________，该点火开关的各挡位及作用有哪些？

挡位	作用

三、一键启动的汽车配备按钮式点火开关如下所示，请画出其工作循环示意图。

四、简述汽车采用单线制与负极搭铁的好处。

1.1 汽车电气设备概述

汽车电气设备由电源和用电设备组成。一般轿车电气系统（图 1－1）可分为以下几个系统：

（1）供电系统：蓄电池、交流发电机；

（2）起动系统：直流起动机、进气预热装置；

（3）点火系统：点火开关、点火线圈、点火控制器、火花塞等；

（4）照明系统：前照灯、雾灯、牌照灯、顶灯、阅读灯、仪表板照明灯、行李箱灯、门灯、发动机舱照明灯等；

（5）仪表系统：车速里程表、燃油表、水温表、发动机转速表等；

（6）信号系统：音响信号和灯光信号装置、制动信号灯、转向信号灯、倒车信号灯以及各种报警指示灯等；

（7）辅助用电设备：电动车窗、中控门锁、防盗装置、电动后视镜、电动座椅、风窗刮水器、洗涤器、电喇叭、点烟器等。

随着电控电子技术的发展，一些豪华轿车上还采用了不少新型电子技术，如自动泊车、自动驾驶、自动灯光、胎压自动监测、HUD 抬头数字显示系统、无钥匙启动系统等。

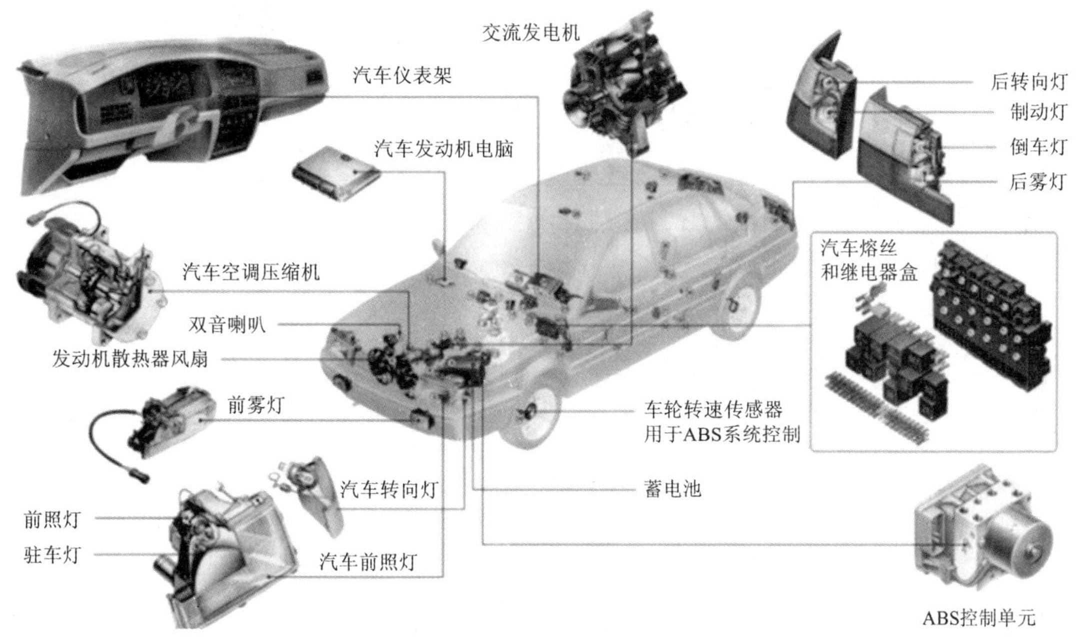

图 1－1　汽车电气设备的组成

1.2　卡罗拉电气设备的使用方法

下面以丰田卡罗拉汽车为例，讲解汽车上主要电气设备的使用方法。

1.2.1　点火开关

几乎所有汽车上的电气设备都要经过点火开关接通电源。点火开关主要有 2 种：按钮式点火开关(图 1 -2)和钥匙式点火开关(图 1 -3)。

图 1 -2　按钮式点火开关

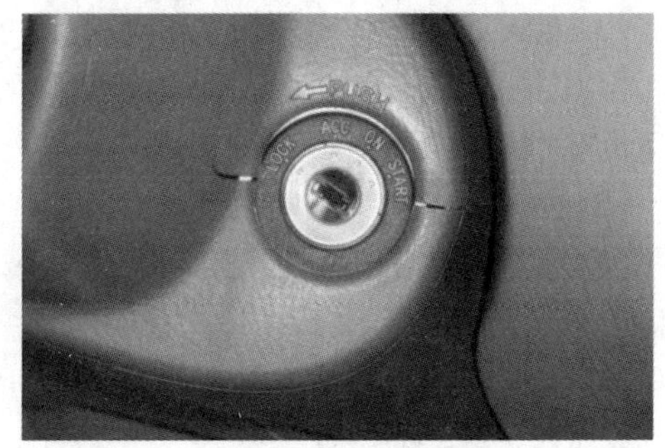

图 1 -3　钥匙式点火开关

点火开关一般有 4 个挡位，分别是 OFF 挡、ACC 挡、IG 挡(也称 ON 挡)和 ST 挡，部分带有 LOCK 挡。不同的挡位连接不同的电气设备电源，各挡位的作用如表 1 -1 所示。

表 1 -1　点火开关各挡位的作用

挡位名称	作用
LOCK 挡	锁止方向盘
OFF 挡	关闭发动机
ACC 挡	发动机未运转时，在此位置可打开电气附件电压
IG 挡(ON 挡)	发动机未运转时，在此位置可打开点火系统和电气附件电压
ST 挡	启动发动机

表 1 -2 所示为 2 种点火开关使用方法对比。

表 1 -2　2 种点火开关使用方法对比

钥匙式点火开关	按钮式点火开关(车辆钥匙必须在检测范围内)
钥匙在 ACC 挡	按压一次点火开关
钥匙在 IG 挡(ON 挡)	按压两次点火开关
钥匙在 ST 挡	踩下制动踏板，按压点火开关

图 1 -4 所示为无钥匙启动点火开关控制循环。

1.2.2　汽车灯具

汽车的常用灯具控制基本上都集中在集合开关上，主要有前照灯开关、雾灯开关、转向灯开关等。

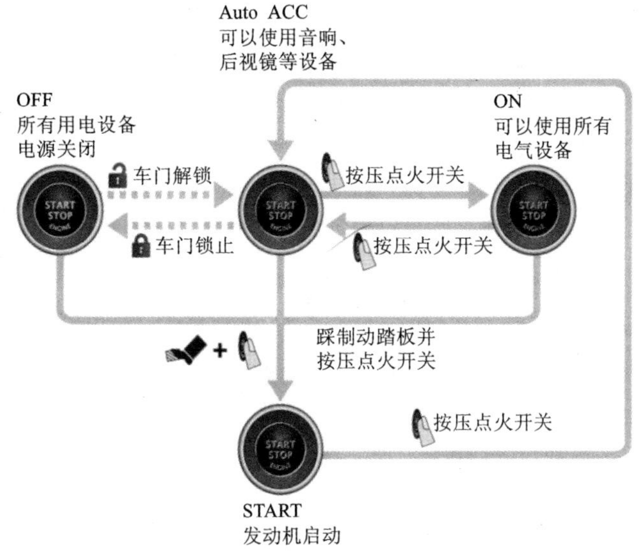

图1－4　无钥匙启动点火开关控制循环

1. 前照灯开关

前照灯开关使用示意图如图1－5和图1－6所示。

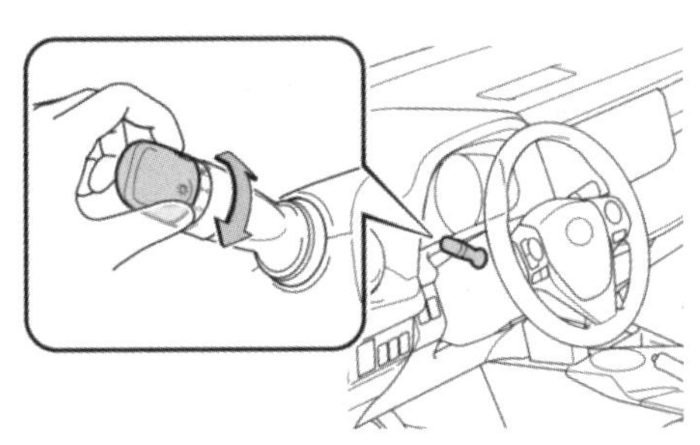

图1－5　前照灯开关

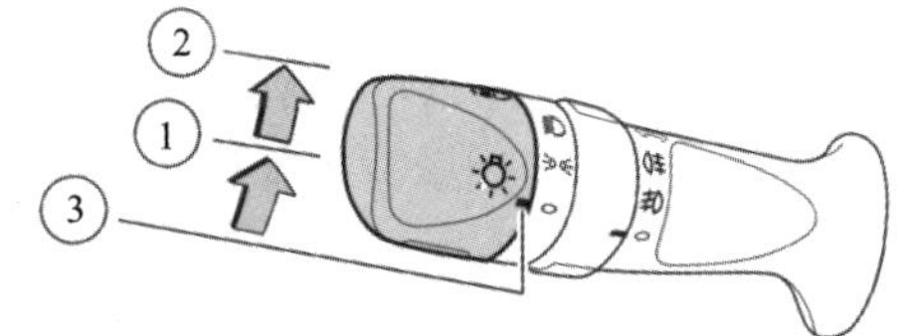

图1－6　前照灯开关3个挡位

图1－6中：①“ ”表示前位置灯、尾灯、牌照灯及仪表灯亮起；②“ ”表示前照灯及上述所有灯光亮起；③“○”表示未配备日间行车灯系统的车型的日间行车灯关闭，或配备日间行车灯系统的车型的日间行车灯亮起。

2. 远光灯

远光灯的使用示意图如图1－7所示。

其中：①当前照灯亮起时，将控制杆推离座位方向，即可开启远光灯，将控制杆拉向座位方向到中央位，即可关闭远光灯；②将控制杆拉向座位方向后放开，远光灯即可闪烁一次。不论前照灯开启或关闭，远光灯均可亮起。

3. 雾灯开关

雾灯开关使用示意图如图1－8和图1－9所示。

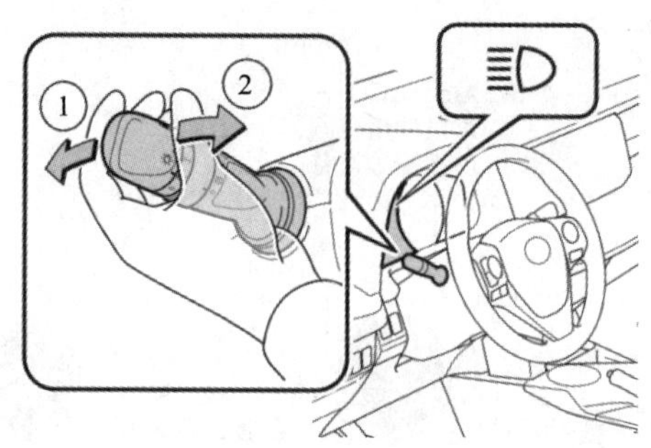

图 1－7　远光灯的使用

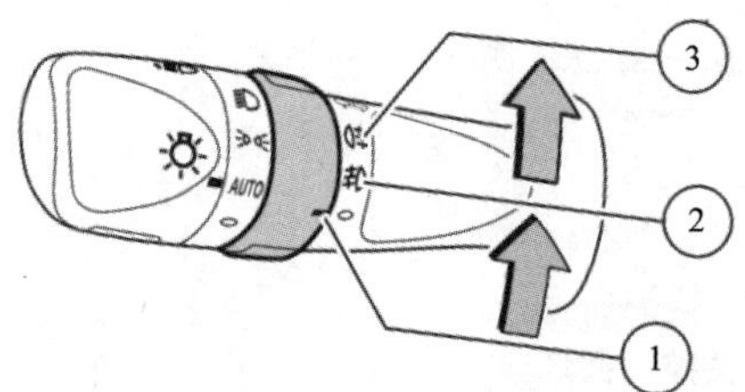

图 1－8　雾灯的使用

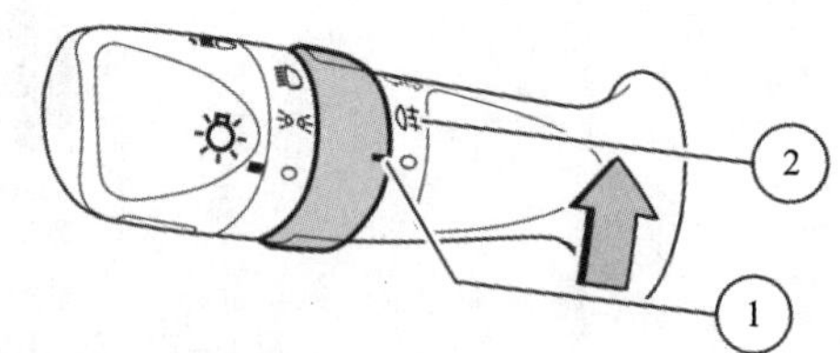

图 1－9　后雾灯的控制

图 1－8 中：①“○”表示关闭前、后雾灯；②“”表示开启前雾灯；③“”表示开启前、后雾灯。放开开关转环，其会回到“”，再次操作转环，仅会关闭后雾灯。

图 1－9 中：①“○”表示关闭后雾灯；②“”表示开启后雾灯。放开开关转环，其会回到“○”，再次操作转环,仅会关闭后雾灯。

4. 转向灯开关

转向灯开关的使用示意图如图 1－10 和图 1－11 所示。

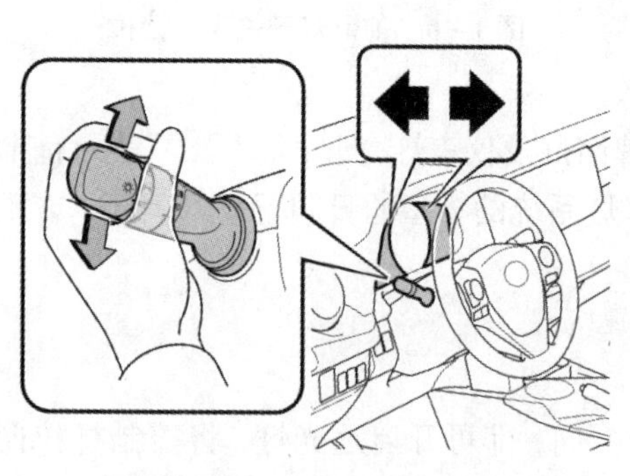

图 1－10　转向灯开关示意图

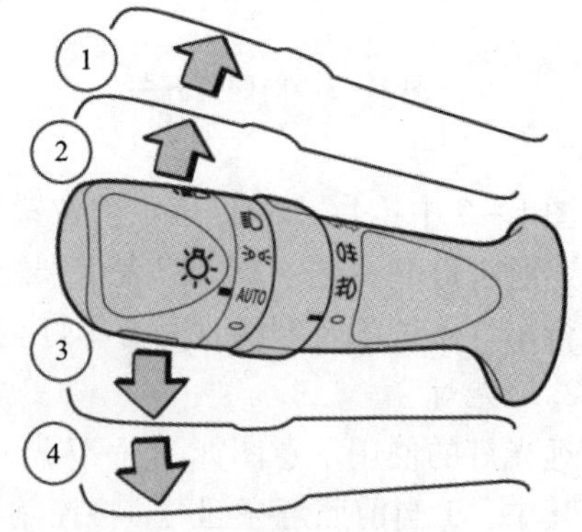

图 1－11　转向灯开关的使用

图 1－11 中：①右转；②向右变换车道（将控制杆拨动少许并释放）；③右侧方向灯将会

闪烁 3 次，向左变换车道(将控制杆拨动少许并释放)；④左侧方向灯将会闪烁 3 次，左转。

1.2.3　雨刮器

雨刮器的作用就是除去挡风玻璃上的水、雪及沙尘，保证在不良天气时驾驶员仍具有良好的视线。目前，在汽车上广泛采用的是电动雨刮器，其普遍具有高速、低速及间歇三个工作挡位，而且除了变速之外，还有自动回位的功能。雨刮器的使用方法如图 1－12～图 1－14 所示。

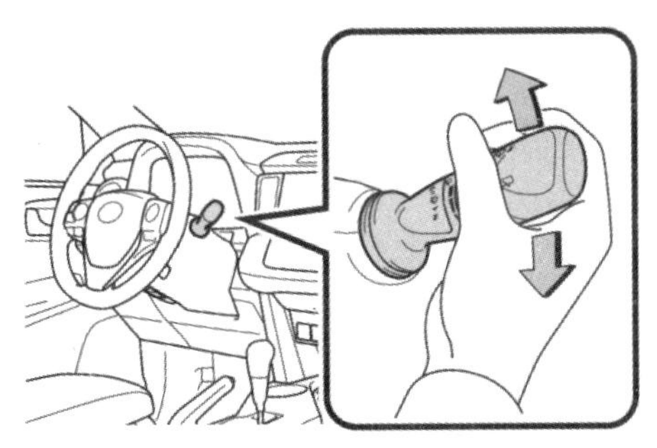

图 1－12　雨刮器的使用

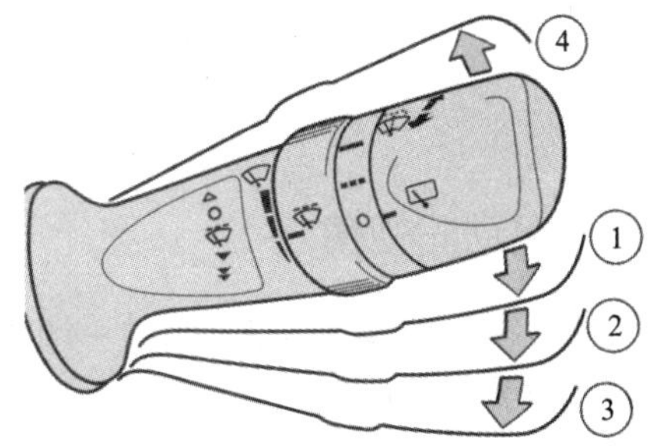

图 1－13　雨刮器的各挡位

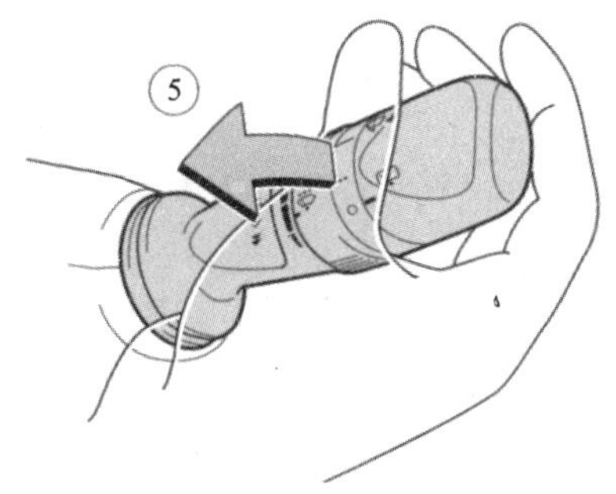

图 1－14　洗涤器的使用

图中：①间歇动作；②低速动作；③高速动作；④单扫动作；⑤喷水器/雨刷双动作。在喷水器喷水后，雨刷会自动运行一段时间。

1.2.4　电动座椅

电动座椅的操作方法如图 1－15 所示。

其中：①座椅位置调整开关；②椅背角度调整开关；③椅垫(前)角度调整开关；④垂直高度调整开关；⑤腰部支撑调整开关。

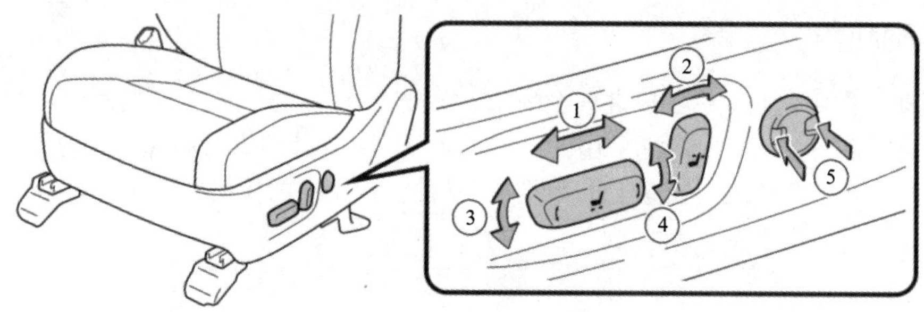

图 1－15　电动座椅的使用

1.2.5　电动后视镜

电动后视镜的操作方法如图 1－16 和图 1－17 所示。

1. 选择要调整的后视镜

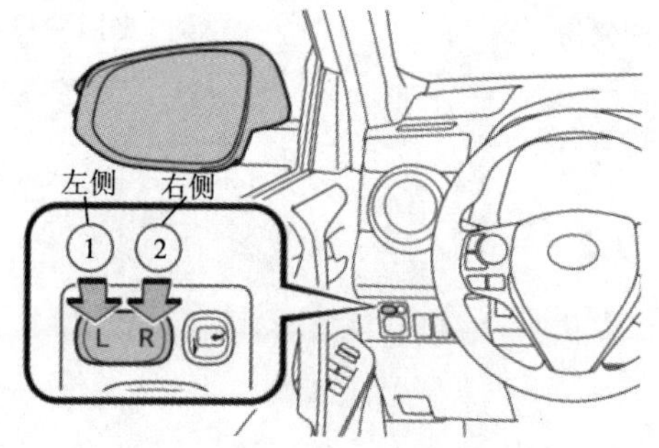

图 1－16　选择开关

2. 调整后视镜

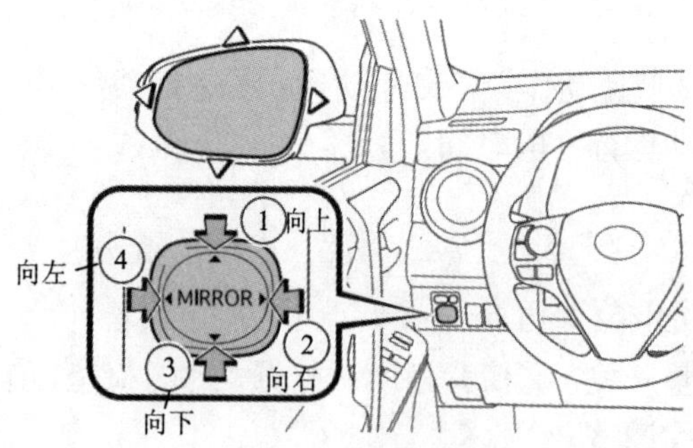

图 1－17　控制开关

1.2.6　电动车窗

电动车窗的操作方法如图 1－18 和图 1－19 所示。

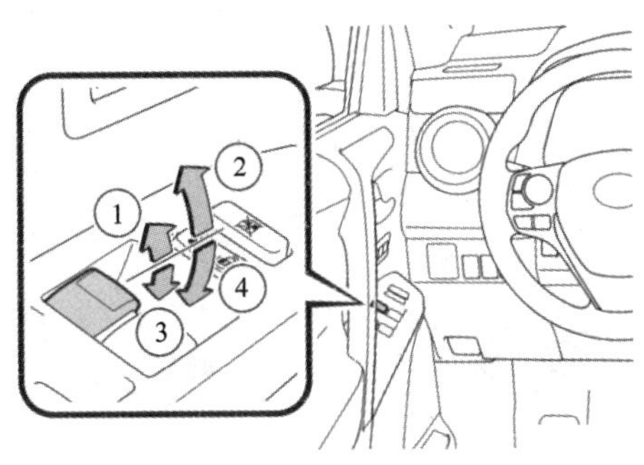

图 1－18　电动车窗的控制

其中：①关闭；②单触关闭（仅驾驶座车窗）；③开启；④单触开启（仅驾驶座车窗），要将车窗停在半开时，开关反方向操作即可。

按图 1－19 所示操作开关即可锁住乘客座电动窗开关，使用此按钮可防止儿童在无意间开启或关闭乘客座侧车窗。

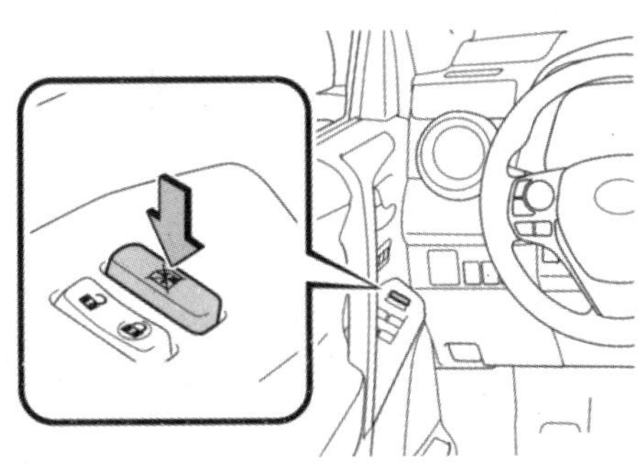

图 1－19　电动车窗锁止

1.3　汽车电气设备的主要特点

1. 单线制和负极搭铁

所谓单线制，就是利用汽车发动机和底盘、车身等金属机件作为各种用电设备的共享连线（俗称搭铁），而用电设备到电源只需另设一根导线。任何一个电路中的电流都是从电源的正极出发，经导线流入到用电设备后，通过金属车架流回电源负极而形成回路。采用单线制不仅可以节省材料（铜导线），使电路简化，而且便于安装和检修，降低故障率。但对一些不能形成可靠的电气回路或需要精确电子信号的回路，应采用双线制。

所谓搭铁，就是采用单线制时，将蓄电池的一个电极用导线连接到发动机或底盘等金属车体上(图 1－20)。若蓄电池的负极连接到金属车体上，称为负极搭铁；反之，若蓄电池的正极连接到金属车体上，称为正极搭铁。我国标准中规定汽车电器必须采用负极搭铁。目前世界各国生产的汽车也大多采用负极搭铁的方式。

图 1－20　搭铁点

卡罗拉轿车发动机舱的搭铁点分布如图 1－21 所示。图中 A1、A2、A3、A4 和 B1、B2 均是搭铁点。

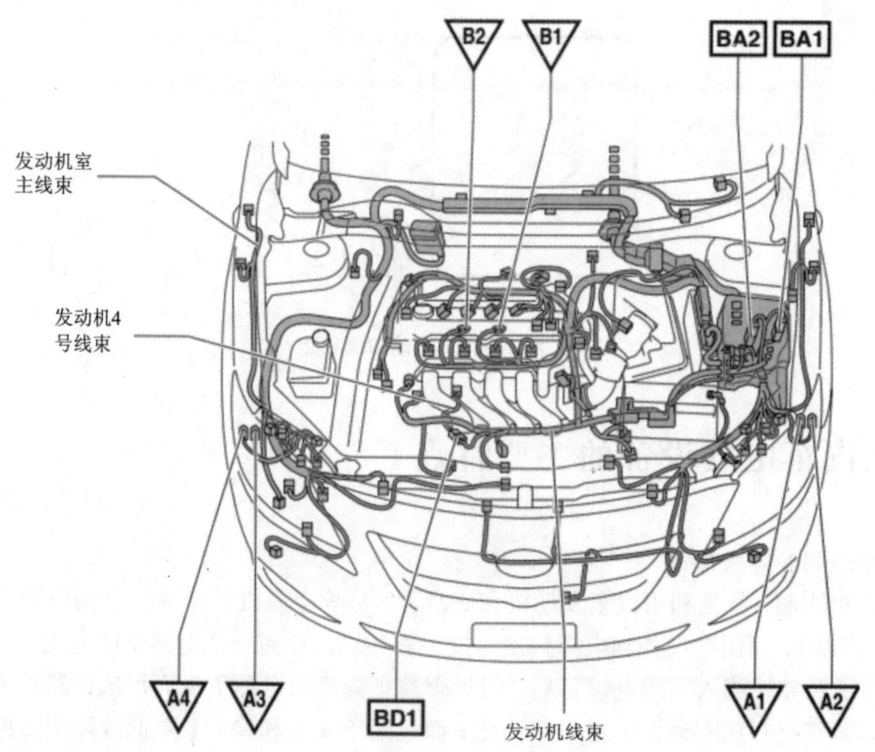

图 1－21　卡罗拉轿车发动机舱的搭铁点分布

2. 2 个电源

所谓 2 个电源，是指蓄电池（图 1－22）和发电机（图 1－23）2 个供电电源。蓄电池是辅助电源，在汽车未运转时向有关用电设备供电；发电机是主电源，当发动机运转到一定转速后，发电机转速达到规定的发电转速，开始向有关用电设备供电，同时对蓄电池进行充电。两者互补可以有效地使用电设备在不同的情况下都能正常地工作，同时也延长了蓄电池的供电时间。

图 1－22　蓄电池

图 1－23　发电机

3. 用电设备并联

所谓用电设备并联，就是指汽车上的各种用电设备都采用并联的方式与电源连接，每个用电设备都由各自串联在其支路中的专用开关控制，互不产生干扰。

4. 低压直流供电

汽车电气设备采用低压直流供电。汽油车多采用 12 V 直流电压供电，柴油车多采用 24 V直流供电，即 2 个 12 V 蓄电池串联；北汽 e200eV 等电动车的动力电池的电压虽然很高，但其电压也是经过 DC—DC 降到 12 V，给蓄电池充电及车上电气设备供电。

1.4　丰田汽车电路图的识读

丰田汽车的维修手册包含修理手册与电路手册两大部分。这里仅介绍电路手册的使用方法。在丰田汽车电路手册中，每个电气系统的电路资讯包括两个部分，分别是该系统的电路图与该系统的电路信息，分别如图 1－24 和图 1－25 所示。

在图 1－24 和图 1－25 中，电路图和信息表的符号含义如表 1－3 所示。

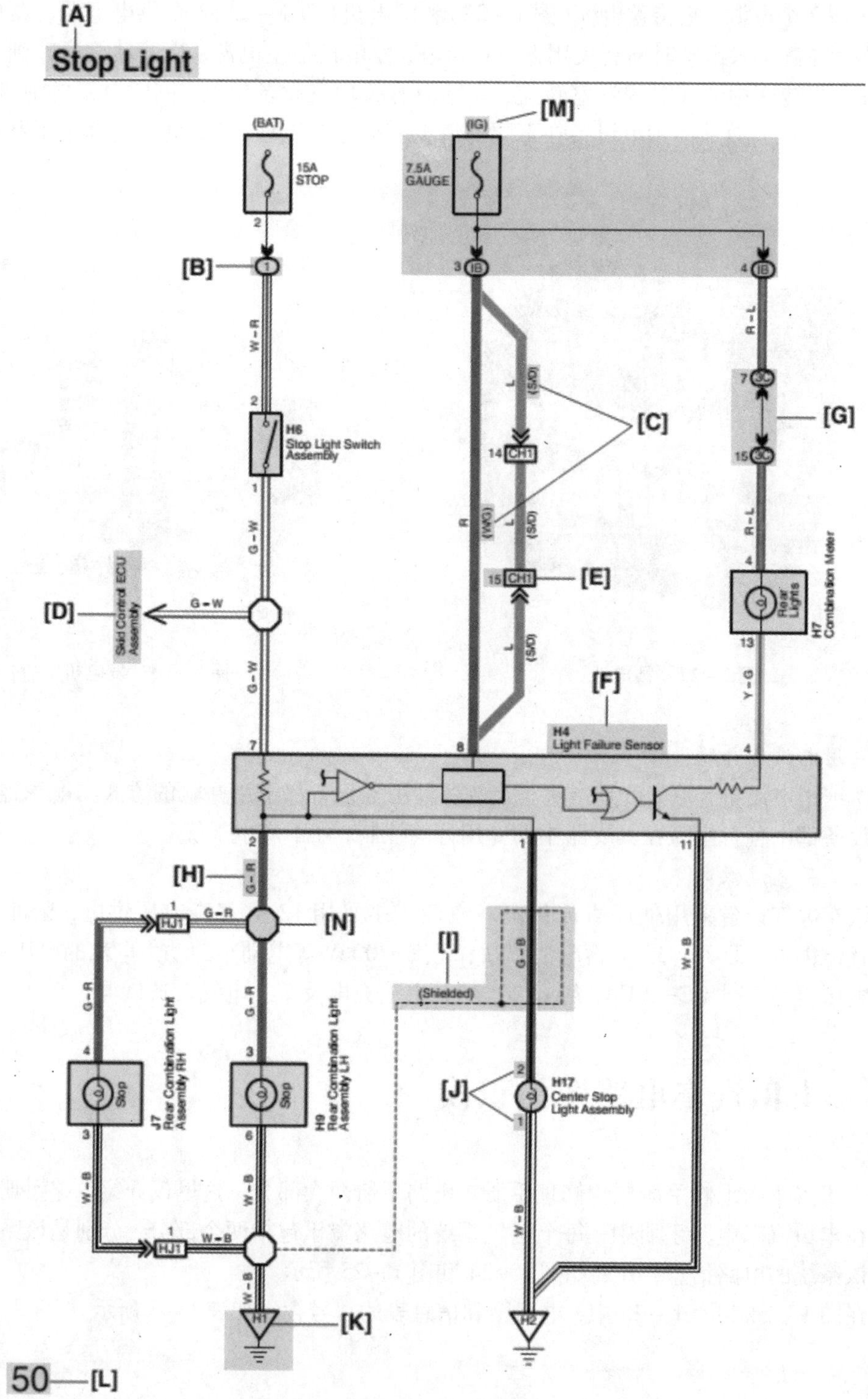

[A]

Stop Light

(BAT) 15A STOP
(IG) 7.5A GAUGE [M]
[B] 1
W-R
H6 Stop Light Switch Assembly
G-W
[D] Skid Control ECU Assembly G-W
3 IB 4 IB
R L (S/D) [C]
14 CH1
(W/G) L (S/D)
15 CH1 [E]
L (S/D)
R-L
7 3C [G] 15 3C
R-L
H7 Combination Meter Rear Lights
Y-G
[F] H4 Light Failure Sensor
[H] G-R
HJ1 G-R [N]
[I] (Shielded) G-B
W-B
J7 Rear Combination Light Assembly RH Stop
H9 Rear Combination Light Assembly LH Stop
[J] H17 Center Stop Light Assembly
W-B HJ1 W-B
H1 [K] H2

50 —[L]

图 1－24　丰田汽车电路图样图

[O] 系统概述

始终使电流通过制动灯保险丝加到制动灯开关总成的端子2上。

打开点火或起动机开关总成时，电流从仪表保险丝流到灯故障传感器的端子8，同时也流经后灯警告灯至灯故障传感器的端子4。

制动灯断开警告。

打开点火或起动机开关总成并踩下制动踏板(制动灯开关总成ON)，如果制动灯电路断路，且从灯故障传感器的端子7流到端子1，端子2的电流改变，则灯故障传感器检测到断开，且灯故障传感器的警告电路被激活。因此，电流从灯故障传感器的端子4流到端子11，再流到搭铁点，并使后灯警告灯亮起。通过踩下制动踏板，流到灯故障传感器的端子8的电流使警告电路保持ON状态，并在关闭点火或起动机开关总成之前一直使警告灯亮起。

[P] ○:零件位置

代码	参见页	代码	参见页	代码	参见页
H4	36	H7	36	H17	38
H6	36	H9	38	J7	38

[Q] ⬭:继电器盒

代码	参见页	继电器盒(继电器盒位置)
1	18	1号继电器盒(仪表板左侧支架)

[R] ⬭:接线盒和线束连接器

代码	参见页	接线盒和线束(连接器位置)
3C	22	仪表板线束和3号接线盒(仪表板左侧支架)
IB	20	仪表板线束和仪表板接线盒(下装饰板)

[S] □:连接线束的连接器和线束

代码	参见页	连接线束和线束(连接器位置)
CH1	42	发动机室主线束和仪表板线束(左侧踏脚板)
HJ1	50	仪表板线束和地板线束(右侧踏脚板)

[T] ▽:搭铁点

代码	参见页	搭铁点位置
H1	50	左侧中柱下方
H2	50	背板中间

图 1－25　丰田汽车电路图信息表

表 1－3　图 1－24 与图 1－25 中符号含义

符号	含义
[A]	系统名称
[B]	表示继电器盒，无阴影表示且仅显示继电器盒号以区别接线盒
[C]	当车辆型号、发动机类型或规格不同时，用“()”来表示不同的配线和连接器
[D]	表示相关系统

续表 1-3

符号	含义
[E]	表示用以连接两根线束的(阳或阴)连接器的代码，该连接器代码由两个字母和一个数字组成； 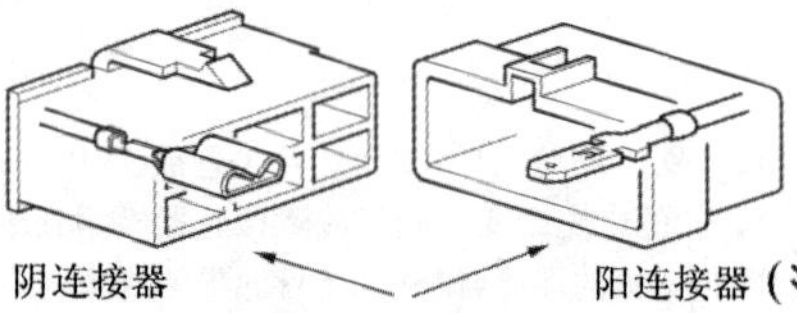 阴连接器　阳连接器(≫) 连接器代码的第一个字符表示带阴连接器的线束的字母代码，第二个字符表示带阳连接器的线束的字母代码； 第三个字符表示在出现多种相同的线束组合时，用于区分线束组合的系列号(如 CH1 和 CH2) 符号“(≫)”表示阳端子连接器，连接器代码外侧的数字表示阳连接器或阴连接器的引脚编号
[F]	表示零件(所有零件用天蓝色表示)的代码，此代码与零件位置图中所用的代码相同
[G]	接线盒(圈内的数字是接线盒号，旁边为连接器代码)。接线盒用阴影标出，以便将它与其他零件清楚地区别开来 例：  7 3C 15 3C 其中 3C 表示它在 3 号接线盒内部
[H]	表示配线颜色； 配线颜色用字母表示： B = 黑色　W = 白色　BR = 褐色 L = 蓝色　V = 紫色　SB = 天蓝色 R = 红色　G = 绿色　LG = 浅绿色 P = 粉色　Y = 黄色　GR = 灰色 O = 橙色； 第一个字母表示基本配线颜色，第二个字母表示条纹的颜色 例：L - Y 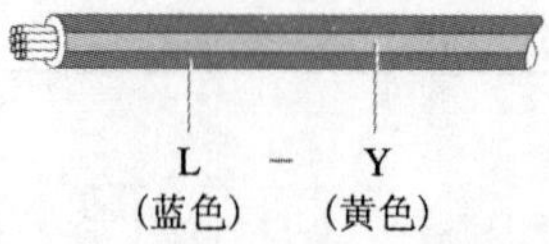 L - Y (蓝色)　(黄色)

续表 1-3

符号	含义
[I]	表示屏蔽电缆
[J]	表示连接器引脚的编号，阳连接器和阴连接器的编号系统各异 例： 从左上到右下依次标出编号：1 2 3 / 4 5 6　阴连接器 从右上到左下依次标出编号：3 2 1 / 6 5 4　阳连接器
[K]	表示搭铁点，该代码由两个字符组成：一个字母和一个数字； 该代码的第一个字符表示指示线束的字母代码，第二个字符表示在同一线束有多个搭铁点时作区别用的系列号
[L]	页码
[M]	表示保险丝通电时的点火开关位置
[N]	表示配线接点 例：
[O]	解释系统概述
[P]	显示系统电路中的零件在车辆上的位置的参考页码 例：零件“H4”（灯故障传感器）在维修手册的 36 页，该代码的第一个字符表示指示线束的字母，第二个字符表示与线束连接的零件的系列号 H 4 4 — 连接的零件的系列号 H — 线束代码
[Q]	显示系统电路中的继电器盒连接器在车辆上的位置的参考页码 例：在维修手册的 18 页描述了连接器“1”，它被安装在仪表板的左侧
[R]	显示系统电路中的接线盒和线束在车辆上的位置的参考页码 例：连接器“3C”连接仪表板线束和 3 号接线盒，在维修手册的 22 页描述了此连接器，它被安装在仪表板的左侧
[S]	显示描述线束和线束连接器（首先显示阴连接器线束，然后显示接头线束）的参考页码 例：连接器“CH1”连接发动机室主线束（阴连接器）和仪表板线束（阳连接器），在维修手册的 42 页描述了此连接器，它被安装在左侧踏脚板上
[T]	显示车辆上搭铁点位置的参考页码 例：搭铁点“H2”位于背板中间，详见维修手册的 50 页

在维修手册中，也可以查到连接器的相关信息(图 1－26、表 1－4)。

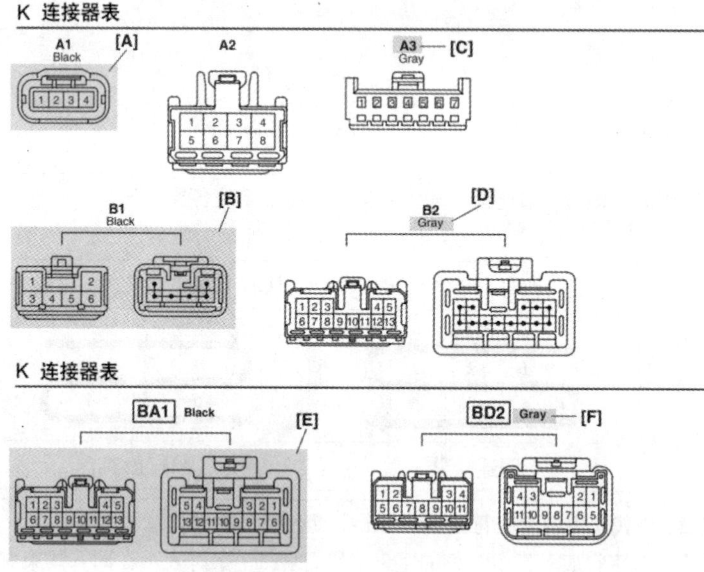

图 1－26　连接器表

表 1－4　连接器的相关信息

符号	含义
[A]	表示连接到零件的连接器（数字表示引脚号）
[B]	接线连接器，表示连接到短路端子的连接器 接线连接器 短路端子
[C]	零件代码，代码的第一个字母是零件的第一个字母，数字表示此零件在以相同字母开始的零件序列中的位置
[D]	表示连接器颜色(未标明颜色的连接器均为乳白色)
[E]	表示用于连接线束的连接器的外形； 居左：阴连接器外形； 居右：阳连接器外形； 数字表示引脚号
[F]	表示连接器颜色(未标明颜色的连接器均为乳白色)

1.5　汽车电路故障判断方法

1. 电压检查

(1)在图 1－27 中，存在如下情况时检查点可检测到电压：

[A]—点火开关打开；

[B]—点火开关和 SW1 打开；

[C]—点火开关、SW1 和继电器打开(SW2 关闭)。

(2)用电压表将负极导线连接到正常的搭铁点或蓄电池负极端子上，正极导线连接到连接器或零部件端子上，也可使用测试灯代替电压表检查电压。

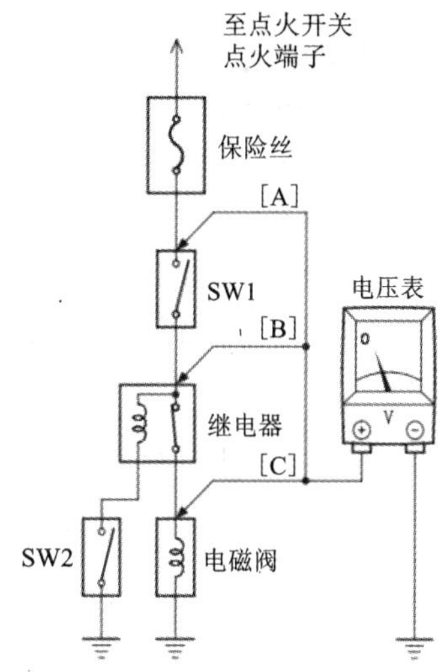

图 1－27　电压检查电路图

2. 导通性和电阻检查(图 1－28)

(1)断开蓄电池端子或配线，使检查点间没有电压。

(2)用欧姆表的 2 根导线接触检查点两端。

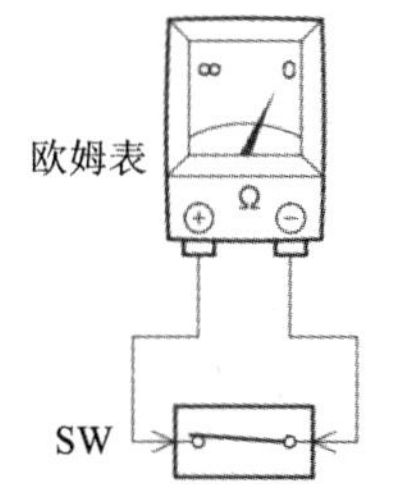

图 1－28　导通性和电阻检查

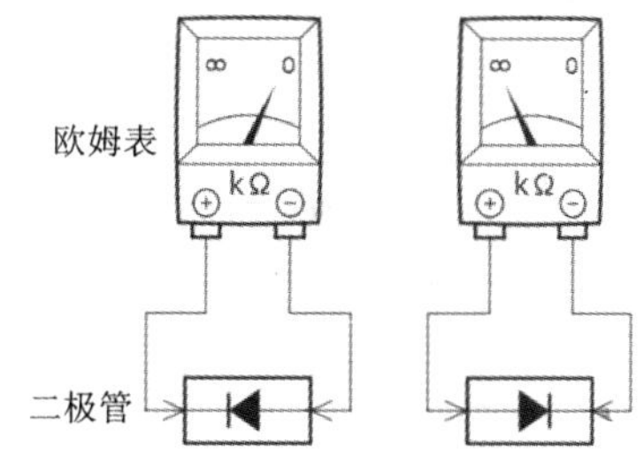

图 1－29　二极管检查

(3)若电路有二极管，则反接 2 根导线，再次进行检查。将负极导线接触二极管正极侧，正极导线接触负极侧时，应显示导通。若将 2 根导线反接，则应显示不导通(图 1－29)。

(4)用高阻抗(最小 10 kΩ/V)万用表对电路进行故障排除(图 1－30)。

3. 查找短路电路

图 1－31 所示为短路检查电路图。

(1)拆下熔断的保险丝并断开保险丝的所有负载。

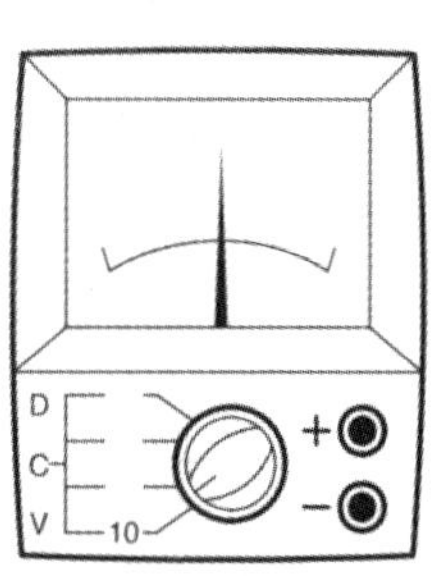

图 1－30　万用表的种类

(2)在保险丝的位置连接测试灯。

(3)在如下情况下测试灯应亮起：

[A]—点火开关打开；

[B]—点火开关和 SW1 打开；

[C]—点火开关、SW1 和继电器打开(连接继电器)和 SW2 关闭(或断开 SW2)。

(4)查看测试灯时，断开并重新连接连接器。测试灯仍亮着的连接器和测试灯熄灭的连接器之间短路。

(5)沿车身轻微晃动故障线束以准确找出短路部位。

注意：除非有绝对必要，否则不要打开盖或 ECU 的壳(若接触 IC 端子，则静电可能会损坏 IC)。更换数字仪表的内部装置(ECU 部分)时，小心不要使身体的任一部位或衣物接触到更换的零件(备用零件)IC 等的导线的端子。

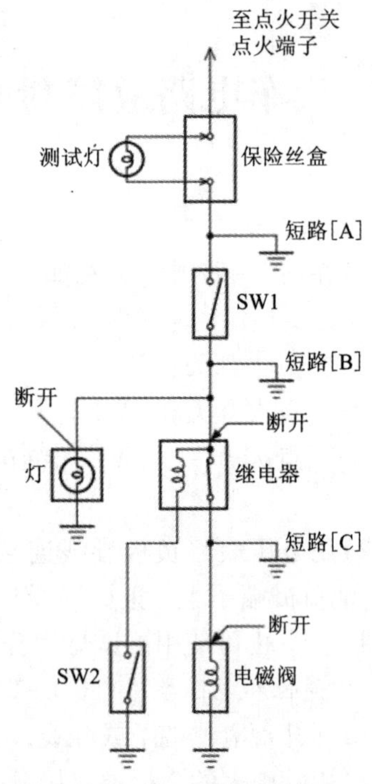

图 1-31　短路检查电路图

【任务书】

一、小组合作，请尝试使用这些电气设备，拍摄使用过程并汇报，同时说明使用这些电气设备的场合。

电气设备	使用场合

二、根据丰田卡罗拉电路手册，查找实训车点烟器电路及相关信息，填写下表。

零部件代码	零部件名称	位置页数	插脚信息页数	零部件代码	零部件名称	位置页数	插脚信息页数
E18				E53			
2Q				E5			
CIG							

其中 ACC 表示：________________________；GR 表示：____________；WB 表示：________________。

三、车主希望安装一个行车记录仪，要求从点烟器取电，走线尽量隐蔽，露出部分符合美观要求。同时向你咨询了一个使用上的问题：有些人说下车时，需要把行车记录仪电源从点烟器中拔出，否则下次启动时，蓄电池有可能亏电；但有些人又表示下车时不需要拔掉点烟器中的行车记录仪电源。这 2 种说法对车主造成了困惑，请你在安装工作结束后，为他释疑。

四、故障诊断的基本方法。

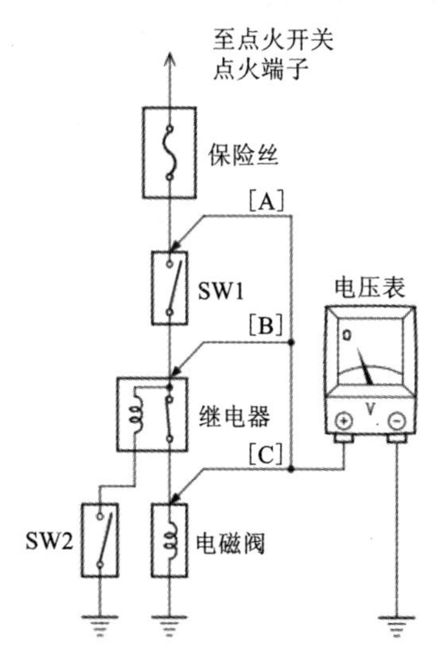	请分析图中[A]、[B]和[C]这 3 种情况，在哪些条件下检查点可检测到电压： [A]— [B]— [C]—
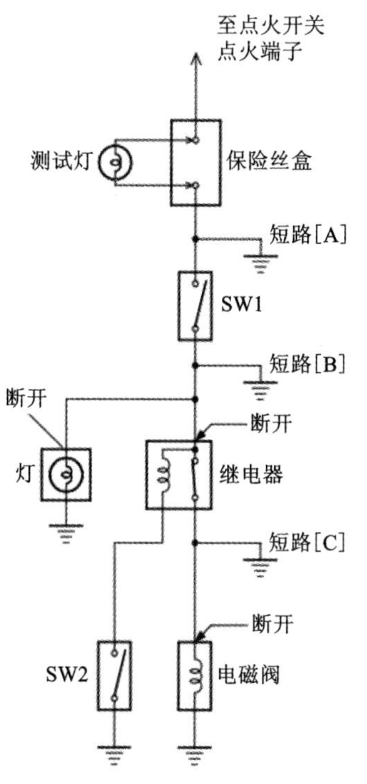	请分析图中[A]、[B]和[C]这 3 种情况，在哪些条件下测试灯会被点亮： [A]— [B]— [C]—

模块二　优卡狮32项全车检查（电气部分）

【情境描述】

广州优卡狮电子商务有限公司是一家专注于汽车后市场的互联网公司，为车主降低养车成本而生，提供维修保养、中石油加油卡、保险理赔、违章罚款、车辆年审等汽车综合服务。目前，该公司已拥有28家施工门店，服务能力覆盖广州市区及周边多个城市。

假如你是优卡狮的一名汽修学徒，客户通过互联网下单，要求进行一次顶级的小保养（图2－1），你需要根据技师的吩咐完成部分的保养与维护工作。具体工作安排已经写在【任务书】内。

图2－1　优卡狮小保养订单

【学习目标】

1. 能正确更换指定的保险丝与继电器;
2. 能正确更换前照灯的灯泡;
3. 能正确更换汽车雨刮器刮水片;
4. 能正确更换火花塞,清洗火花塞积炭,检查火花塞的技术状况;
5. 能正确调整汽车前照灯的照射位置,使之符合技术标准;
6. 能正确更换蓄电池,就车检测蓄电池的技术状况;
7. 能正确维护蓄电池的技术状况。

【学习资源】

类别	序号	名称	数量与备注
学材、教材	1	前置学习任务	模块二
	2	任务书	
	3	评价表	
实训设备	4	卡罗拉实训车	AT,5人一台
	5	卡罗拉维修与电路手册	每个工位一套
	6	卡罗拉使用手册	
	7	数字万用表	
	8	常用拆装工具	
	9	充电机	
	10	电解液密度计(或冰点仪)	
	11	灯光调整屏幕	
配件耗材	12	保险丝	各种规格、若干
	13	继电器	卡罗拉适用
	14	前照灯灯泡	
	15	刮水片	
	16	火花塞	
	17	蓄电池	
学习环境	18	电脑	每个工位一台
	19	拍照手机	学生自备

【前置学习任务】

一、保险丝是我们习惯的称呼,它的官方名称叫熔断器。汽车保险丝的用途与家里保险丝的作用大同小异,当电路电流异常并超过其额定电流时熔断,起到电路保护屏障的作用。

插片式保险丝是汽车最常用的保险丝，它有其国际标准，不同的颜色代表不同的额定电流，请根据国际填写下表。

序号	熔断器颜色	额定电流
1	咖啡色	
2	红色	
3	蓝色	
4	透明、无色	
5	黄色	
6	绿色	

二、以下是一些有关蓄电池的知识填空。

(1)市售的两种汽车蓄电池在使用过程中，一种需要补充电解液，而另一种则不需要，称为：______________________________。

(2)蓄电池主要由________、____________、__________、______等组成。

(3)更换蓄电池，要先断开______极，后断开______极；换上新的蓄电池，要先连接____极，后连接______极。

(4)蓄电池在充、放电时的反应方程式是：____。

(5)我们把蓄电池正、负极板上的物质称为活性物质。在蓄电池放电的过程中，正极板上的活性物质会从__________转化为____________；负极板上的活性物质会从________转化为____________；由____________和__________混合而成的电解液，其密度会下降。而在充电过程中，正、负极板上的化学反应刚好相反，分别还原成____________和______________，电解液密度会上升，直至密度为_______________时，表示蓄电池充满。

(6)在蓄电池充电的过程中，电流会将电解液中的水电解，形成____和____2 种气体，电解液会减少。

三、一般汽车蓄电池每 2 ~ 3 年需要更换一次，随便丢弃废旧蓄电池会给环境造成危害，查阅资料，回答以下问题。

(1)随意丢弃废旧蓄电池会对环境造成什么危害？

(2)如何正确处理废旧汽车蓄电池？

四、学校的汽车电气实训室有许多汽车蓄电池，请为这些蓄电池制定一个简单有效的充电计划。

为此，你需要知道：

(1)蓄电池充电电压为______V。

(2)你是如何知道蓄电池是何时充满的？有什么判断标准？

充电计划：

五、火花塞的作用是：________________________________。上网查询一下，4个NGK的铱金火花塞的价格为________________________。

(1)火花塞在使用的过程中会产生积炭，积炭是如何形成的？

(2)火花塞积炭对汽车发动机有何影响？

(3)更换火花塞的周期是多少？

六、前照灯照射位置与亮度对汽车夜间行车的安全性影响非常大，因此，国家对汽车前照灯的照射位置与亮度进行了规定。请查询国标文件GB 7258—2012《机动车运行安全技术条件》，看看其是如何规定的？

2.1 更换插片式保险丝

若有任何电器组件无法操作，则可能是保险丝被烧坏，必要时需要检查并更换保险丝。汽车上一般用插片式保险丝。插片式保险丝一般集中安装在汽车的接线盒中，便于更换和排除故障。

不同额定电流的保险丝的外壳涂以不同的颜色加以区分(图 2 - 2)。插片式保险丝塑料外壳的颜色所代表的额定电流如表 2 - 1 所示。其外壳上还在熔丝的两头设有测试点，用于测试电路及熔丝的断路情况。一般汽车的安装插片式保险丝的接线盒中配有用于拆装保险丝的专用工具。

图 2 - 2　各种插片式保险丝

表 2 - 1　插片式保险丝塑料外壳的颜色所代表的额定电流

颜色	深绿	灰	紫红	紫	粉红	棕黄	金	褐	橘红	红	黑	淡蓝	黄	白	淡绿
额定电流/A	1	2	2.5	3	4	5	6	7.5	9	10	14	15	20	25	30

2.1.1 判断插片式保险丝是否熔断的方法

通过对测量点进行测量或目测的方法能判断插片式保险丝是否熔断。

测量：在不宜拔下保险丝的情况下，可通过插片式保险丝上的 2 个测量孔来判断内部熔断丝的熔断情况，如图 2 -3 所示。其具体方法是：使用电压表或试灯，分别测量 2 个测量孔的电压情况，正常情况下 2 个测量孔应均能测量到蓄电池电压。若只有一个测量孔能测量到蓄电池电压，则可以判定，该保险丝已经熔断。

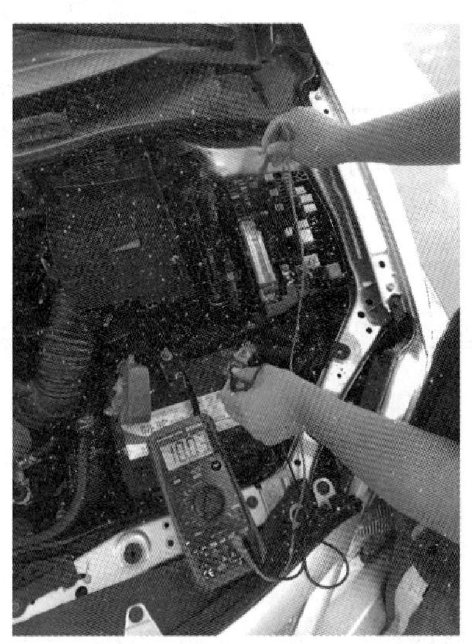

图 2 -3　测量保险丝熔断情况

目测：除了就车测量外，拔下插片式保险丝后，能透过其半透明塑料外壳，观察其内部熔断丝的熔断情况，如图 2 -4 和图 2 -5 所示。

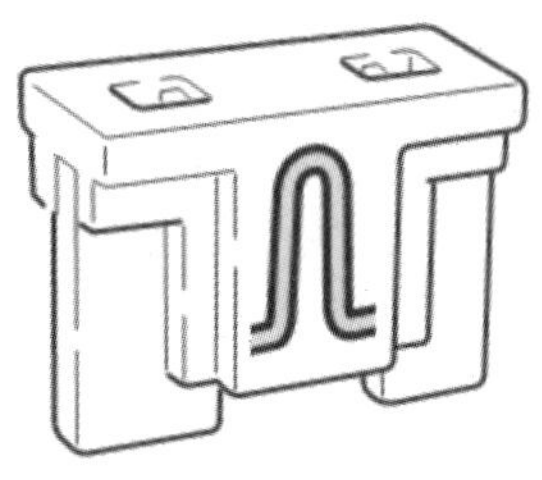

图 2 -4　正常的保险丝

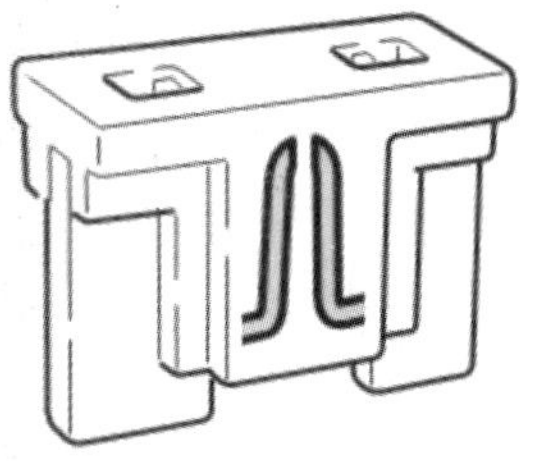

图 2 -5　熔断的保险丝

2.1.2 更换插片式保险丝

更换插片式保险丝的步骤如下：

(1)关闭发动机开关。

(2)打开保险丝盒(图 2 -6)。

(3)汽车发生系统故障后，参考卡罗拉使用手册中的“保险丝的分布和额定安培值”，以具体了解要检查哪些保险丝。

(4)用拔起工具拆下保险丝(图2－7)。

(5)检查保险丝是否已经熔断。

(6)更换已经熔断的保险丝。

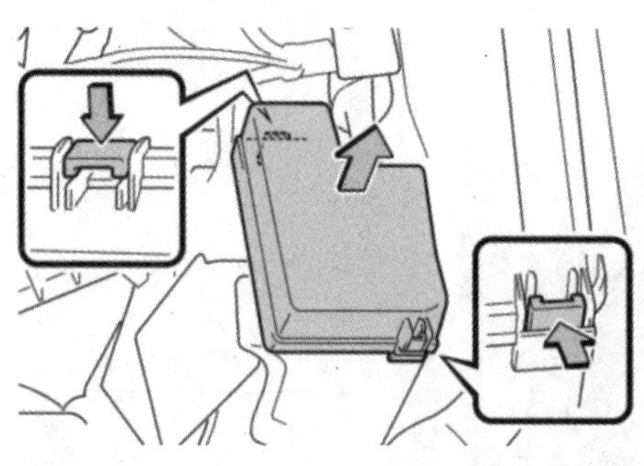

图2－6　打开保险丝盒

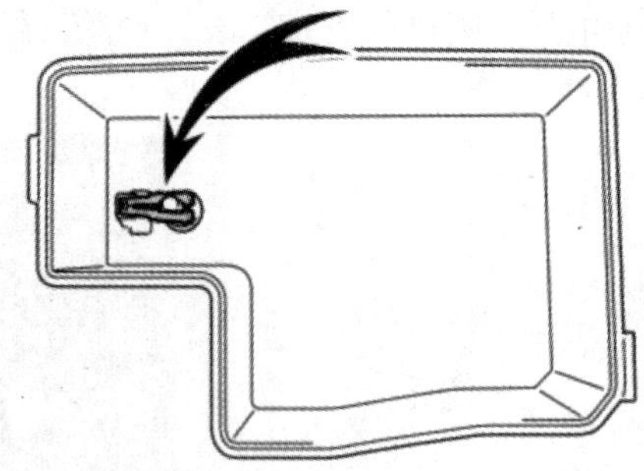

图2－7　拔起工具

2.2　更换左侧远光灯灯泡

在关闭车灯的情况下，更换前照灯灯泡。车灯关闭后，灯泡可能会很烫，因此不能立即更换灯泡。丰田卡罗拉的前照灯为HB3卤素灯泡(图2－8)，额定功率为60 W。

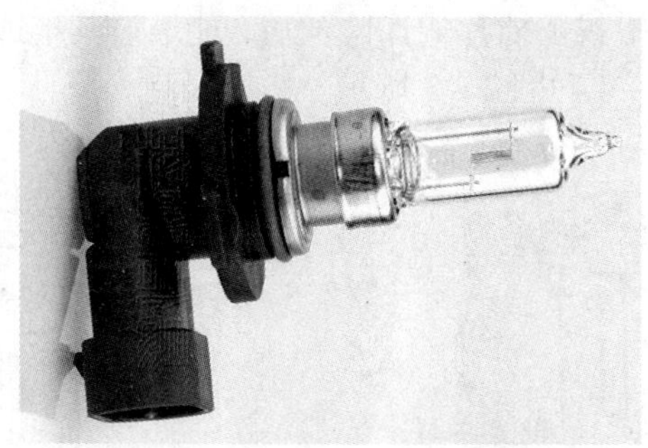

图2－8　丰田卡罗拉前照灯灯泡

2.2.1　前照灯灯泡的更换方法

(1)拆卸。以逆时针方向转动灯座(图2－9)，按下锁定释放扣，然后拆开接头(图2－10)。

(2)安装。更换灯泡并安装灯座。将灯泡的3凸耳与固定座相互对正，然后装入(图2－11)，旋转并固定灯座(图2－12)。安装灯座后，轻轻摇动灯座来确认其是否未松动，再

开启头灯开关并目视确认无光线从固定处漏出。

图 2-9　旋转灯座

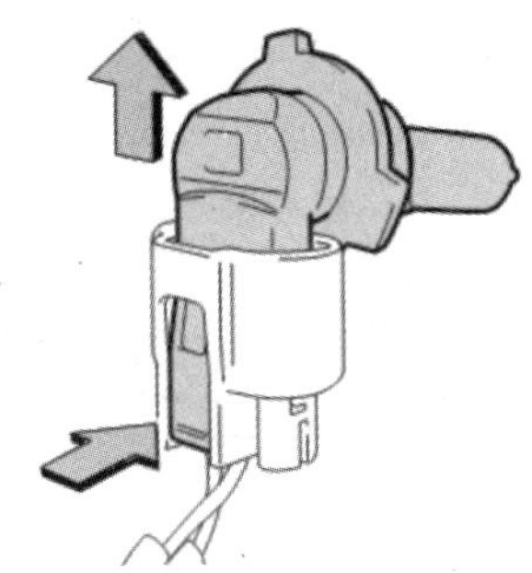

图 2-10　拆下灯泡

图 2-11　安装灯座

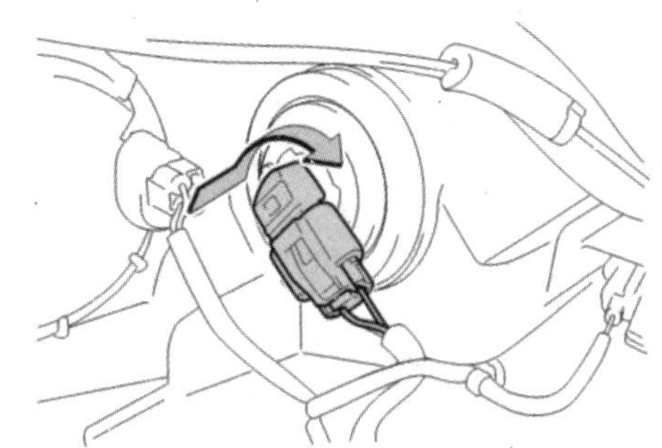

图 2-12　固定灯座

2.3　更换汽车雨刮器刮水片

雨刮器的刮水片是消耗品，雨刮器是否正常工作直接影响到行车的安全及驾驶的舒适性。在使用过程中，刮水片逐渐失去其大部分的卷曲弹性，不能和玻璃很好地贴附，刮得越来越不干净。这种现象更容易发生在整天停放在露天停车场的车辆上。阳光会将刮水片上的橡胶烤硬，当雨刮器运行时，会刮出条纹或者有噪声，因为橡胶已经变硬，不能顺应玻璃的弧度了。寒冷的天气使刮水片的橡胶变硬、变脆，容易开裂。雨刮器的摇臂有时也会被冰雪卡住，造成刮水片无法均匀受力，刮片在扫过玻璃时跳动，从而出现波纹。

2.3.1　雨刮器刮水片的更换判断

当汽车雨刮器出现几种情况(图 2-13 ~ 图 2-16)，或者刮不干净时，就应当考虑更换刮水片。

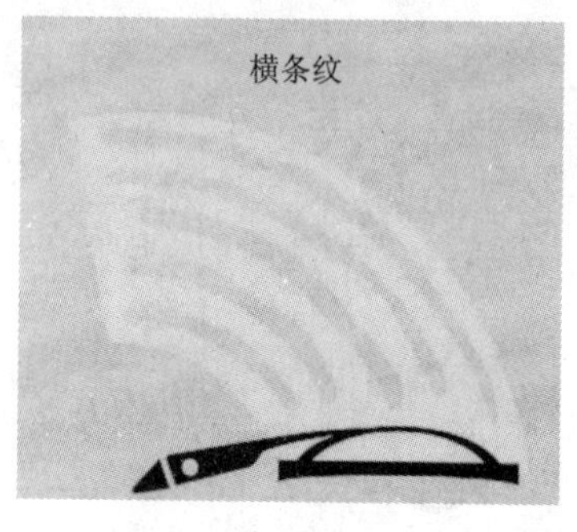

图 2-13 细长的横条纹，影响视线

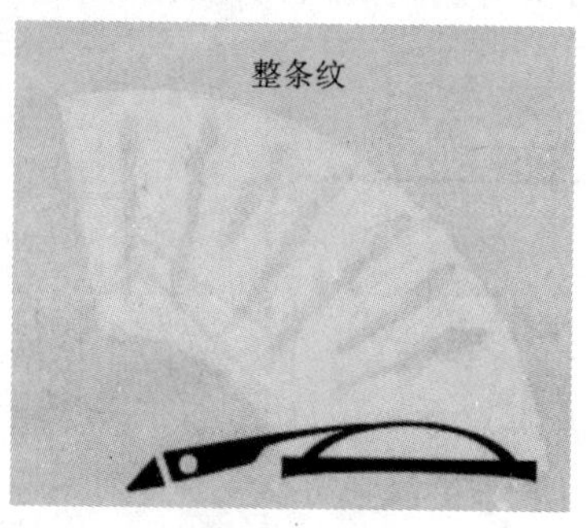

图 2-14 刮水片发出异响、跳跃，不能顺利地转动

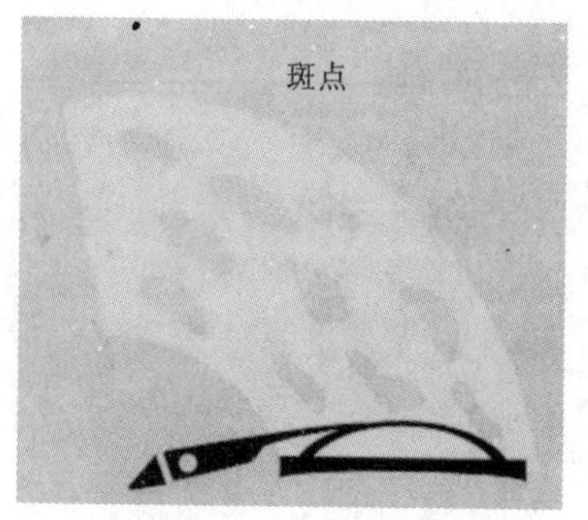

图 2-15 刮片刮过后，留下板状水痕

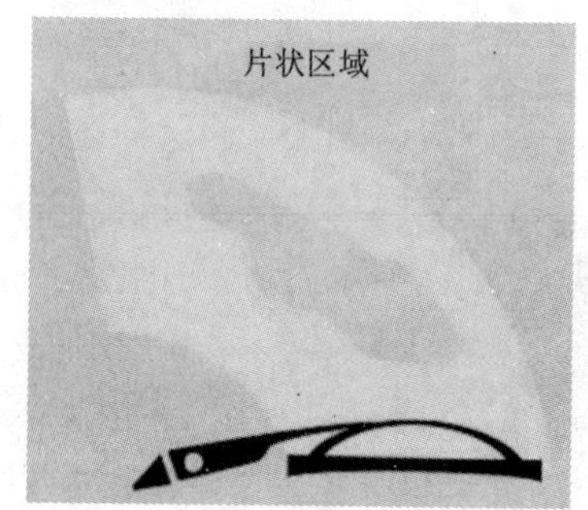

图 2-16 胶条没有贴合到玻璃表面，不能均匀刮刷

2.3.2 更换刮水片的方法

根据丰田车主手册的指引，更换卡罗拉雨刮器刮水片的步骤如下。

1. 拆卸旧的刮水片

(1)脱开前雨刮器刮水片的固定架。

(2)如图 2-17 所示，从前雨刮器臂上拆下前雨刮器刮水片。

2. 安装新的刮水片

(1)如图 2-18 所示，安装前雨刮器刮水片。

(2)卡紧前雨刮器刮水片的固定架。

2.4 更换火花塞，检查火花塞的技术状况

2.4.1 火花塞的更换周期

大部分汽车的火花塞每行驶 20000 km 或每年检查一次，每行驶 40000 km 或每 2 年更换一次火花塞，主要检查绝缘、间隙与积炭情况。而在丰田车主手册上，要求每行驶 100000 km

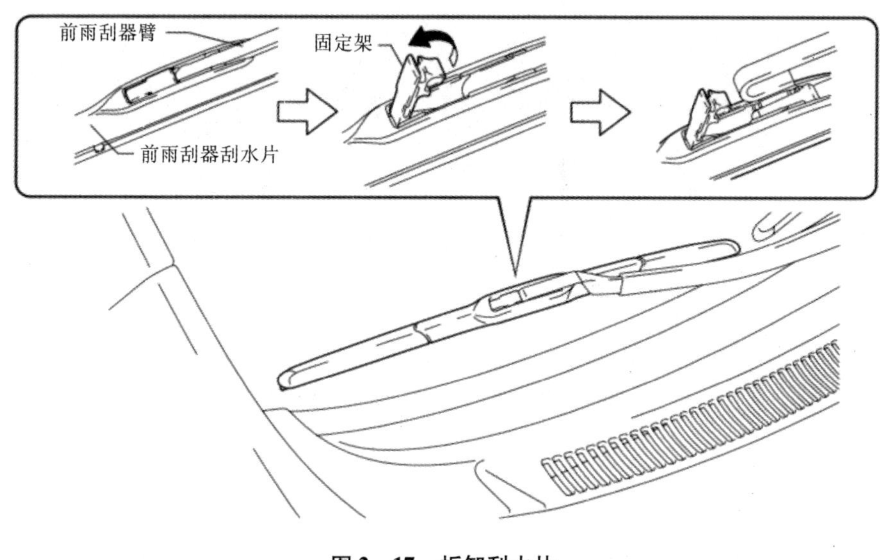

图2-17　拆卸刮水片

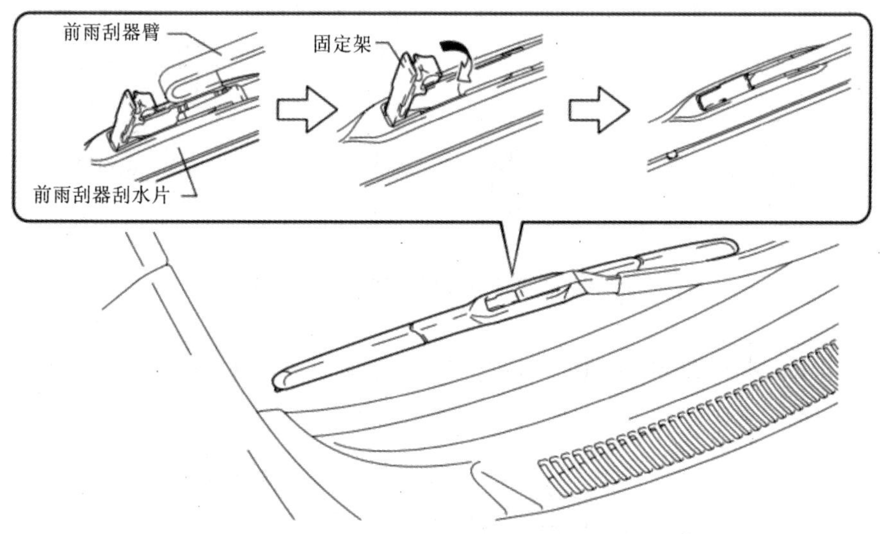

图2-18　安装新的刮水片

更换一次火花塞。

2.4.2　拆下火花塞的步骤

(1)拆卸气缸盖罩，断开4个点火线圈连接器(图2-19)。

(2)拆下4个螺栓和4个点火线圈(图2-20)。

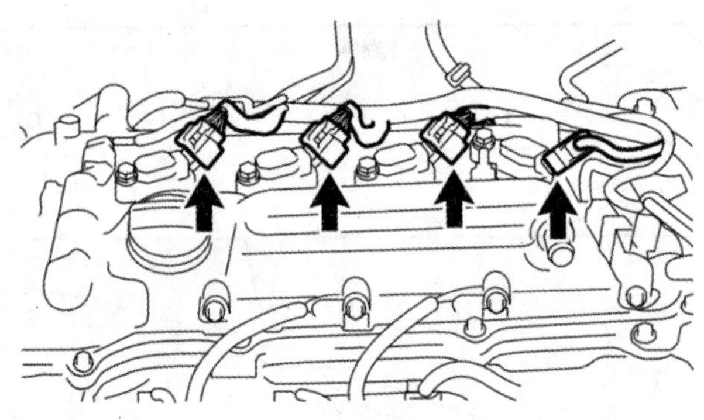

图 2－19　断开 4 个点火线圈连接器

图 2－20　拆下 4 个螺栓和 4 个点火线圈

(3)用 14 mm 火花塞扳手和 100 mm 加长杆拆下 4 个火花塞(图 2－21)。

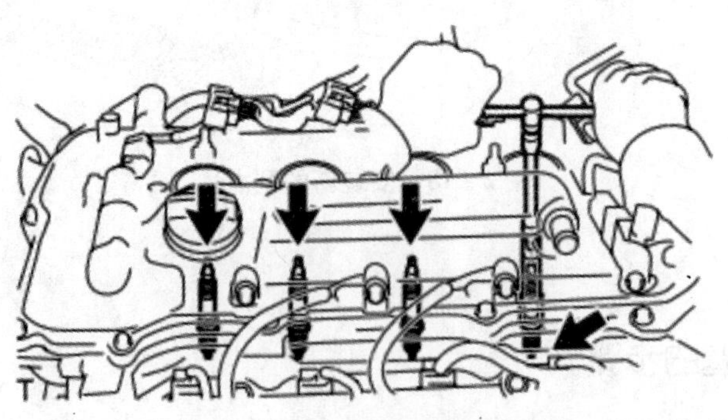

图 2－21　拆下 4 个火花塞

2.4.3　检查火花塞技术状况

(1)检查电极。用万用表兆欧挡测量绝缘电阻(图2-22)。标准电阻：10 MΩ 或更大。

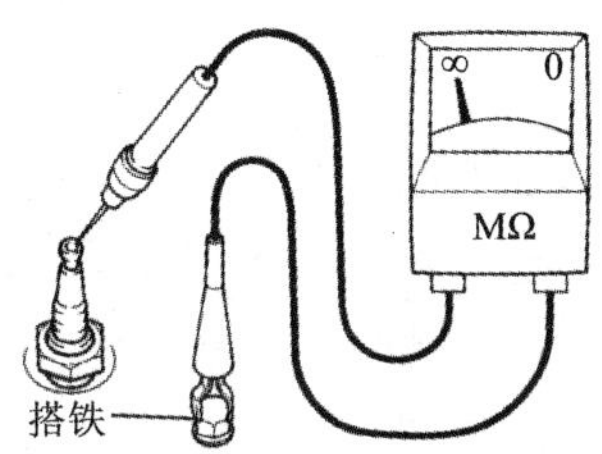

图2-22　检查电极

(2)检查火花塞螺纹和绝缘垫是否损坏(图2-23)。若有任何损坏，则更换火花塞。

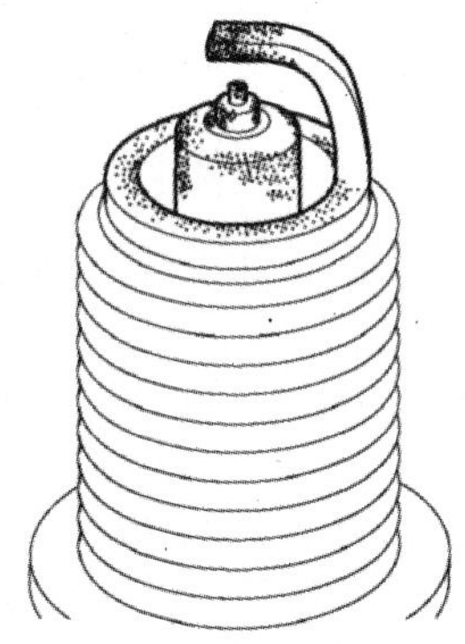

图2-23　检查火花塞

(3)旧火花塞的最大电极间隙为1.3 mm。新火花塞的电极间隙为1.0~1.1 mm。若间隙大于最大值，则更换火花塞(图2-24)。

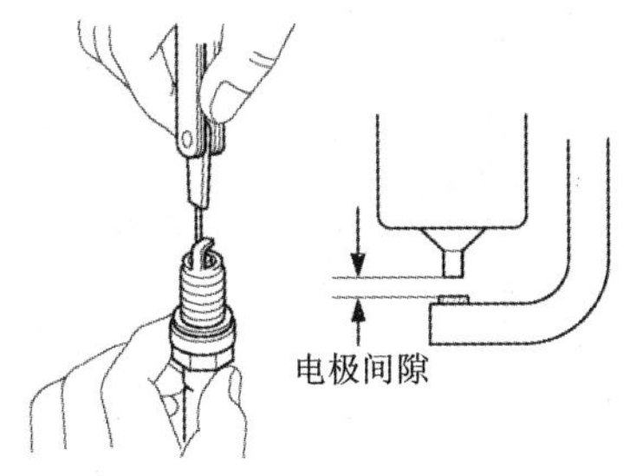

图2-24　检查电极间隙

2.4.4 安装火花塞的步骤

(1)用 14 mm 火花塞扳手和 100 mm 加长杆安装 4 个火花塞(图 2－25)，扭矩为 20 N·m。

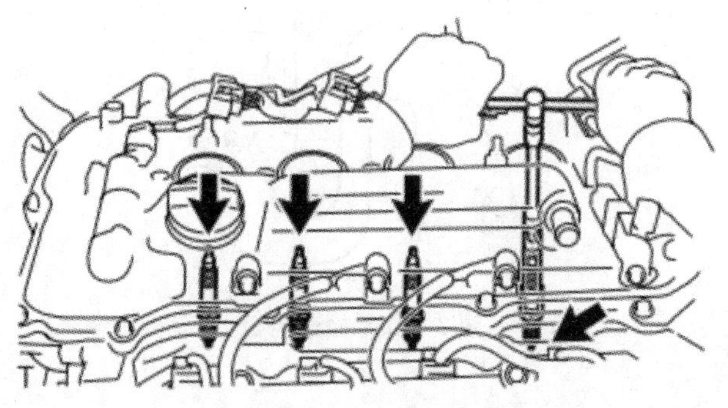

图 2－25 安装火花塞

(2)用 4 个螺栓安装 4 个点火线圈(图 2－26)，扭矩为 10 N·m。

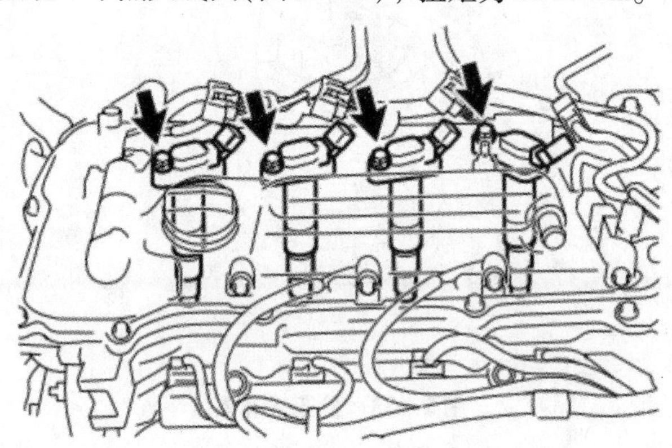

图 2－26 安装点火线圈

(3)连接 4 个点火线圈连接器，安装气缸盖罩(图 2－27)。

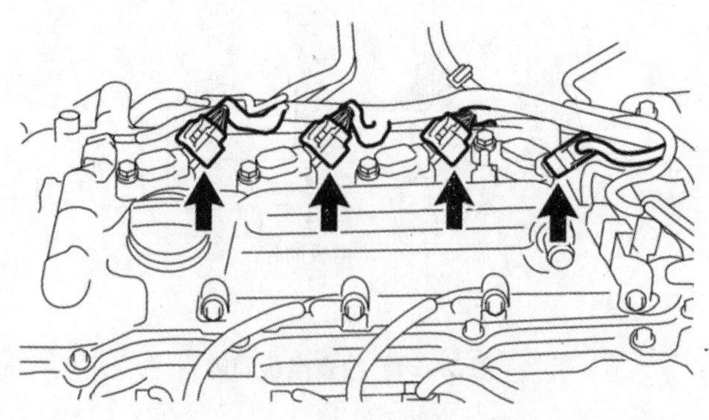

图 2－27 连接点火线圈连接器

2.5　调整汽车前照灯的照射位置

前照灯的光束照射位置不当，会影响正常的有效照度及迎面车辆驾驶员的视野，导致驾驶员眩目，影响驾驶安全。车辆在使用的过程中，拆装或更换过前照灯总成、车辆长期大负载运行导致悬挂变形或车辆前部发生碰撞导致变形的，均需要重新检测与调整前照灯照射位置。

2.5.1　准备车辆

(1)确保前大灯周围车身没有损坏与变形。图2-28和图2-29所示均为左侧前照灯附近的车身骨架，图2-28所示为正常的车身骨架，图2-29所示为经过碰撞矫正后的车身，可见车身骨架即使经过矫正，也不可能完全恢复正常。车身零部件的螺丝孔不能与车身骨架螺丝孔对齐。

图2-28　正常的车身骨架

图2-29　经过碰撞矫正后的车身

(2)加注燃油箱，保油液加注到规定的液位。燃油、机油、制动液等液体的质量，会直接成为车辆的负载，从而影响汽车悬架的高度。因此需要保证这些液位达到车辆正常行驶的规定液位。

(3)将轮胎充气至适当的压力(图2-30)。轮胎气压会影响汽车高度，特别是当左、右轮胎或前、后轮胎的胎压不符合要求时，会使车姿侧倾、前倾或后仰，直接影响前照灯光束照射位置。

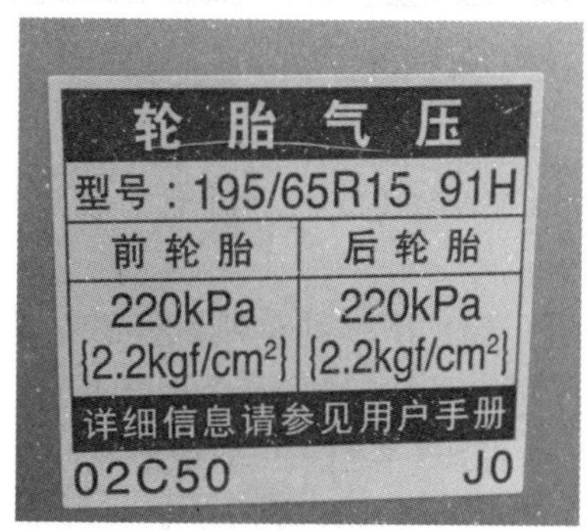

图2-30　轮胎压力

(4)将行李箱从车辆卸载，确保备胎、工具盒千斤顶在原来的位置，确保车辆负载达到规定值。

(5)让一个体重约75 kg的人坐在驾驶员座椅上。此时请注意，其他座位不要坐人或者放置物品。

(6)对于带有手动可调节前大灯的车辆，应将其高度调节到“0”。该旋钮能直接调整前大灯垂直照射的高度，使之回到“0”的初始位置，如图2－31所示。

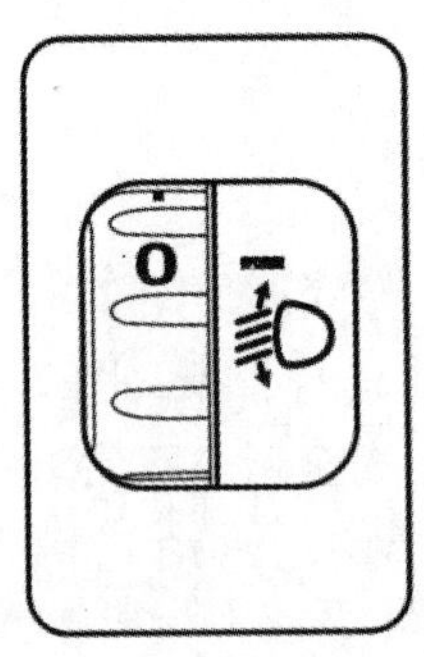

图2－31　手动可调节前大灯旋钮

2.5.2　准备工作

(1)将车辆放置在足够黑暗的环境中，以便可以清晰地观察到明暗截止线(图2－32)。明暗截止线是一条分界线，在其下方可以观察到前大灯的灯光，而在其上方则观察不到。

图2－32　明暗截止线

(2)将车辆与墙壁呈90°停放，在车辆(前大灯灯泡中心)与墙壁之间空出25 m或3 m的距离(图2－33)。

(3)确保车辆处在水平表面上，上、下弹动车辆以使悬架就位。

(4)准备一张厚白纸[约2 m(高)×4 m(宽)]作为屏幕。

(5)沿屏幕中心向下画一条垂直线(V线)、基线(H、左V和右V线)(图2－34～图2－36)。H线为近光前大灯高度的水平线。H线应与近光前大灯的灯泡中心标记等高。V线为汽车中线的垂直线，左V线为左近光前大灯的垂直线，右V线为右近光前大灯的垂直线。

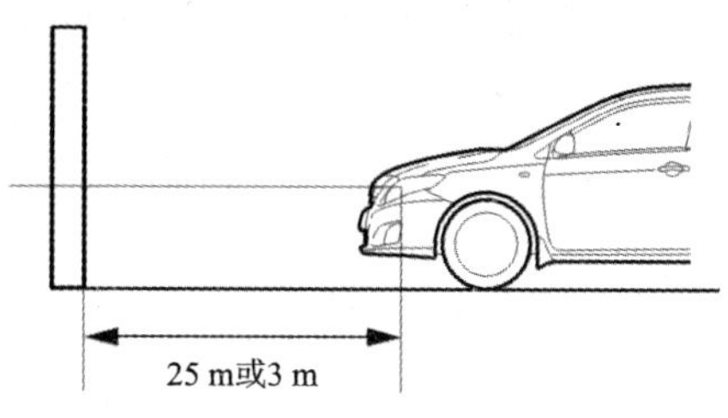

图 2-33　车辆放置距离

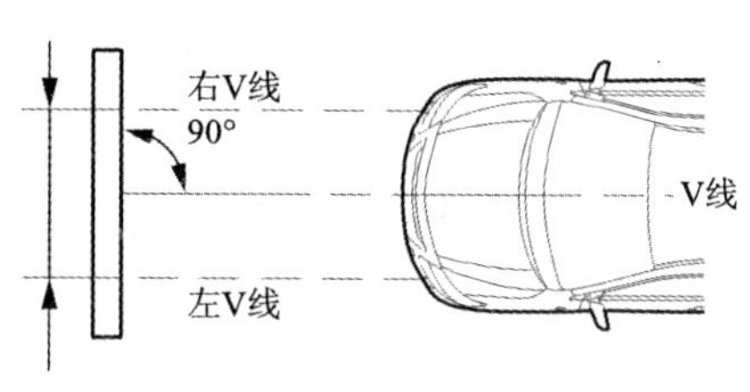

图 2-34　V 线、左 V 线与右 V 线

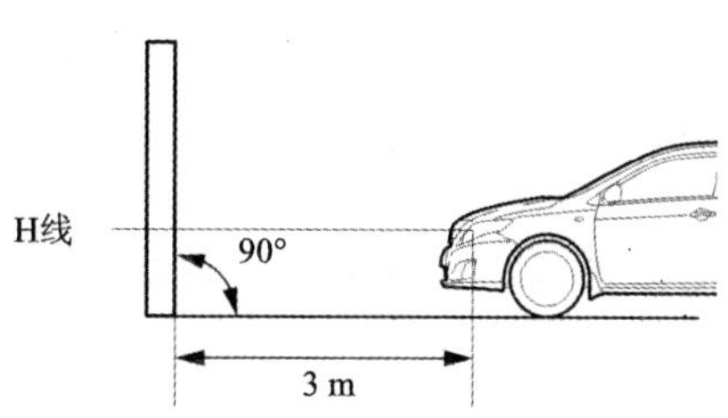

图 2-35　H 线

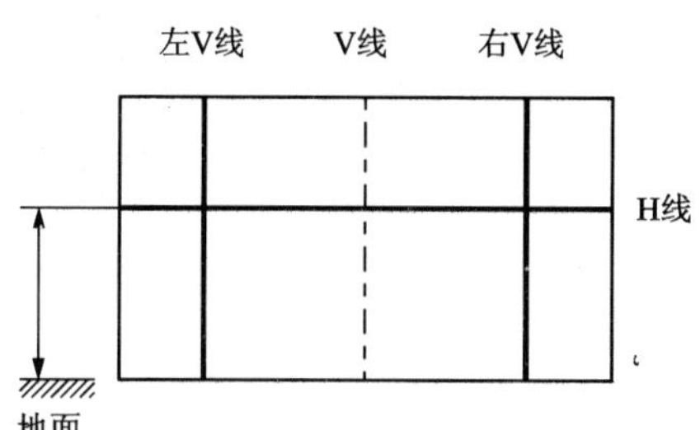

图 2-36　屏幕上的基准线

2.5.3　调整前大灯

遮住前大灯或断开另一侧的前大灯连接器，以防止不在接受检查的前大灯的灯光影响前大灯对光检查。进行此项对光检查时，注意不要断开灯泡的 HID 高压连接器，盖住前大灯的时间不要超过 3 min。前大灯透镜是用合成树脂制成的，过热可能会导致其熔化或损坏。

(1)进行远光对光检查时，应盖住近光灯或断开连接器。

(2)起动发动机。

(3)打开前大灯并检查明暗截止线是否与图 2-37 所示推荐的明暗截止线吻合。

(4)校准距离为 3 m 近光的明暗截止线应在 H 线以下 6 mm 和 84 mm 之间(图 2-37)。推荐的近光明暗截止线应在 H 线以下 30 mm 处。

(5)由于近光灯和远光灯是一个整体，所以如果近光对光正确，那么远光对光也是正确的。但是，为确保正确性，近光、远光都要进行检查(图2－38)。

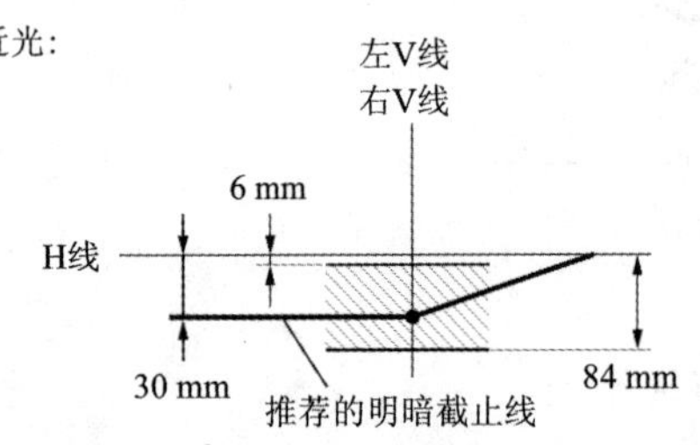

图2－37 近光灯的明暗截止线

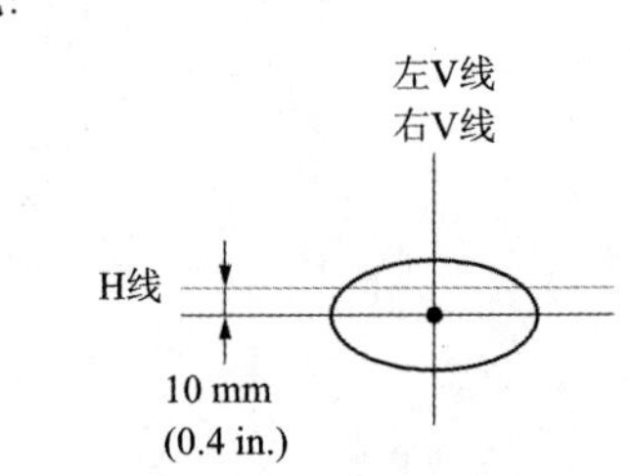

图2－38 远光灯的标准

(6)垂直调整。用螺丝刀转动各对光螺钉A，将各个前大灯的对光调整到规定范围内(图2－39)。

(7)水平调整。用螺丝刀转动各对光螺钉B，将各个前大灯的对光调整到规定范围内(图2－40)。

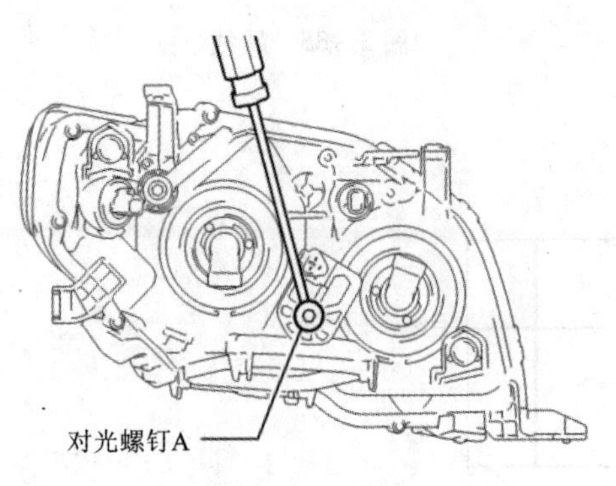

图2－39 垂直调整

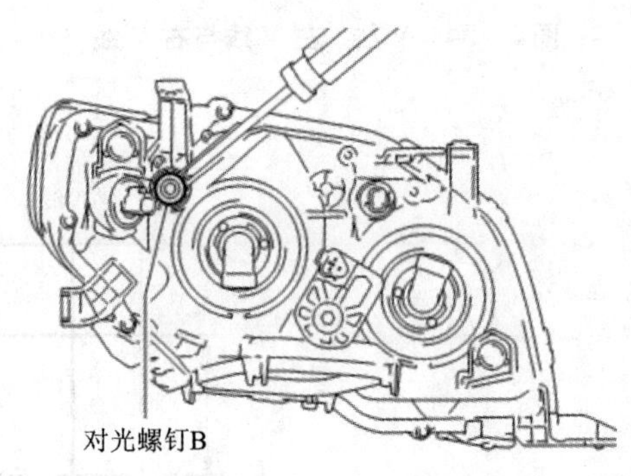

图2－40 水平调整

2.6 蓄电池的检测、保养、维护

蓄电池又称电瓶，是一种低压的直流电源。传统汽油车的蓄电池安装在发动机舱内(图2－41)，而另一些汽车(卡罗拉双擎、雷凌双擎)则安装在汽车后备箱内(图2－42)。

图2－41　发动机舱内的蓄电池

图2－42　后备箱中的蓄电池

2.6.1　蓄电池的作用

蓄电池既能将储存的化学物质所产生的化学能转化成电能输出(俗称放电)，又能把电能转化成化学能储存起来(俗称充电)，并可与发电机交换使用以保证汽车用电设备的供电。蓄电池在汽车上的主要作用有：

(1)起动发动机时给起动机供电。

(2)发动机停转或发电机电压过低时给各用电器供电。

(3)在发电机电压高于蓄电池电压时，蓄电池作为发电机的负载，将发电机发出的一部分电能转换成化学能储存起来并且平缓电路中所产生的电压波动。

2.6.2　蓄电池的类型

市面上蓄电池基本可以分为免维护蓄电池与少维护蓄电池2种。

项目	免维护蓄电池	少维护蓄电池
实物图		
外表特征	有电眼	有6个加液孔
维护方式	日常使用中基本无需维护	日常使用中需要少量适度维护

目前，汽油版卡罗拉原配的型号为55D26L(6－QA－60)的少维护型蓄电池(图2－43)。该蓄电池的容量是60 A・h。根据卡罗拉车主手册，蓄电池需要每3个月或每行驶5000 km

检查一次，每行驶40000 km或每2年根据蓄电池检测仪(图2-44)检测结果视情况进行更换。

图2-43 丰田卡罗拉原配蓄电池

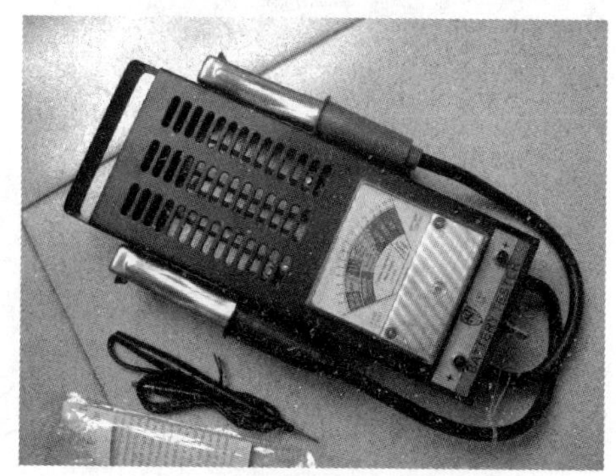

图2-44 蓄电池检测仪

2.6.3 蓄电池的日常检查与保养

在蓄电池的日常使用中，需要进行一些维护作业，以保证蓄电池的技术状况良好以及寿命。在丰田车主手册上，要求每行驶10000 km检查一次蓄电池。

(1)检查蓄电池箱体有无裂纹或弯曲。始终保持蓄电池表面(尤其是顶部)清洁且干燥(图2-45)。

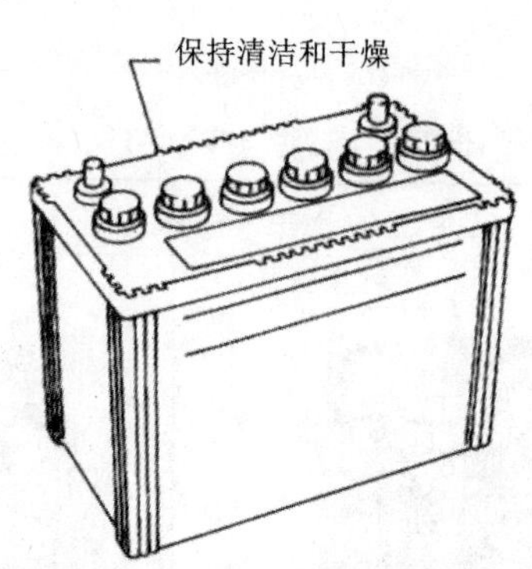

图2-45 保持蓄电池清洁干燥

(2)检查蓄电池端子有无损坏，清洁并拧紧端子的连接部分。

(3)如果车辆长时间不使用，应断开蓄电池负极端子电缆。

(4)使用万用表，检查蓄电池的端电压，正常应为12 V。

(5)经常检查充电状况以防止蓄电池过度放电。定期检查电解液的相对密度。蓄电池在充电状况良好的情况下，电解液的相对密度为1.24~1.28(图2-46)。

(6)经常检查电解液的液面高度，液面高度应该在MAX与MIN液位之间。若不够，应加注蒸馏水至MAX液位(图2-47)。

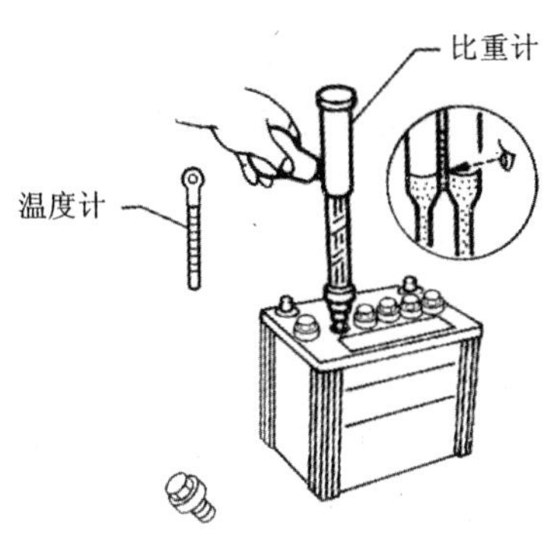

图2-46　检查电解液相对密度

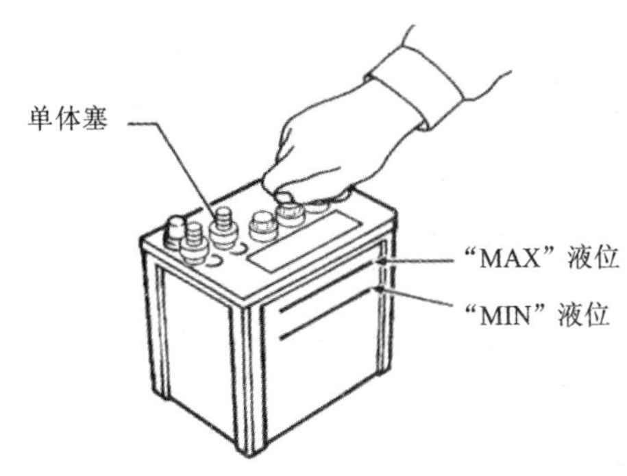

图2-47　检查电解液液位

切勿让蓄电池液溅到皮肤、眼睛、织物或油漆表面上。接触过蓄电池后，没有将手彻底洗干净之前不可接触或揉眼睛。如果蓄电池液溅到眼睛、皮肤或衣物上，请立即用清水冲洗15 min并就医治疗，否则可能会导致人身伤害、损坏衣服或漆面。

2.6.4　蓄电池更换步骤

蓄电池一般的使用寿命为2~3年，之后必须更换蓄电池，否则将影响汽车的正常启动和日常使用性能。一般的蓄电池更换应按照如下步骤执行。

1. 拆卸蓄电池

(1)断开蓄电池负极电缆。为防止损坏零件，应先断开负极电缆(图2-48)。

(2)拆下蓄电池正极端子盖，断开蓄电池正极电缆。

(3)拆下上ECM支架装配螺栓、装配螺母和上ECM支架。

(4)拆下蓄电池固定架装配螺母和蓄电池固定架。

(5)拆下蓄电池。

2. 安装新的蓄电池

(1)新的蓄电池需与原来型号相同，但可以更换为免维护蓄电池(图2-49)。

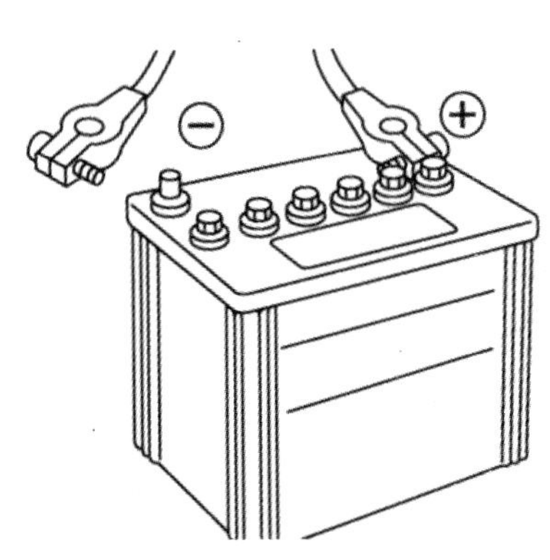

图2-48　断开负极电缆

图2-49　相同型号的免维护蓄电池

（2）按照与拆卸相反的顺序安装。

需注意，现代汽车大部分在更换蓄电池之后，需要对汽车电脑与电气系统进行初始化。例如，日产天籁 2013 款的蓄电池在断电更换后，需要对车窗防夹系统进行初始化，否则将无法实现放夹功能。

2.6.5 蓄电池的全面检查

拆下来的蓄电池，应使用如下方法对蓄电池进行全面检查，以判定是否需要更换。

（1）目视检查。检查蓄电池箱体有无裂纹或弯曲；检查蓄电池端子有无损坏；确认蓄电池液位是否在 MAX 和 MIN 之间。若蓄电池液位不在此规定液位内，则添加蓄电池液至规定液位。检查结果是否正常：

是—1（用蓄电池检查仪测试）——转至（2）。

是—2（用负载测试仪测试）——转至（5）。

否——更换蓄电池。

（2）用蓄电池检查仪测试。检查结果是否正常：

是—1（正常）——可以使用。

是—2（轻微放电）——转至（3）。

否—1（大量放电）——转至（4）。

否—2（异常）——更换蓄电池。

（3）根据表 2－2 所示标准，对蓄电池进行半充电。

表 2－2　蓄电池半充电标准

容量/（A·h）	电流/A	充电时间/h	充电类型
60	24	0.5	快速
	5	5	标准
65	26	0.5	快速
	5	5	标准

然后用蓄电池检查仪测试，检查结果是否正常：

是（正常）——可以使用。

否（异常）——更换蓄电池。

（4）根据表 2－3 所示标准，对蓄电池进行完全充电。

表 2－2　蓄电池完全充电标准

容量/（A·h）	电流/A	充电时间/h	充电类型
60	5	10	标准
65			标准

然后用蓄电池检查仪测试，检查结果是否正常：

是(正常)——可以使用。

否(异常)——更换蓄电池。

(5)检查电解液相对密度。

检查结果：

高于1.220——转至(6)。

1.100～1.220(当执行快速充电时)——转至(8)。

1.100～1.220(当执行标准充电时)——转至(11)。

低于1.100——转至(12)。

(6)根据蓄电池的容量，使用负载测试仪测试。当蓄电池以指定的放电电流达15 s时读取负载测试仪的电压，查看电压是否大于或等于9.6 V：

是——可以使用。

否——转至(7)。

(7)进行45 min快速充电。

进行容量测试。

——转至(13)。

(8)进行快速充电。

——转至(9)。

(9)根据蓄电池容量，选择电流(表2－4)，用负载测试仪进行容量测试。使用负载测试仪以指定电流放电15 s时，读取负载测试仪的电压。

表2－4　蓄电池电流选择

蓄电池容量/(A·h)	电流/A
45	135
50	150
60	180
65～70	195
75	210
80	240

查看电压是否大于9.6 V：

是——可以使用。

否——转至(10)。

(10)检查相对密度，进行快速充电，进行容量测试。

(11)执行标准充电，进行容量测试。

(12)执行慢速充电，进行容量测试。

(13)根据蓄电池容量，选择电流(表2－5)，用负载测试仪进行容量测试。使用负载测试仪以指定电流放电 15 s 时，读取负载测试仪的电压，查看电压是否大于 9.6 V：

是——可以使用。

否——更换蓄电池。

蓄电池的技术状况检查与维护保养流程如图 2－50 所示。

表 2－5　蓄电池充电电流选择

蓄电池容量/(A·h)	电流/A
45	135
50	150
60	180
65～70	195
75	210
80	240

2.6.6　蓄电池的充电

给亏电的蓄电池进行充电，可以使用慢速充电、标准充电、快速充电这三种方法。充电时需注意以下几点：

(1)设置充电电流为初始充电电流设置中规定的值，若充电器不能产生规定电流，则将充电电流尽可能设定到最接近的值。

(2)对于相对密度小于 1.100 的蓄电池，切勿使用快速、标准充电的方法。

(3)蓄电池充电时应注意通风、远离明火，少维护型蓄电池充电时应扭开所有加液孔盖。

(4)连接充电器时，应先连接导线，然后开启充电器。切勿先开启充电器，因为这样可能会产生火花。

(5)注意蓄电池温度的升高，因为快速充电过程中会有大电流流通。如果蓄电池温度升高到超过 55℃，应停止充电。充电时应使蓄电池温度始终保持在 55℃以下。

(6)因为过长时间给蓄电池充电会导致蓄电池性能下降，因此切勿延长初始充电电流设置和充电时间(快速充电)中规定的充电时间。

1. 慢速充电(开始充电后，无需再对充电电流进行调整)

(1)检查蓄电池的容量及电解液相对密度，然后按表 2－6 所示选择合适的电流。

表 2－6　初始充电电流设定(慢速充电)

相对密度	蓄电池容量/(A·h)				
	45	60	65～70	75	80～100
低于 1.100	5.0	7.0	8.0	9.0	10.0

(2)开始进行蓄电池充电，30 min 后，检查充电电压。

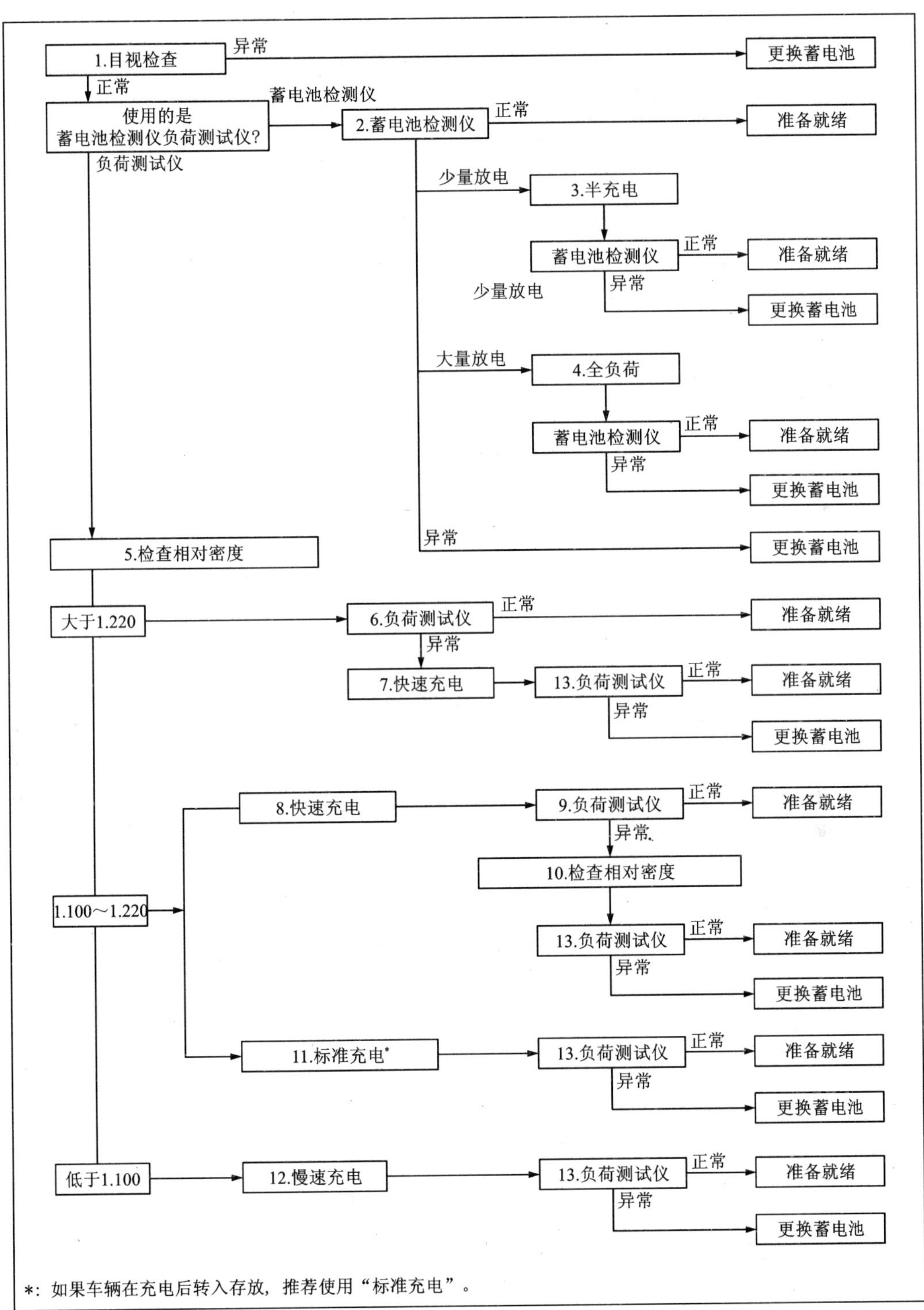

图2-50　蓄电池的技术状况检查与维护保养流程

检查电压是否在12 V和15 V之间：

是——转至(3)。
否——更换蓄电池。
(3)继续充电 12 h。
(4)检查电解液相对密度是否大于或等于 1.240：
是——完成慢速充电，进行容量测试。
否——转至(5)。
(5)进行额外充电。根据相对密度增加充电时间(表 2-7)。

表 2-7 额外充电(慢速充电)

相对密度	充电时间/h
低于 1.150	5
1.150 ~ 1.200	4
1.200 ~ 1.240	2

——完成慢速充电，进行“容量测试”。
2. 标准充电(开始充电后，无需再对充电电流进行调整)
(1)检查蓄电池的容量及电解液相对密度，然后根据表 2-8 中数据选择合适的电流。

表 2-8 初始充电电流设定(标准充电)

相对密度	蓄电池容量/(A·h)				
	45	60	65 ~ 70	75	80 ~ 100
1.100 ~ 1.130	5.0	6.0	7.0	8.0	9.0
1.130 ~ 1.160	4.0	5.0	6.0	7.0	8.0
1.160 ~ 1.190	3.0	4.0	5.0	6.0	7.0
1.190 ~ 1.220	2.0	3.0	4.0	5.0	5.0

(2)开始给蓄电池充电，充电 8 h。
(3)检查相对密度是否大于或等于 1.240：
是——完成标准充电，进行容量测试。
否——转至(4)。
(4)进行额外充电。根据相对密度增加充电时间(表 2-9)。

表 2-9 额外充电(标准充电)

相对密度	充电时间/h
低于 1.150	3.5
1.150 ~ 1.200	2.5
1.200 ~ 1.240	1.5

——完成标准充电，进行“容量测试”。

3. 快速充电(开始充电后，无需再对充电电流进行调整)

(1)检查蓄电池的容量及电解液相对密度，然后根据表2-10中数据选择合适的电流。

表2-10　初始充电电流设定(快速充电)

相对密度	45 A·h	60 A·h	65~70 A·h	75 A·h	80~100 A·h
充电电流/A	15	20		30	
1.100~1.130	2.5 h				
1.130~1.160	2.0 h				
1.160~1.190	1.5 h				
1.190~1.220	1.0 h				
高于1.220	0.75 h(45 min)				

(2)开始给蓄电池充电。

——完成快速充电，进行“容量测试”。

2.6.7　蓄电池硫化的处理

如果长时间不用蓄电池，蓄电池将会完全放电，同时相对密度将低于1.100。这可能会导致电池极板硫化。电池极板硫化是蓄电池技术状况下降的主要原因。要判断蓄电池是否已被硫化，应在充电时注意它的电压以及电流。

如图2-51所示，如果蓄电池已经被硫化，在蓄电池充电初期，可以观察到它的电流变小而电压升高。

被硫化的蓄电池有时可通过长时间的缓慢充电(12 h以上)，然后进行蓄电池容量测试来使它恢复功能。

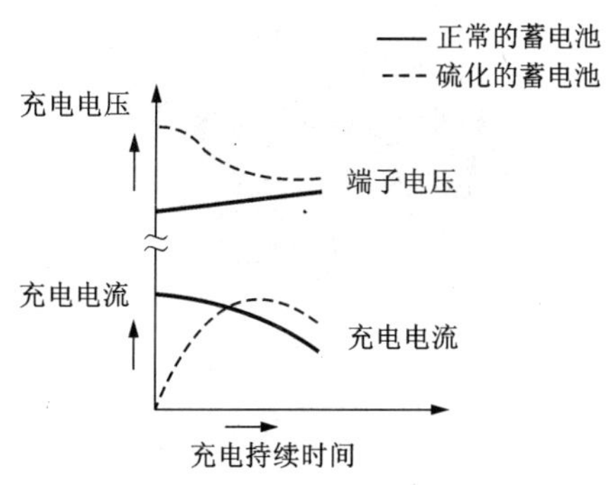

图2-51　两种蓄电池的对比

2.6.8　蓄电池技术状况下降的原因分析

1. 蓄电池的结构

蓄电池由极板(正、负极板)、栅架隔板、电解液、外壳、联接条、极柱、蓄电池盖及加液孔盖等部分组成。12 V蓄电池一般由6个单格电池串联而成，每个单格电池的额定电压为2 V，如图2-52所示。

(1)极板。极板由栅架和活性物质组成，它是蓄电池的核心部分。极板分为负极板与正极板。负极板上的活性物质是青灰色海绵状铅(Pb)(图2-53)，正极板上的活性物质是深棕色的二氧化铅(PbO_2)(图2-54)。

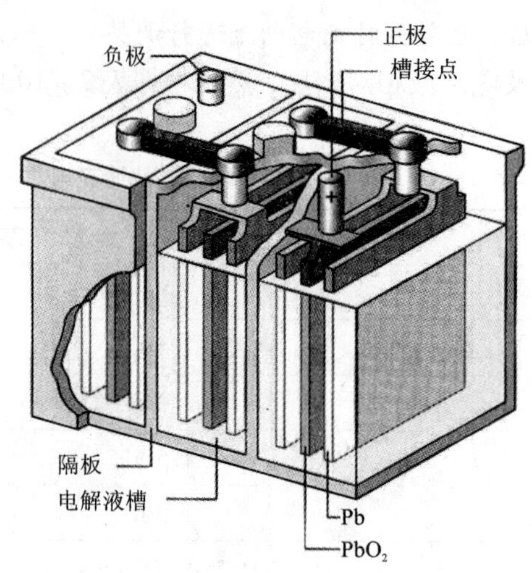

图 2-52　蓄电池结构

图 2-53　负极板

图 2-54　正极板

在装配时，由于正极板的机械强度较低，所以在单格电池中，负极板总比正极板多一片。

(2)栅架。由铅锑合金浇铸而成，其作用是容纳活性物质并使极板成形(图 2-55)。现代汽车蓄电池还采用了放射型栅架。

(3)隔板。如图 2-56 所示，为了减少蓄电池的内阻和尺寸，蓄电池内部正、负极板间应尽可能靠近，以避免正、负极板间产生接触而短路。因此隔板放置在正、负极板之间。

(4)外壳。外壳是用来盛装电解液、极板组和隔板的，外壳应具有耐酸、耐热、耐振动冲击的作用，它有硬橡胶外壳和聚丙烯塑料外壳两种。

(5)加液塞。每个单格电池都有一个加液孔，打开加液塞(图 2-57)可以加注电解液或检测电解液的密度。孔盖上设有通气孔，以便随时排出蓄电池内化学反应放出的氢气(H_2)和氧气(O_2)，防止外壳胀裂和发生安全事故。

图2-55　栅架

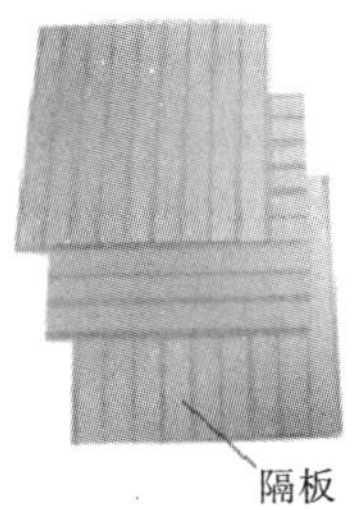

图2-56　隔板

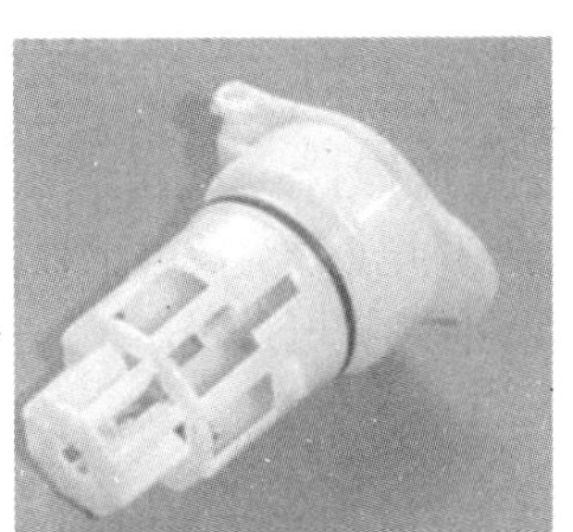

图2-57　加液塞

(6)极柱。通常极柱的上方或旁边刻有“+”或“-”(图2-58)，用来识别正、负极柱。

图2-58　极柱

(7)联接条。单格电池之间均用铅质联接条串联(图2-59)，联接条的作用是将单体电池串联起来，提高蓄电池电压，普通传统蓄电池的联接方式都是外露联接，而现代蓄电池的联接方式是穿壁式或跨接式结构(在蓄电池内部联接)。

(8)电解液。蓄电池的电解液是由纯硫酸与蒸馏水按一定比例配制而成，加入每个单格电池中。电解液应符合标准，若含杂质则会引起自放电和极板溃烂，从而影响蓄电池寿命。

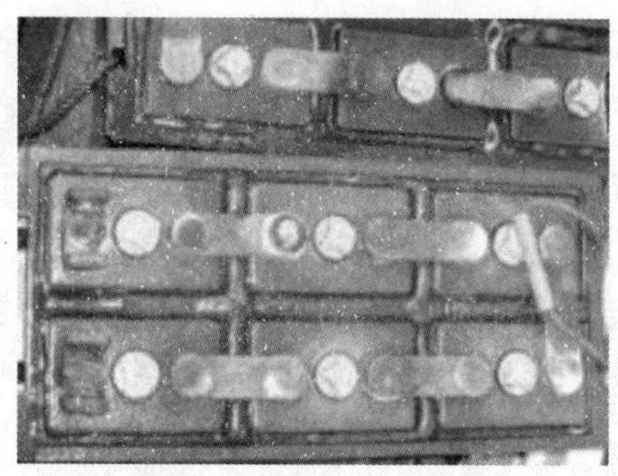

图 2-59 联接条

蓄电池电解液密度一般为 1.24 ~ 1.30 g/cm³，使用条件应根据地区、气候条件和制造厂要求而定。

2. 蓄电池的工作原理

蓄电池的工作过程就是化学能与电能的相互转化过程。当蓄电池向外供电时，化学能转化为电能向外供电，称为放电过程；当蓄电池与外部直流电源相并联进行充电时，将电能转化为化学能，称为充电过程。2 个过程是一个可逆反应，可通过以下反应方程式表示：

$$\underset{正极板}{PbO_2} + \underset{电解液}{2H_2SO_4} + \underset{负极板}{Pb} \underset{充电}{\overset{放电}{\rightleftharpoons}} \underset{正极板}{PbSO_4} + \underset{电解液}{2H_2O} + \underset{负极板}{PbSO_4}$$

(1) 放电过程。

蓄电池放电时与外电路的连接，如图 2-60 所示，外电路接通后，正、负极板间会产生约2 V的电动势，使蓄电池内部产生电流从正极流出，经过灯泡流回负极，使灯泡发光。在此过程中，正、负极板上的二氧化铅和纯铅不断与硫酸发生反应变成硫酸铅，而电解液中硫酸逐渐减少，生成水，从而导致电解液的密度不断下降，水不断地增加，蓄电池内的化学反应速度也随之减慢，直到极板上所有的活性物质都转变成硫酸铅为止。

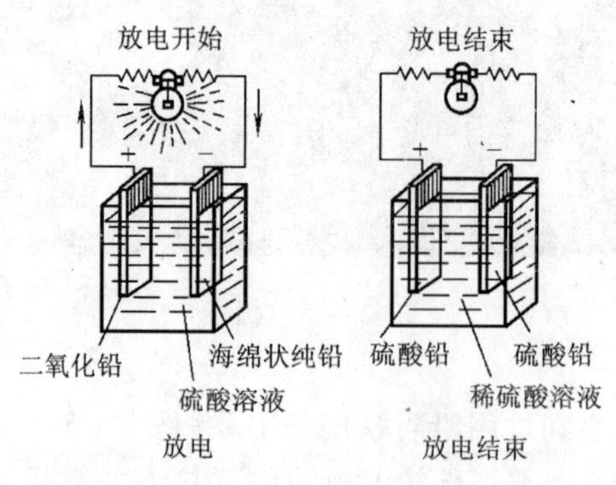

图 2-60 放电过程

(2) 充电过程。

如图2－61所示，如果把放电后的蓄电池接上直流电源，使直流电源的正极与蓄电池的正极相接，直流电源的负极与蓄电池的负极相接，当外加的直流电源电压高于蓄电池电压时，电源电流将向放电电流相反的方向流回蓄电池，使蓄电池正、负极板发生与放电相反的化学反应。在蓄电池充电时，正极板处由于正电位的升高使正极板上的活性物质由硫酸铅逐渐转变成二氧化铅，负极板上的活性物质则由于电位的降低逐渐由硫酸铅转变为纯铅。同时，电解液由于水的不断消耗也慢慢生成了硫酸，此时电解液密度缓慢上升。当充电进行到极板上的活性物质和电解液完全恢复到放电前的状态时，蓄电池即充电完毕。表2－11所示为蓄电池充放电的变化过程。

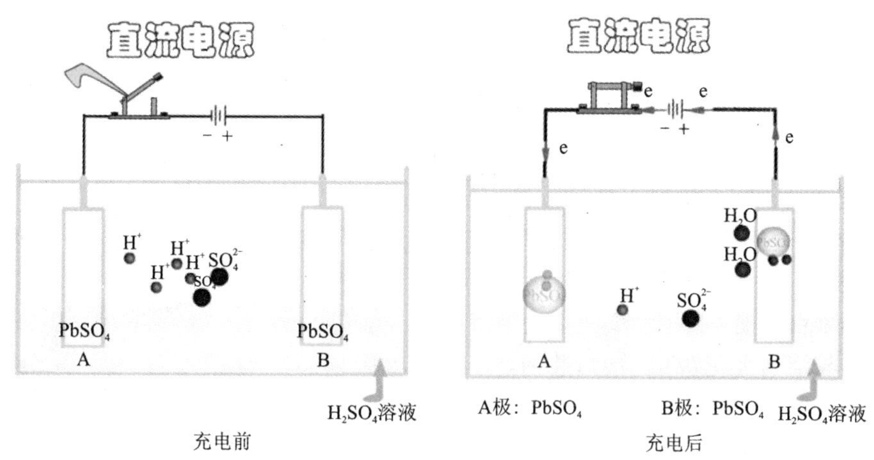

图2－61　充电过程

表2－11　蓄电池充放电的变化过程

工作状态	正极板	负极板	电解液密度	
完全充电 ↓放电 ⇧充电 完全放电	二氧化铅 ↓ ⇧ 硫酸铅	铅 ↓ ⇧ 硫酸铅	硫酸 ↓ ⇧ 水	密度增大 ↓ ⇧ 密度减小

3. 硫化原因分析

极板硫化的实质是极板上的细晶粒的 $PbSO_4$ 变成了粗晶粒 $PbSO_4$ 硬化层。这些粗晶粒 $PbSO_4$ 硬化层在充电时化学反应速度慢，且阻止电解液进入极板内部参与化学反应，从而导致蓄电池的技术状况下降。以下几种情况是造成极板硫化的主要原因。

(1)蓄电池长期充电不足或放电后没有及时充电，导致极板上的 $PbSO_4$ 有一部分溶解于电解液中，环境温度越高，$PbSO_4$ 溶解度越大。当环境温度降低时，$PbSO_4$ 的溶解度减小，溶解的 $PbSO_4$ 就会重新析出，在极板上再次结晶，使极板硫化。

(2)电解液液面过低，将使极板上部与空气接触而被氧化，在行车中，电解液上下波动与极板的氧化部分接触，会生成大晶粒 $PbSO_4$ 硬化层，使极板上部硫化。

(3)长期过量放电或小电流深度放电，将使极板深处活性物质的孔隙内生成 $PbSO_4$。

(4)已放电或半放电状态放置时间过久。

(5)电解液密度过高、成分不纯，外部气温变化剧烈。

因此，预防极板硫化的实质是在细晶粒的 $PbSO_4$ 还没有变成粗晶粒 $PbSO_4$ 硬化层时，及时把细晶粒的 $PbSO_4$ 转化为蓄电池极板上原来的活性物质。及时充电、保持正确的电解液液面等都是能减缓极板硫化的有效措施。

【任务书】

一、查询保养手册，更换(教师指定的)保险丝，该保险丝的参数：________。并检查更换下来的保险丝的技术状况：____________________。

二、更换前照灯(教师指定近光或远光)灯泡，该灯泡的参数：____________。

三、正确更换汽车雨刮器刮水片。

(1)检查实训车刮水情况，判断是否需要更换刮水片。是□　否□

(2)在仓库备件中，内找出适合实训车车型的刮水器，更换实训车刮水片。

四、火花塞的检查与保养。

(1)在丰田车主手册上，普通火花塞每__________检查一次，每________更换火花塞，主要________、__________与______________。

(2)根据维修手册，拆下第 2 缸火花塞。

(3)检查与清洁火花塞，完成后装回。

搭铁　MΩ	(1)检查电极。用________测量绝缘电阻。 标准电阻： 实测电阻： 检测结果：正常□　异常□
	(2)检查________和________是否损坏。若有任何损坏，则____________。 检测结果：正常□　异常□

续表

电极间隙	(3)旧火花塞的最大电极间隙:__________。 新火花塞的电极间隙：________。若间隙大于最大值，则________。 实测间隙： 检测结果：正常□　异常□

五、能正确调整汽车前照灯的照射位置，使之符合技术标准。

(1)确保前大灯周围车身没有损坏与变形。　检测结果：正常□　异常□

(2)加注燃油箱，保油液加注到规定的液位。

燃油量　检测结果：正常□　异常□

冷却液　检测结果：正常□　异常□

机油油量　检测结果：正常□　异常□

ATF 油油量　检测结果：正常□　异常□

制动液　检测结果：正常□　异常□

动力转向液　检测结果：正常□　异常□

(3)将轮胎充气至适当的压力。

左前：　右前：

左后：　右后：

(4)未调整前，画出近光灯的光形与标记其现对于各标准线的位置。

左V线　V线　右V线

H线

(5)根据标准，调整近光灯照射位置。

六、更换原车的蓄电池，对更换下来的蓄电池的技术参数进行检测。该蓄电池的品牌与型号为：________________________。

测量对象	测量工具	标准电压	实测电压	是否合格
蓄电池电压	万用表	≈12 V		

七、在进行 32 项全车检查后，请你参考《丰田工时费标准》与《零配件价格表》，给车主一个维护清单。

更换项目		零配件的主要参数	零配件价格/元	工时费/元	合计/元
1	指定的保险丝				
2	清洁与更换雨刮器				
3	近光灯灯泡				
4	第 2 缸的火花塞				
5	蓄电池				
	总计				

模块三　前照灯不亮的故障检修

【情境描述】

格兰先生因生意需要，将使用国道与高速公路，日夜兼程从广州开车前往西安。出发的前一天，维修接待接到格兰先生的预约维修电话，格兰先生表示其卡罗拉轿车两侧前照灯不亮。维修接待得知具体情况后，建议格兰先生先暂缓出行计划，先把车送到4S店维修。没过多久，格兰先生把车辆送来，维修接待把该车交由你们班组进行维修。

格兰先生的车是一辆丰田卡罗拉轿车，使用了将近3年，行驶里程已达10万km，有进行定期保养，但没有做过任何线路方面的专项检查。

格兰先生希望自己的轿车在一天内有诊断结果并有维修报价。因此，你们班组负责检查此车，并把维修方案报给维修接待，由维修接待与格兰先生沟通。

【学习目标】

1. 能正确口述对前照灯的基本要求；
2. 能正确口述汽车前照灯的结构；
3. 能正确口述卡罗拉的前照灯系统、雾灯系统的安装位置、作用及组成；
4. 能正确口述卡罗拉前照灯电路、雾灯系统的电路原理；
5. 能根据教师给定的电路图，在实训车架上，正确连接前照灯、雾灯的电路；
6. 能根据维修手册的步骤，更换卡罗拉前照灯总成；
7. 能根据维修手册的步骤，对卡罗拉两侧前照灯不亮的故障进行检修；
8. 能根据维修手册，正确检修前照灯变光开关。

【学习资源】

类别	序号	名称	数量与备注
学材、教材	1	前置学习任务	模块三
	2	任务书	
	3	评价表	

续表

类别	序号	名称	数量与备注
实训设备	4	卡罗拉实训车	AT，5 人一台
	5	卡罗拉维修与电路手册	每个工位一套
	6	卡罗拉使用手册	
	7	数字万用表	
	8	常用拆装工具	
	9	卡罗拉前照灯总成	
	10	卡罗拉组合开关总成	
配件耗材	11	前照灯灯泡	各种规格、若干
	12	继电器	卡罗拉适用
学习环境	13	电脑	每个工位一台
	14	拍照手机	学生自备

【前置学习任务】

一、在以上情境中，维修接待建议格兰先生暂缓出行计划，先把车辆送到 4S 店。格兰先生表示不解，假如你是维修接待，参考《机动车运行安全技术条件》，请你向格兰先生解释原因。

二、下面是一些有关前照灯的知识。

(1)车辆前照灯有________和______两种灯光。组合开关中控制这两种灯光之间相互切换的挡位有：____。

(2)一般车辆前照灯功率为 60 W 左右，有些甚至更高。组合开关多数是通过前照灯继电器来控制前照灯的，利用具体数据说明原因是什么？(提示：$P=UI$)

(3)对于可以发出远、近光两种光线的前照灯灯泡，参考下图，查询有关结构资料，直接记录在图片的旁边。

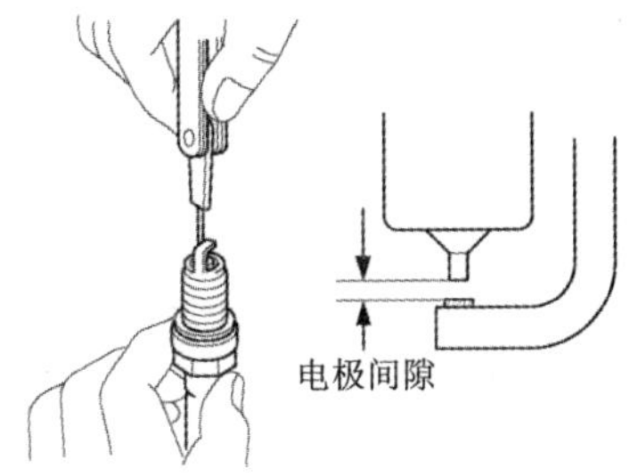

三、查询维修手册的卡罗拉前照灯电路图，把线路图简化为原理图，并描述其工作原理。

<table>
<tr><td>原理图：

</td></tr>
<tr><td>具体电路原理：

</td></tr>
</table>

四、查询维修手册的卡罗拉雾灯电路图，把线路图简化为原理图，并描述其工作原理。

<table>
<tr><td>原理图：</td></tr>
<tr><td>具体电路原理：</td></tr>
</table>

五、现在很多汽车会加装氙气前照灯，利用网络，查询加装氙气灯的优缺点。

优点：	缺点：

汽车车外照明系统主要由前照灯、雾灯等系统组成。

前照灯俗称大灯或前大灯，包括远光灯和近光灯。其功能是在夜间行车时照亮车前的道路及物体，同时可以利用远、近光变换信号告知前方车辆我方正要超越。在各种类型汽车的所有照明装置中，前照灯是最重要的照明装置。

雾灯的作用并不是照明，而是提供一个高亮度的散射光源，这个光源是为了穿透浓雾，起到提醒对面驾驶员的作用。一般车辆均有前雾灯，只要级别不是太低的车辆均会同时配备前、后雾灯。

3.1　前照灯的基本要求

在《机动车运行安全技术条件》GB 7258—2012 中，对机动车前照灯的进行了规定。

3.1.1　对前照灯发光强度的要求

表 3 - 1 所示为前照灯远光光束发光强度最小值要求，单位为坎德拉(cd)。其中四灯制是指前照灯具有四个远光光束，采用四灯制的机动车其中两只对称的灯达到两灯制的要求时视为合格。允许手扶拖拉机运输机组只装用一只前照灯。

表 3 - 1　前照灯远光光束发光强度最小值要求

机动车类型		检查项目					
		新注册车/cd			在用车/cd		
		一灯制	二灯制	四灯制	一灯制	二灯制	四灯制
三轮汽车		8000	6000	--	6000	5000	—
最大设计车速小于 70 km/h 的汽车		—	10000	8000	—	8000	6000
其他汽车		—	18000	15000	—	15000	12000
普通摩托车		10000	8000	—	8000	6000	—
轻便摩托车		4000	3000	—	3000	2500	—
拖拉机	标定功率 > 18 kW	—	8000	—	—	6000	—
运输机组	标定功率 ≤ 18 kW	6000	6000	—	5000	5000	—

3.1.2　对前照灯近光照射位置

要求在机动车空载或乘一名驾驶人的情况下，前照灯照射在距离 10 m 的屏幕上，乘用车前照灯近光光束明暗截止线转角或中点的高度应为 0.7 ~ 0.9H(H 为前照灯基准中心高度，下同)，其他机动车(拖拉机运输机组除外)应为 0.6 ~ 0.8H。机动车(装用一只前照灯的机动车除外)前照灯近光光束水平方向位置向左偏的距离应小于或等于 170 mm，向右偏的距离应小于或等于 350 mm。

3.1.3 对前照灯远光照射距离要求

对于能单独调整远光光束的前照灯，前照灯照射在距离 10 m 的屏幕上时，要求在屏幕光束中心离地高度，对乘用车为 0.85 ~ 0.95H(但不得低于前照灯近光光束明暗截止线转角或中点的高度)，其他机动车为 0.8 ~ 0.95H；机动车(装用一只前照灯的机动车除外)前照灯远光光束水平位置要求，左灯向左偏应小于或等于 170 mm，向右偏应小于或等于 350 mm，右灯向左或向右偏均应小于或等于 350 mm。

3.1.4 所有前照灯的近光均不应眩目

在夜间发生的交通事故中，大部分是由于司机胡乱使用远光灯造成的。

如图 3－1 所示，滥用远光灯的危害主要有正面会车时可导致司机瞬间眩目，让驾驶者对于迎面车辆的车速和距离产生误差，容易发生错误操作，很难观察到后方来车的情况。前照灯近光灯不应眩目，以免夜间两车相会时使对面汽车的驾驶员眩目而肇事。

图 3－1 远光灯的危害

3.2 前照灯的结构

现代汽车一般把前照灯、示宽灯、转向灯等集成在前大灯总成。汽车前照灯总成主要由灯泡、反光镜、配光镜等组成。

3.2.1 前照灯灯泡

汽车的前照灯灯泡一般有白炽、卤素、氙气、LED 等类型。随着汽车技术的不断发展，过去那种白炽真空灯已被淘汰。现在汽车的前照灯以卤素灯泡、氙气灯泡、LED 灯泡为主。

1. 卤素灯泡

如图 3－2 所示，卤素灯泡是在灯泡内渗入少量的惰性气体——碘，从灯丝蒸发出来的钨原子与碘原子相遇发生反应，生成碘化钨化合物，当碘化钨化合物接触白热化的灯丝(温度超过 1450℃)时，又会分解还原为钨和碘，钨又重新归回到灯丝中去，碘则重新进入气体中。

如此循环，灯丝几乎不会烧断，灯泡也不会发黑，所以它比传统的白炽前照灯使用寿命更长，亮度更高。现在汽车普遍采用的是这种前照灯。

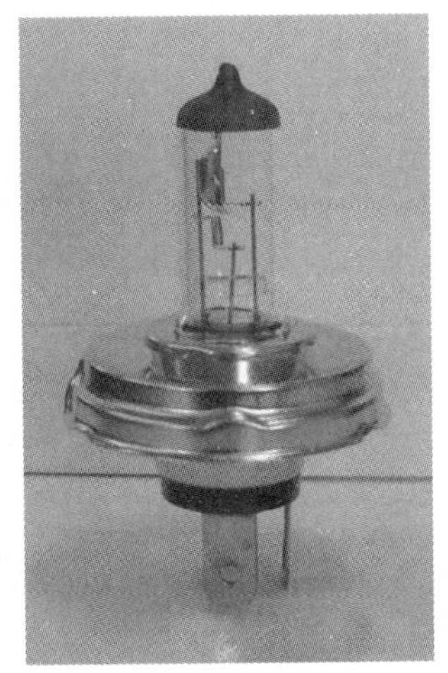

图 3－2　卤素灯泡

卤素灯有其独特的配光结构，每支灯管内有两组灯丝，一组是主光束灯丝，发出的灯光经灯罩反射镜反射后径直向前射去，这种光源就是我们平时所说的远光。另一种是偏光束灯丝，发出的光被遮光板挡住灯罩反射镜子的上半部分，其反射的光线都是朝下漫射向地面，不会给对面来车的驾驶者造成眩目，这种光源就是我们平常所说的近光。

2. 氙气灯泡

氙气灯泡简称 HID，如图 3－3、图 3－4 所示，它所发出的光照亮度是普通卤素灯的 2 倍，而能耗仅为其三分之二，使用寿命可达普通卤素灯的 10 倍。

图 3－3　氙气灯泡

图 3－4　氙气灯效果

氙气灯极大地增加了驾驶的安全性与舒适性，还有助于缓解人们夜间行驶的紧张与疲劳。驾车者可在第一时间内发现危险，从而获得足够的反应时间，很大程度减少了夜间事故的发生率。目前国内推出的全新奥迪、帕萨特、别克君威、马自达等豪华款汽车均配备了氙气前照灯。从市场上看，氙气前照灯将会成为市场的主流。

3. LED 灯泡

发光二极管，是一种固态的半导体器件，它可以直接把电能转化为光能。例如奥迪 A4L、A6L 都配备了 LED 大灯，如图 3－5 所示。LED 的优点是体积小、耗电量低、亮度高、热量低、环保、使用寿命长。

LED 是由无毒的材料制成，基本上是一块很小的晶片被封装在环氧树脂里面，质量很小。LED 的工作电压是 2.0～3.6 V，工作电流是 0.02～0.03 A，它消耗的电能不超过 0.1 W，在合适的电流和电压下，LED 的使用寿命可达 10 万 h。

图3－5　奥迪 LED 大灯

3.2.2　反射镜

反射镜的作用是将灯泡发出来的光线聚合成平行光束导向前方。灯丝位于焦点上，所发出的绝大部分光线在反射镜照射到的立体角度范围内，经反射镜反射成平行光束射向远方，使光束增强几百至几千倍，使汽车前方 150～400 m 范围内的路面和障碍物清晰可见。如图3－6所示，反射镜由薄钢板模压或玻璃、塑料制成，内表面镀有银、铝或铬，并采用抛光工艺加工以提高反射能力。

图3－6　反射镜

3.2.3　配光镜

配光镜的作用是将反射镜反射出的光束在水平方向扩散、在竖直方向向下折射，如图3－7所示，使前照灯照射符合配光法规要求。配光镜由若干块棱镜和透镜组合而成，几何形状复杂。

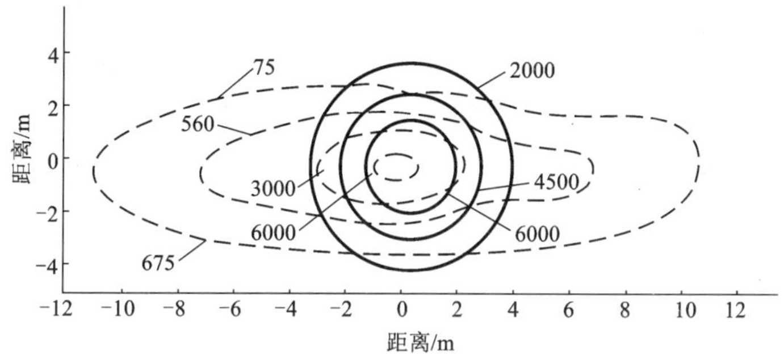

图3－7　前照灯配光要求

3.3　卡罗拉照明系统

卡罗拉照明系统主要由远光灯、近光灯、雾灯等组成，起到夜间照明、保证正常安全驾驶的作用。

3.3.1　卡罗拉前照灯系统的零部件组成、安装位置、各零部件的作用

前大灯总成。安装在汽车前脸两侧，主要由近光灯、远光灯、日间行车灯、转向灯组成。

组合开关。如图3－8所示，安装在方向盘后方左侧，主要作用是控制照明系统中各种灯的工作状态。

前大灯继电器。安装在保险丝盒内，包含了远光灯继电器和近光灯继电器。

远光灯指示灯。如图3－9所示，远光灯指示灯安装在组合仪表上，用于指示远光灯的工作状态。远光指示灯亮起，表示远光灯亮起。

图3－8　组合开关

图3－9　远光灯指示灯

3.3.2　卡罗拉前照灯系统的电路原理

图3－10、图3－11所示为卡罗拉不带自动灯控的前照灯的电路图。从该电路图可以看出，卡罗拉前照灯系统是由组合开关控制继电器线圈通电，近光和远光前大灯均由继电器控

制通电工作。其中，近光灯可单独开启或关闭；开启远光灯、超车灯时，近光灯也同时开启。

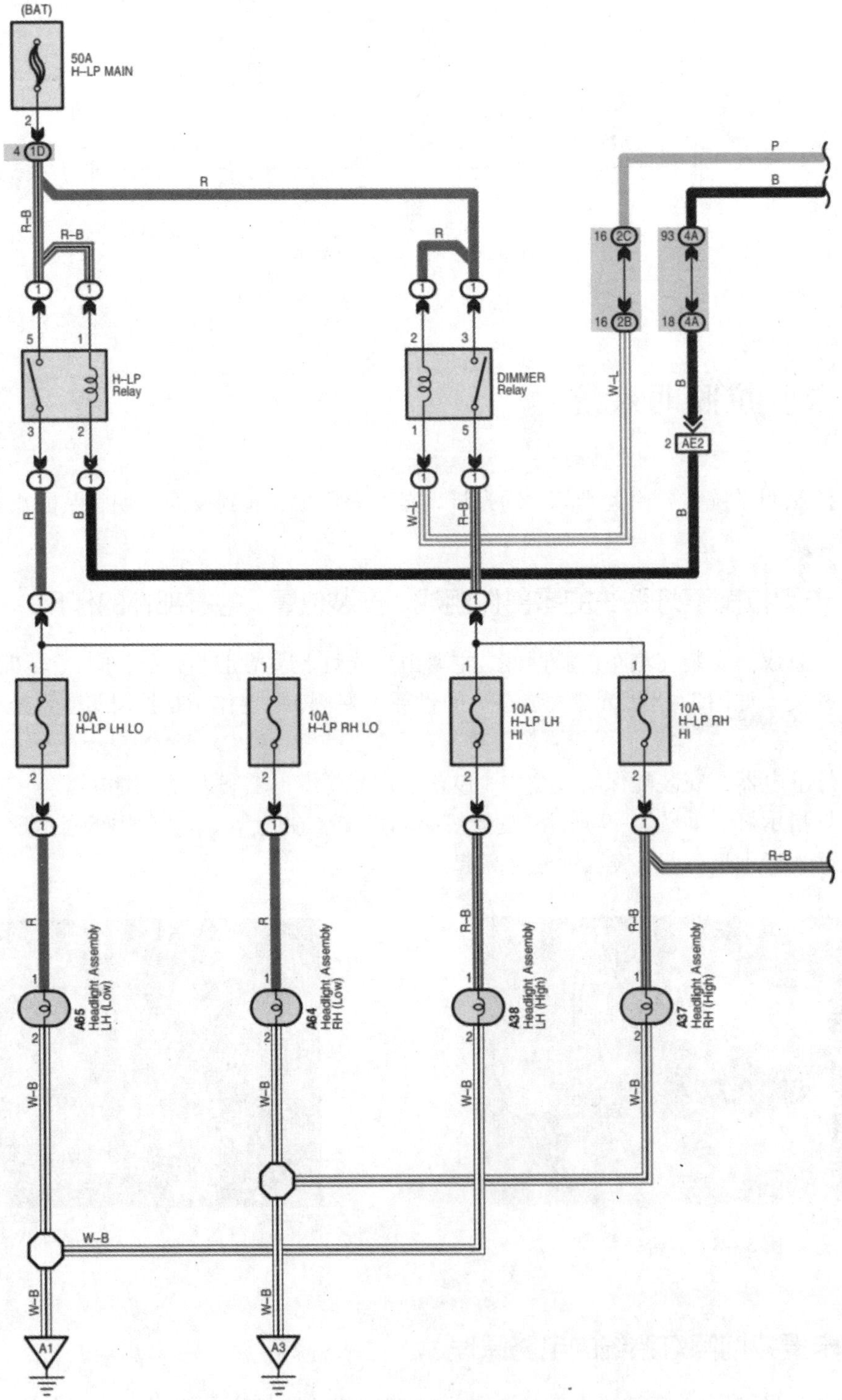

图 3-10　前照灯电路图(1)

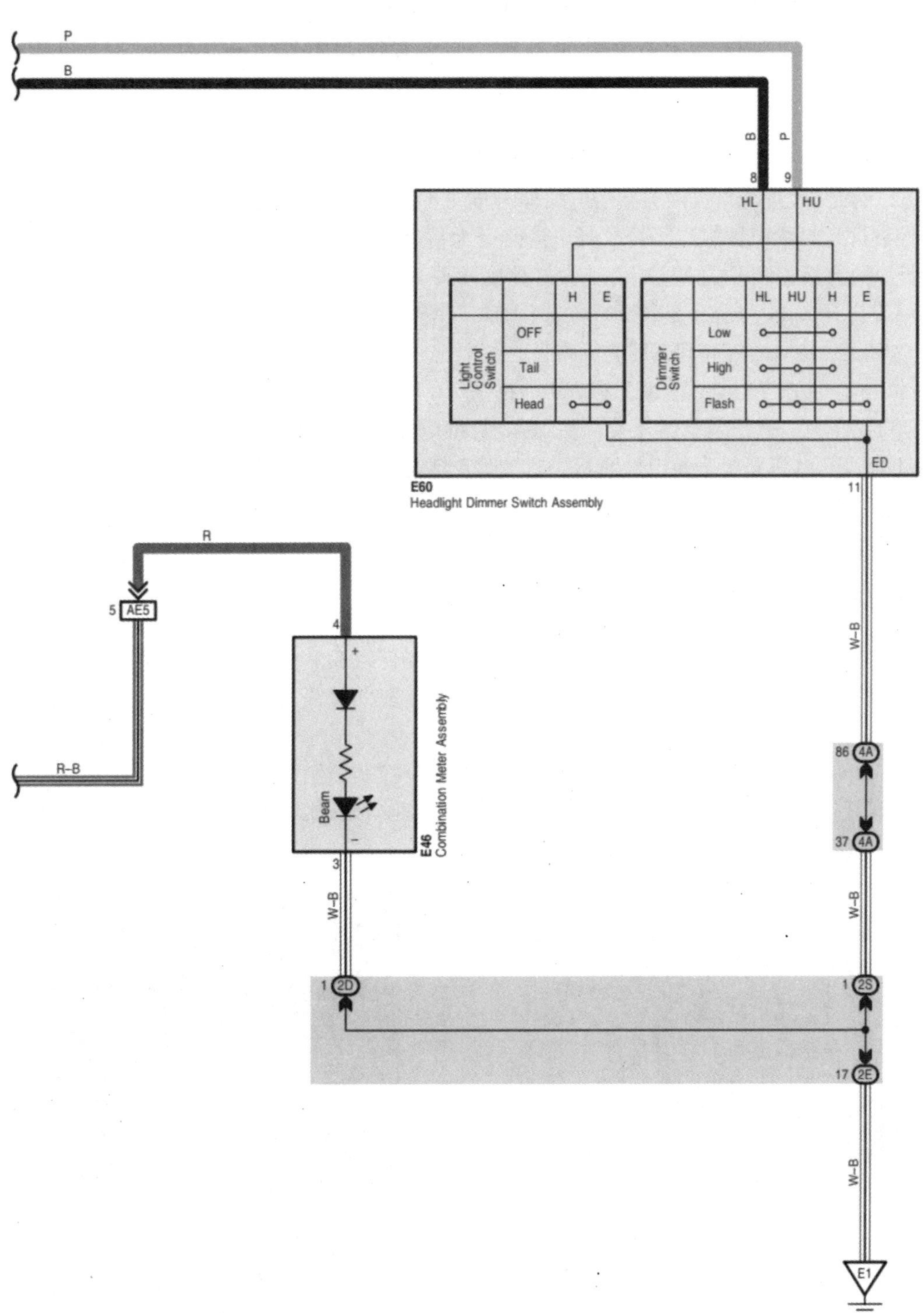

图 3 – 11　前照灯电路图(2)

(1)近光灯：闭合近光灯开关，近光灯继电器线圈通电，控制近光灯继电器触点闭合。其电流路径为蓄电池正极→近光灯继电器线圈→组合开关 8 号脚→前大灯控制开关 HL 端→前大灯控制开关 H 端→灯光控制开关 H 端→灯光控制开关 E 端→组合开关 11 号脚→搭铁 E1。

此时，近光前大灯亮起，其电流路径为蓄电池正极→近光灯继电器触点→左、右近光灯 10 A 保险丝→左、右近光灯 A65 和 A64→搭铁 A1 和 A3。

(2)远光灯(近光灯同时开启，电路原理同上)：闭合远光灯开关，远光灯继电器线圈通电，控制远光灯继电器触点闭合。其电流路径为蓄电池正极→远光灯继电器线圈→组合开关 9 号脚→前大灯控制开关 HU 端→前大灯控制开关 H 端→灯光控制开关 H 端→灯光控制开关 E 端→组合开关 11 号脚→搭铁 E1。

此时，远光前大灯亮起，其电流路径为蓄电池正极→远光灯继电器触点→左、右远光灯 10 A 保险丝→左、右远光灯 A37 和 A38→搭铁 A1 和 A3。

(3)超车灯：打开超车灯开关，远、近光灯继电器线圈同时通电，控制远、近光灯继电器触点闭合。其电流路径为蓄电池正极→远、近光灯继电器线圈→组合开关 8、9 号脚→前大灯控制开关 HL、HU 端→前大灯控制开关 E 端→组合开关 11 号脚→搭铁 E1。

此时，远、近光灯均亮起，其电路原理同上。

3.3.3 卡罗拉雾灯系统的零部件组成、安装位置、各零部件的作用

卡罗拉雾灯系统由前雾灯总成、组合开关等零部件组成。

前雾灯总成。如图 3 – 12 所示，前雾灯总成安装在前保险杠两侧下方，在大雾中起到提醒其他驾驶者的作用。

组合开关。安装在方向盘后方左侧，主要作用是控制照明系统中各种灯的工作状态。

前雾灯指示灯。如图 3 – 13 所示，前雾灯指示灯整合在组合仪表内，用于指示雾灯的工作状态，亮起表示前雾灯正在工作。

图 3 – 12　前雾灯总成

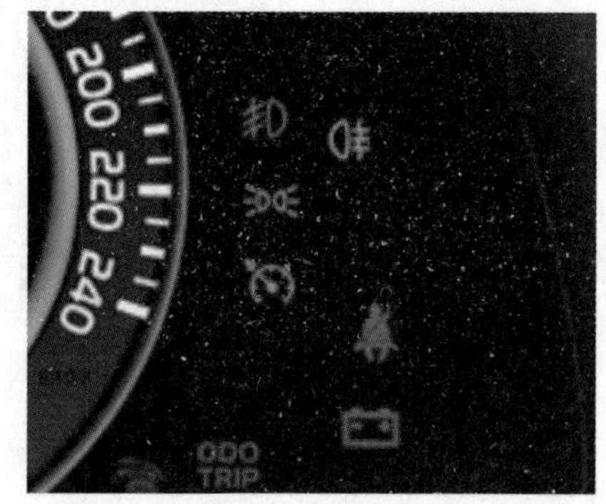

图 3 – 13　前雾灯指示灯

3.3.4 卡罗拉雾灯系统的电路原理

卡罗拉前雾灯必须在前大灯工作的前提下才能工作，受前雾灯继电器控制。雾灯开关控制前雾灯继电器线圈通电，前雾灯继电器触点控制前雾灯灯泡通电工作。

如图 3－14、图 3－15 所示，前雾灯的电路原理为：打开前照灯开关后，组合开关控制 T－LP继电器线圈通电，使 T－LP 继电器触点闭合，为前雾灯提供电源。其电流路径为：蓄电池正极→120 A ALT 保险丝→T－LP 继电器线圈→组合开关 E60 13 号端子→组合开关 10 号端子→搭铁 E1。

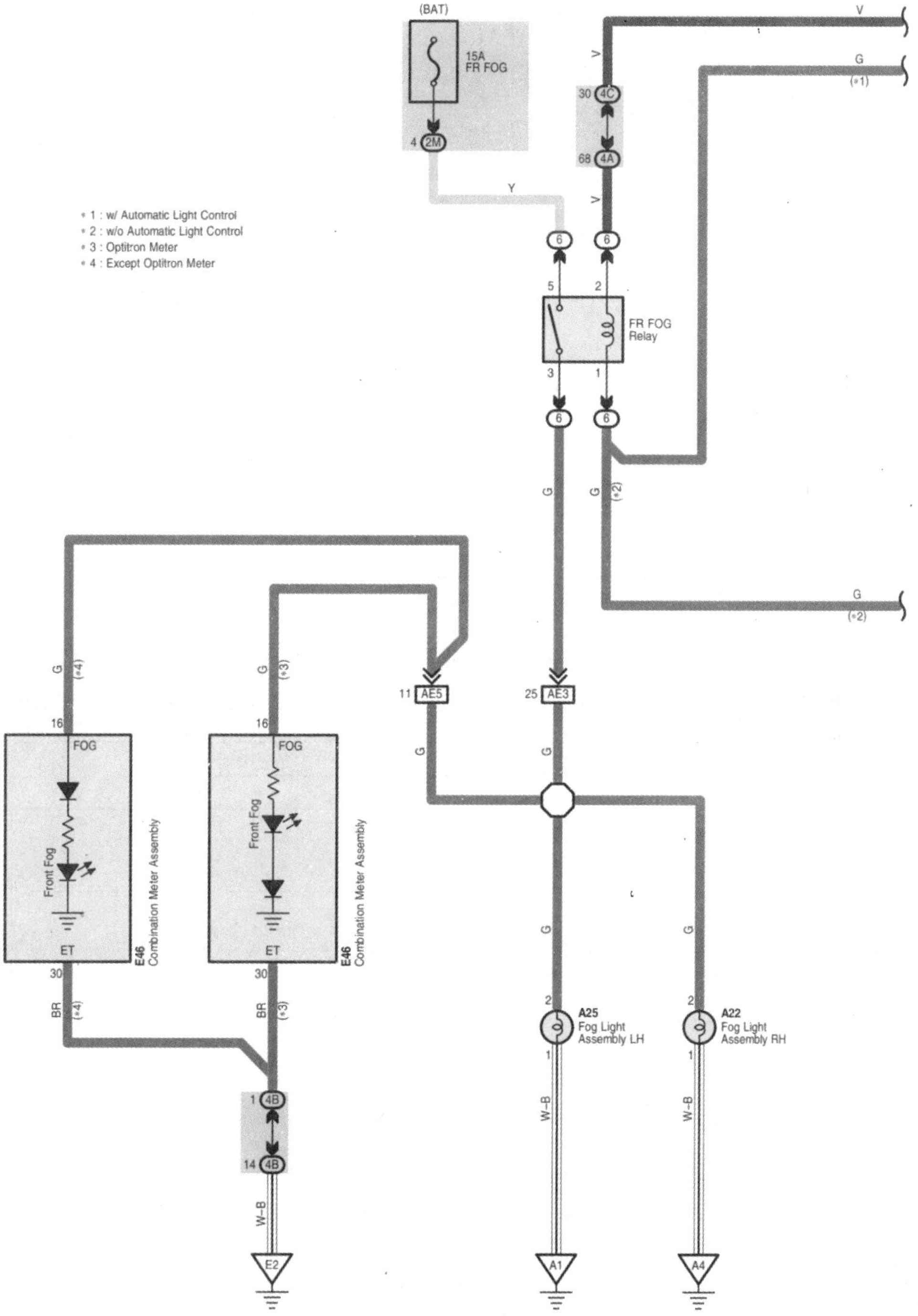

图 3－14　前雾灯电路图(1)

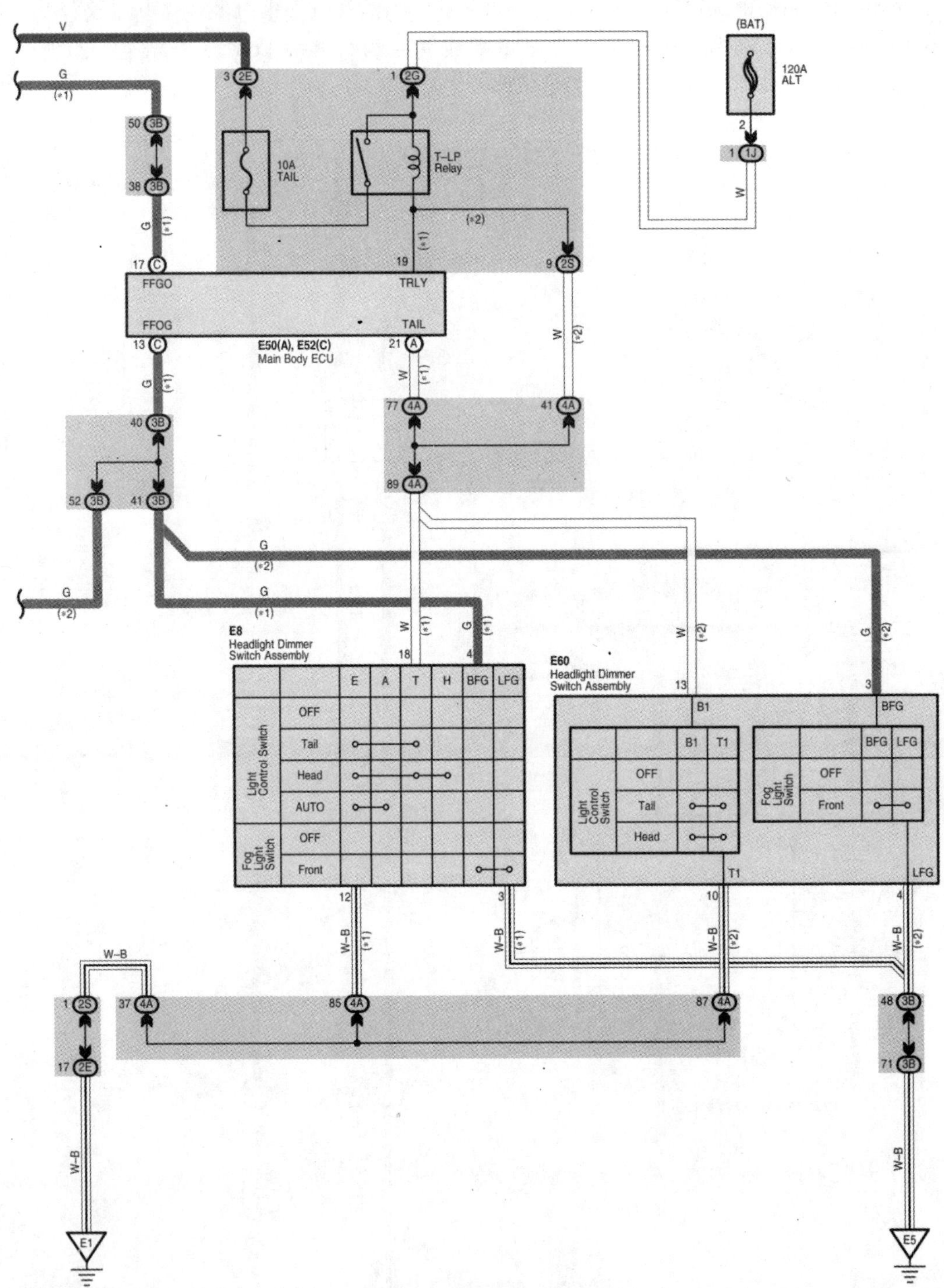

图3-15 前雾灯电路图(2)

打开前雾灯开关，雾灯继电器线圈通电。其电流路径为：蓄电池正极→120 A ALT 保险丝→T－LP 继电器触点→10 A TAIL 保险丝 →雾灯继电器线圈→组合开关 E8 4 号端子→组合开关 E8 3 号端子→搭铁 E5。

雾灯继电器线圈通电后，雾灯点亮。其电流路径为：蓄电池正极→15 A FR FOG 保险丝→雾灯继电器触点→左、右雾灯（A25、A22）、雾灯指示灯 E46→搭铁 A1、A4、E2。

3.4　汽车前照灯的故障诊断

3.4.1　汽车左、右两侧近光前大灯均没有亮起

故障现象描述：左、右两侧近光前大灯均没有亮起。

故障分析：故障为左、右两侧近光前大灯均没有亮起，根据电路图分析，故障点可能是 H－LP MAIN 保险丝、前大灯继电器、前大灯变光开关总成、线束或连接器。

检查程序：

1. 检查各保险丝

（1）用万用表检查 H－LP MAIN 保险丝、H－LP LH LO 保险丝、H－LP RH LO 保险丝状态，任意一条断路，更换保险丝，检查该保险丝附近线路是否存在短路现象。

（2）如所有保险丝完好，则转到步骤 2。

2. 检查前照灯灯泡是否损坏

（1）检查左、右近光灯灯泡工作情况，看是否有破裂、灯丝熔断等，如果有，就更换新灯泡。

（2）如所有灯泡完好，则转到步骤 3。

3. 检查前照灯开关是否损坏

（1）用万用表检查前大灯变光开关插脚上的前照灯引线与搭铁引线的电阻是否符合要求。如不符合要求，更换前照灯开关。

（2）如开关完好，则转到步骤 4。

4. 检查前照灯继电器是否损坏

（1）如图 3－16 所示，根据下表中的值测量电阻。

标准电阻：1 和 2 之间未施加电压，3 和 5 之间电阻大于 10 kΩ；1 和 2 之间施加电压，3 和 5 之间电阻小于 1 Ω。

异常：更换前照灯继电器。

（2）如继电器正常，则转到步骤 5。

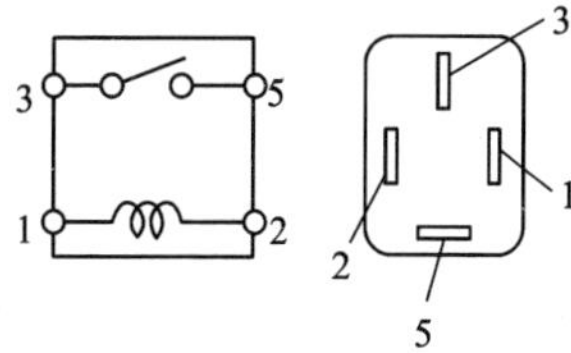

图 3－16　前大灯继电器

5. 检查前照灯电路图中各导线是否有短路或者断路

用万用表欧姆挡检测各导线的导通情况。

3.4.2 前照灯其他故障诊断

表 3－2 前照灯故障诊断症状表

症状	可能故障部位
一侧近光前大灯没有亮起	H－LP LH LO 保险丝或 H－LP RH LO 保险丝
	灯泡
	线束或连接器
	灯控 ECU（HID 前大灯）
一侧远光前大灯没有亮起	H－LP LH HI 保险丝或 H－LP RH HI 保险丝
	灯泡
	线束或连接器
左、右两侧远光前大灯均没有亮起（近光前大灯正常）	前大灯变光继电器 LI－224
	前大灯变光开关总成 LI－188
	线束或连接器
“远光闪光”前大灯没有亮起（会车灯功能）	前大灯变光开关总成 LI－18
近光前大灯或远光前大灯不熄灭	前大灯变光开关总成 LI－188
	线束或连接器

3.5 丰田卡罗拉前照灯的总成更换

3.5.1 卸下旧的前照灯

（1）拆卸散热器上空气导流板。

（2）断开蓄电池负极端子上的电缆。

（3）拆卸散热器格栅防护罩。

（4）拆卸前保险杠总成。

（5）排空清洗液（带前大灯清洗器系统）。

（6）拆卸前大灯总成。

①拆下 2 个螺栓和螺钉。

②如图 3－17 所示，脱开卡爪。

③断开连接器并拆下前大灯总成。

（7）拆卸前大灯灯泡。

①如图 3－18 所示，拆下前大灯灯泡。应注意不要用手指触摸灯泡玻璃。

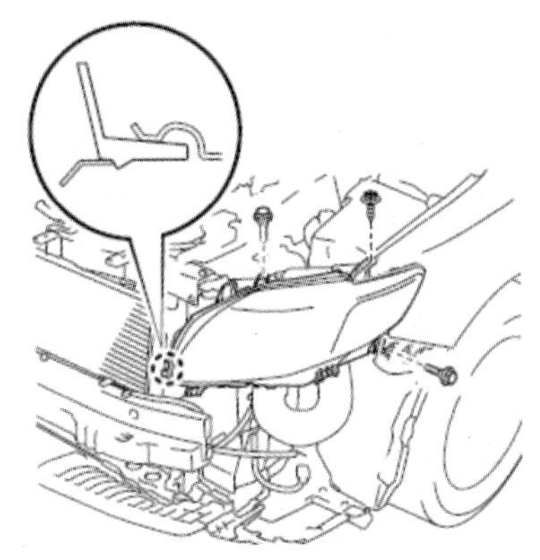

图 3－17　拆卸前大灯总成

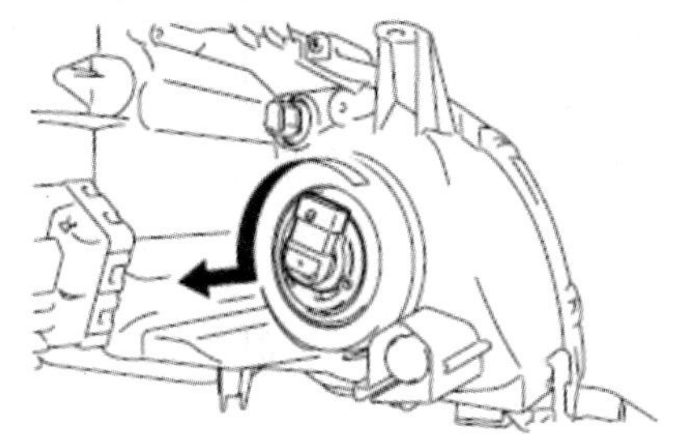

图 3－18　拆卸前大灯灯泡

(8)拆卸前大灯光束高度调整电动机。

①按图 3－19 中箭头 a 指示的方向旋转前大灯光束高度调整电动机以将其松开。

②按图 3－19 中箭头 b 指示的方向旋转前大灯光束高度调整电动机的对光螺钉以脱开轴。

③按图 3－19 中箭头 c 指示的方向拉出前大灯光束高度调整电动机以将其拆下。

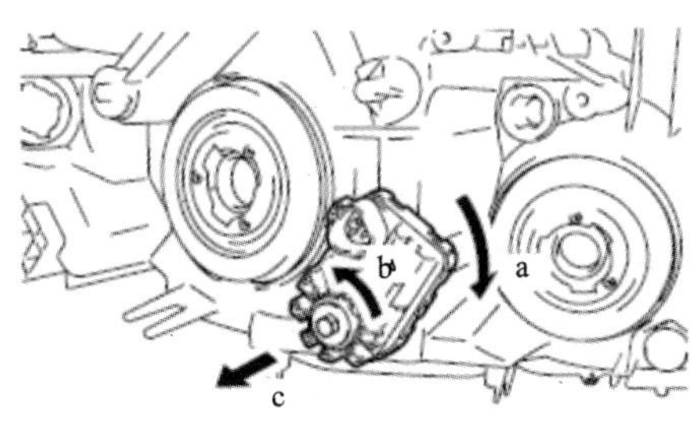

图 3－19　拆卸前大灯光束高度调整电动机

3.5.2　安装前照灯的总成

(1)安装前大灯光束高度调整电动机。

①按图 3－20 中箭头 a 指示的方向插入前大灯光束高度调整电动机。

②按图 3－20 中箭头 b 指示的方向旋转前大灯光束高度调整电动机的对光螺钉以接合轴。

③按图 3－20 中箭头 c 指示的方向旋转前大灯光束高度调整电动机以将其安装。

(2)如图 3－21 所示，安装 1 号前大灯灯泡(卤素前大灯)。

(3)如图 3－22 所示，安装前大灯总成。连接连接器，接合卡爪。用 2 个螺栓和 1 个螺钉安装前大灯总成，扭矩为 5.4 N · m。

(4)将清洗液罐加满清洗液。

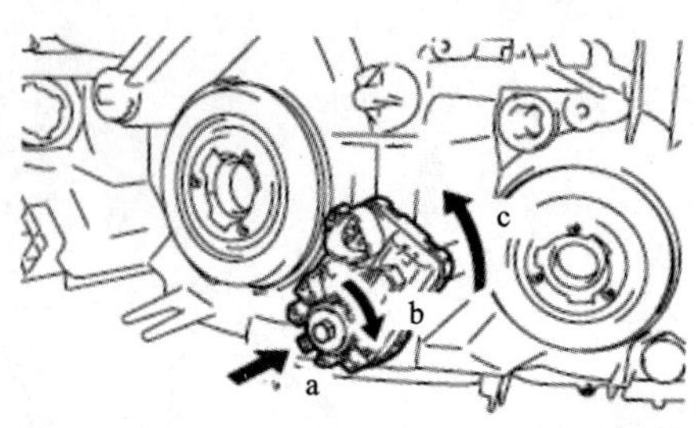

图 3 - 20　安装前大灯光束高度调整电动机 4

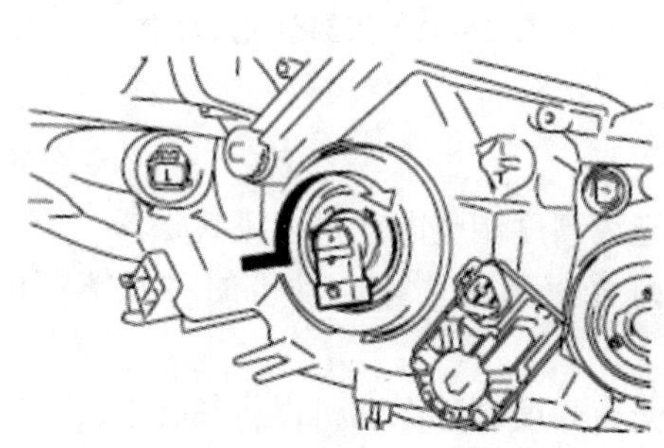

图 3 - 21　安装前大灯灯泡

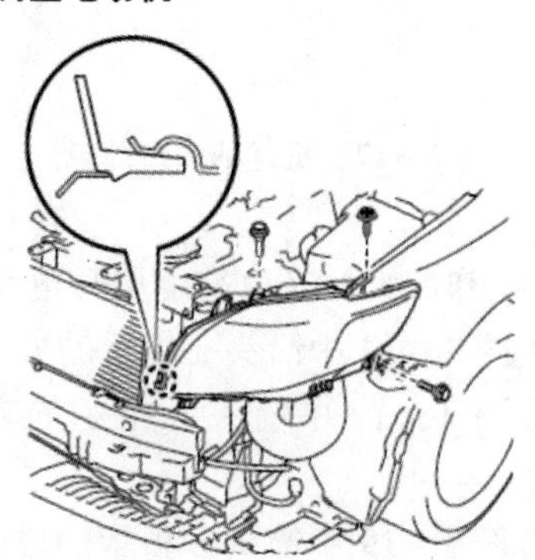

图 3 - 22　安装前大灯总成

(5)安装前保险杠总成。

(6)安装散热器格栅防护罩。

(7)将电缆连接到蓄电池负极端子上。

(8)安装散热器上空气导流板。

3.6　前大灯变光开关检查

3.6.1　前大灯变光开关插脚定义

前大灯变光开关插脚定义如图 3 - 23 与表 3 - 3 所示。

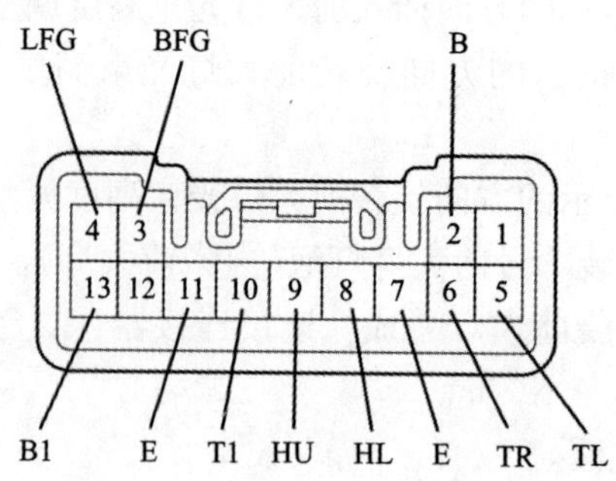

图 3 - 23　前大灯变光开关插脚

表 3－3　前大灯变光开关插脚定义

端子	定义
1	空脚
2	雾灯电源正极
3	前雾灯电源
4	雾灯正极
5	左转向灯
6	右转向灯
7	转向灯搭铁
8	近光灯
9	超车灯、远光灯
10	尾灯搭铁
11	前照灯搭铁
12	空脚
13	前照灯、尾灯电源

3.6.2　灯控开关的检查

灯控开关标准电阻对照表如表 3－4 所示。

表 3－4　灯控开关标准电阻对照表

用万用表检测	开关状态	规定状态
10(T1)－13(B1)	关闭灯光	10 kΩ 或更大
10(T1)－13(B1)	闭合示宽灯开关	小于 1 Ω
10(T1)－13(B1)	闭合前照灯开关	小于 1 Ω
11(E)－13(B1)		

3.6.3 检查变光开关

变光开关标准电阻对照表如表 3－5 所示。

表 3－5 变光开关标准电阻对照表

用万用表检测	开关状态	规定状态
9(HU)－11(E)	操作变光开关	小于 1 Ω
8(HL)－11(E)	闭合近光灯开关	小于 1 Ω
9(HU)－11(E)	闭合远光灯开关	小于 1 Ω
8(HL)－11(E)	闭合远光灯开关或操作变光灯开关	0 kΩ 或更大(变光开关置于 HIGH 位置时，近光前大灯熄灭)
		小于 1 Ω(变光开关置于 HIGH 位置时，近光前大灯和远光前大灯同时亮起)

3.6.4 前雾灯开关的检查

前雾灯开关标准电阻对照表如表 3－6 所示。

表 3－6 前雾灯开关标准电阻对照表

用万用表检测	开关状态	规定状态
3(BFG)－4(LFG)	关闭灯光	10 kΩ 或更大
	闭合前雾灯开关	小于 1 Ω

3.6.5 后雾灯开关的检查

后雾灯开关标准电阻对照表如表 3－7 所示。

表 3－7 后雾灯开关标准电阻对照表

用万用表检测	开关状态	规定状态
2(B)－4(LFG)	关闭灯光	10 kΩ 或更大
	闭合后雾灯开关	小于 1 Ω

【任务书】

一、在解释过后，请你替格兰先生预备一套应急方案，以确保格兰先生能按时出发(该方案应包含预算，最大限度确保格兰先生满意，以及不需要让 4S 店额外支付费用)。

二、请找任课老师索取格兰先生座驾的照明系统的电路连接图，在下面区域把这幅图画出来，并请根据这幅电路图，在实训车架上进行连接。

三、请根据上图以及实训车架连接的照明电路，为格兰先生的座驾制定一份尽可能详实、合理的故障诊断方案。诊断方案需要符合由易到难、由外到内、由常见到罕见的诊断思路原则。如果还有其他问题需要询问维修接待或者自己的主管，请把这些问题整理成一份提纲，以便面谈时进行沟通和协调。

四、根据维修手册的步骤，在实训车上，对卡罗拉前照灯两侧灯均不亮的故障进行排除，并记录检测过程与数据。

序号	检测内容	正常状态(正常值)	实际状态(实测值)

五、根据维修手册的步骤，更换左或右丰田卡罗拉前照灯的总成，并使用手机拍照记录每一个步骤。

六、根据维修手册的步骤，对照明系统零部件进行检修。

(1)前大灯变光开关插脚定义

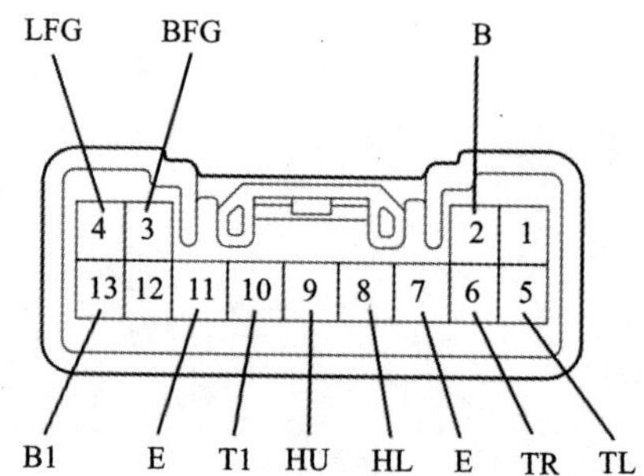

端子	定义	端子	定义
1		8	
2		9	
3		10	
4		11	
5		12	
6		13	
7			

(2)灯控开关的检查

开关状态	用万用表检测	规定状态	实测值	检测结果
关闭灯光				
闭合示宽灯开关				
闭合前照灯开关				

(3)检查变光开关

开关状态	用万用表检测	规定状态	实测值	检测结果
操作变光开关				
闭合近光灯开关				
闭合远光灯开关				
闭合远光灯开关或操作变光灯开关				

(4)前雾灯开关的检查

开关状态	用万用表检测	规定状态	实测值	检测结果
关闭灯光				
闭合前雾灯开关				

(5)后雾灯开关的检查

开关状态	用万用表检测	规定状态	实测值	检测结果
关闭灯光				
闭合后雾灯开关				

模块四　转向灯闪烁频率高的故障检修

【情境描述】

维修接待接到杰克先生的电话，据悉，杰克先生的轿车在旅行途中，转向灯闪烁频率突然变高。杰克先生现在的位置离本4S店只有不到1 km的距离。于是维修接待建议杰克先生立刻把故障车开到4S店内，进行检修。杰克先生到店后，维修接待把情况记录下来，交由你们班组进行维修。

杰克先生的车是一辆丰田卡罗拉轿车，使用了将近3年，行驶里程已达10万km，有进行定期保养，但没有做过任何线路方面的专项检查。杰克先生希望自己的轿车在一天内有诊断结果并有维修报价。因此，你们班组负责检查此车，并把维修方案报给维修接待，由维修接待与顾客沟通。

【学习目标】

1. 能正确口述卡罗拉信号灯系统的组成、作用、零部件安装位置；
2. 能正确口述卡罗拉示宽灯系统、转向灯系统、危险警告灯系统、制动灯的电路原理；
3. 能根据教师给定的电路图，在实训车架上，正确连接示宽灯、转向灯和危险警告灯、制动灯的电路；
4. 能根据维修手册，检修卡罗拉转向灯闪烁频率高的故障；
5. 能根据维修手册，正确检修制动灯开关，转向信号灯开关、危险警告灯开关。

【学习资源】

类别	序号	名称	数量与备注
学材、教材	1	前置学习任务	模块四
	2	参考资讯	
	3	评价表	
实训设备	4	卡罗拉实训车	AT，5人一台
	5	卡罗拉维修与电路手册	每个工位一套
	6	卡罗拉使用手册	
	7	数字万用表	
	8	常用拆装工具	
	9	卡罗拉转向灯总成	
	10	卡罗拉示宽灯总成	

续表

类别	序号	名称	数量与备注
配件耗材	11	闪光器	卡罗拉适用
	12	转向灯灯泡	
	13	示宽灯灯泡	
学习环境	14	电脑	每个工位一台
	15	拍照手机	学生自备

【前置学习任务】

一、基本知识

(1)转向信号灯又称____________，也叫__________。它装在汽车________、________四角，它有__________、________和__________。

(2)闪光继电器一般有__________、____________和______________三种类型，现以廉价的__________用得最多。

(3)危险信号灯开关一般装在__________上，这个开关有两个作用，一是________________________，二是当开关接通时，开关将________________________________起来。

二、查询维修手册的卡罗拉示宽灯线路图，把线路图简化为原理图，并描述其工作原理。

原理图：

续表

具体电路原理：

三、查询维修手册的卡罗拉转向灯线路图，把线路图简化为原理图，并描述其工作原理。

原理图：
具体电路原理：

四、查询维修手册的卡罗拉制动灯线路图，把线路图简化为原理图，并描述其工作原理。

原理图：
具体电路原理：

4.1　汽车信号灯系统的作用和使用

汽车信号灯系统主要由示宽灯、转向灯、危险警告灯、制动灯组成。现代的汽车均把这些信号灯与近光灯、远光灯一起集成在前大灯总成上。

(1)示宽灯，同时也叫示廓灯，是汽车上安装以示车宽的指示灯，属常用灯，表示车的宽度。宽灯用于在傍晚行驶时，让别的车辆看见。

(2)转向灯是表示汽车动态信息的最主要装置，安装在车身前后。在汽车转弯时开启，它为行车安全提供了保障，使行人与其他车辆提前知道汽车的动向，作出正确的判断。

(3)危险警告灯，通常称为双闪灯，是一种提醒其他车辆与行人注意本车发生了特殊情况的信号灯。在驾车过程中遇到浓雾，能见度低于 100 m 时，由于视线不好，不但应该开启前、后防雾灯，此时还应该开启危险报警闪光灯，以提醒过往车辆及行人注意，特别是后方行驶的车辆，保持应有的安全距离和必要的安全车速，避免紧急刹车引起追尾。

(4)制动灯，一般安装在车辆尾部，主体颜色为红色，增强光源的穿透性，以便后面行驶的车辆即使在能见度较低的情况下，也易于发现前方车辆刹车，起到防止追尾事故发生的目的。

4.2 卡罗拉信号灯系统

在卡罗拉信号灯系统中，示宽灯和转向灯均集成在前大灯总成和尾灯总成内。

4.2.1 卡罗拉信号灯系统的零部件组成、安装位置、各零部件的作用

(1)示宽灯。如图 4－1 所示，安装在大灯总成内，主要用于标示汽车夜间行驶或停车时的宽度轮廓。

(2)示宽灯指示灯。安装在汽车仪表内，主要是表示示宽灯的开关状态。示宽灯指示灯亮起，表示示宽灯亮起。

(3)转向灯。分别安装在大灯总成、尾灯总成、后视镜上，用于在汽车转弯时发出明暗交替的闪光信号。

(4)闪光继电器。如图 4－2 所示，闪光继电器的作用就是控制转向灯电路的通断，实现转向灯的闪烁。转向灯闪光频率规定为 60～120 次/min，其安装位置在仪表和方向盘的下方装饰板内。

图 4－1 卡罗拉信号灯

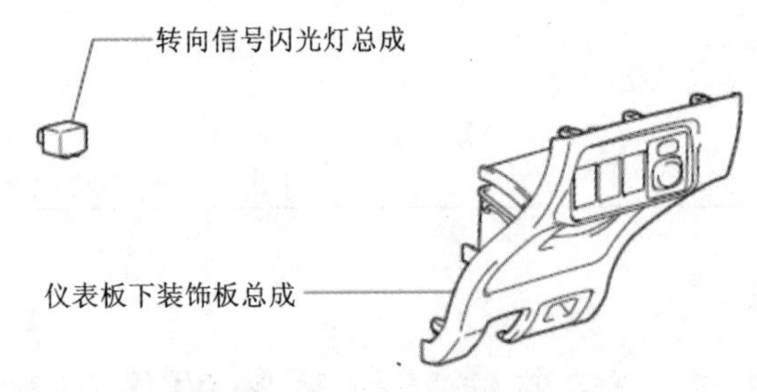

图 4－2 卡罗拉闪光器安装位置

(5)信号灯开关：如图 4－3 所示，安装在方向盘后方左侧，主要作用是控制示宽灯的开关状态，能控制示宽灯、转向灯。

(6)危险警告灯系统：如图 4－4 所示，按下位于仪表板的中央上方的危险警告灯开关，车辆左右、前后、中部的转向灯均闪烁。因为用途特殊，因此危险警告灯系统不受点火开关控制。

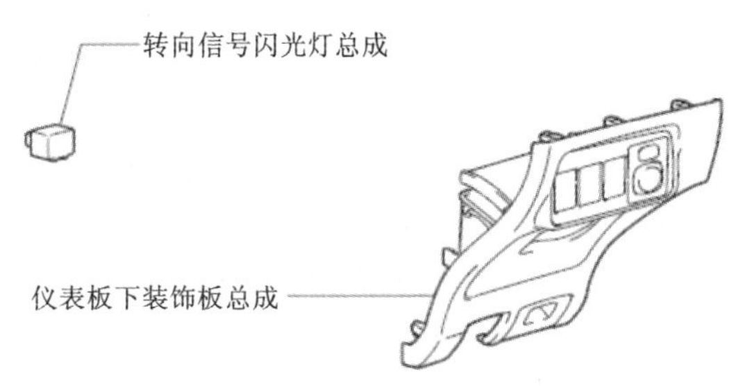

图 4-3　组合开关

图 4-4　危险警告灯开关

(7)制动灯：图 4-5 所示为卡罗拉位于车位的制动灯。同时卡罗拉配有高位制动灯，安装在车辆后车窗玻璃下方。

(8)制动灯开关：如图 4-6 所示，制动灯开关安装在制动踏板上，是控制制动灯的开关。通知 ECU 已经制动，松开变矩器锁止离合器，同时点亮制动灯，还可以防止驱动轮制动抱死时，发动机突然熄火。

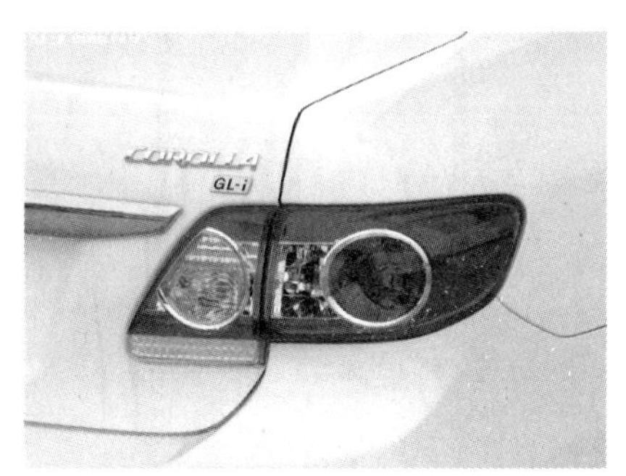

图 4-5　卡罗拉制动灯总成

图 4-6　制动灯开关

4.2.2　卡罗拉信号灯系统的电路原理

1. 示宽灯电路

卡罗拉示宽灯系统电路受 T-LP 继电器控制。组合开关的示宽灯开关控制 T-LP 继电器线圈通电，T-LP 继电器触点控制车辆前、后示宽灯和牌照灯工作。

如图 4-7、图 4-8 所示，示宽灯的电路原理：打开示宽灯开关，T-LP 继电器线圈通电工作。其电路原理为：蓄电池正极→120 A ALT 保险丝→T-LP 继电器线圈→组合开关 E60 13 号端子→组合开关 10 号端子→搭铁 E1。

T-LP 继电器线圈通电，T-LP 继电器触点闭合，示宽灯、牌照灯亮起，其电路原理为：蓄电池正极→120 A ALT 保险丝→T-LP 继电器触点→TAIL 10 A 保险丝→前、后 4 盏示宽灯(A8、A9、L7、L29)、牌照灯(L9、L10)→搭铁 A1、A3、L3。

2. 转向灯电路

丰田卡罗拉转向灯和危险警告灯主要受闪光继电器控制。闪光继电器在接收到相应端子

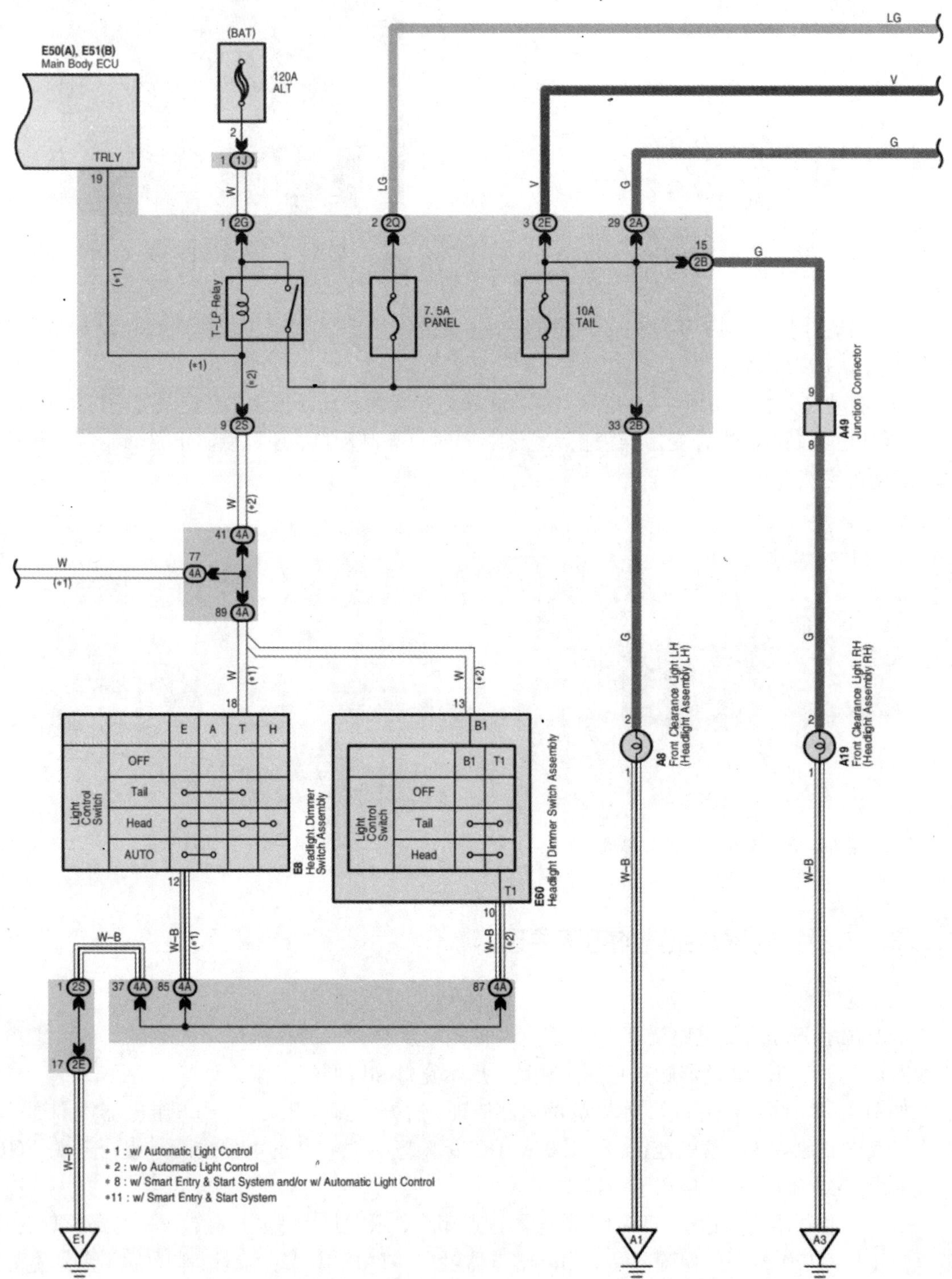

图 4 -7 卡罗拉示宽灯电路图(1)

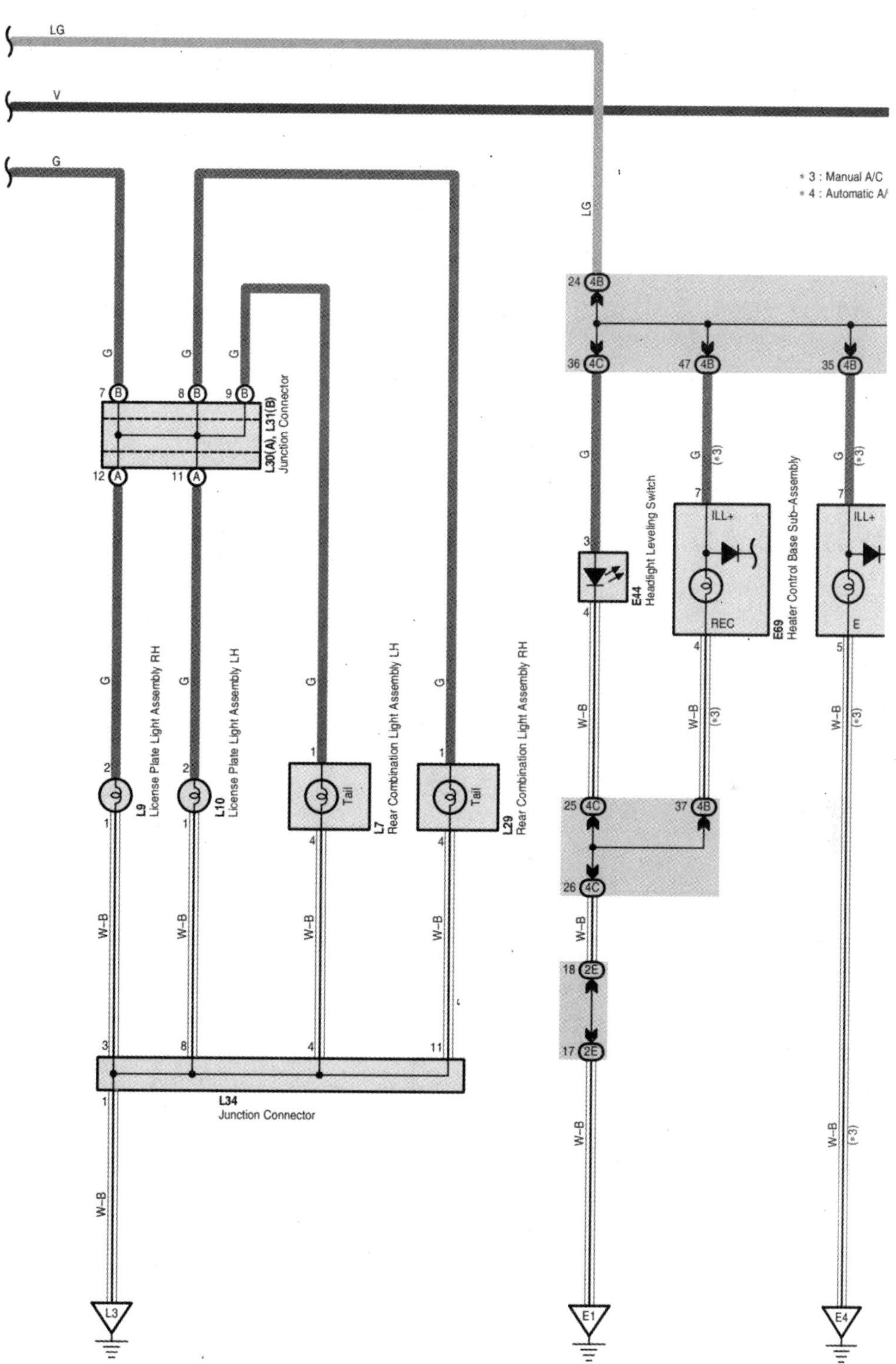

图 4-8　卡罗拉示宽灯电路图(2)

的搭铁信号后，便控制信号灯闪烁工作。

图4－9、图4－10所示为转向灯电路图，以左转向为例，打开点火开关，打开左转向灯，搭铁信号通过搭铁E1经过转向灯开关送到闪光继电器内。其电路原理主要为：搭铁E1→组合开关E60的7号端子→组合开关的5号端子→闪光继电器5号端子。

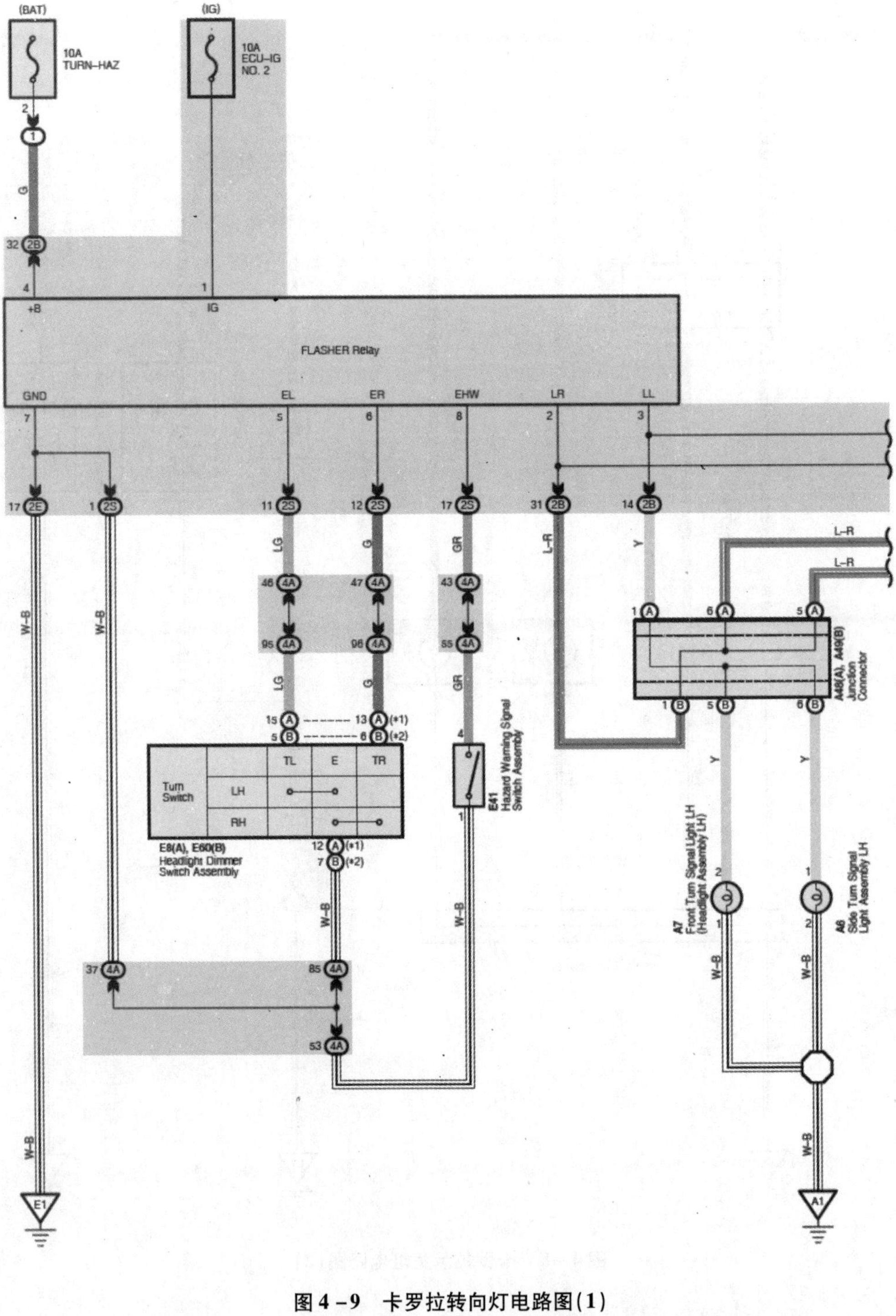

图4－9　卡罗拉转向灯电路图(1)

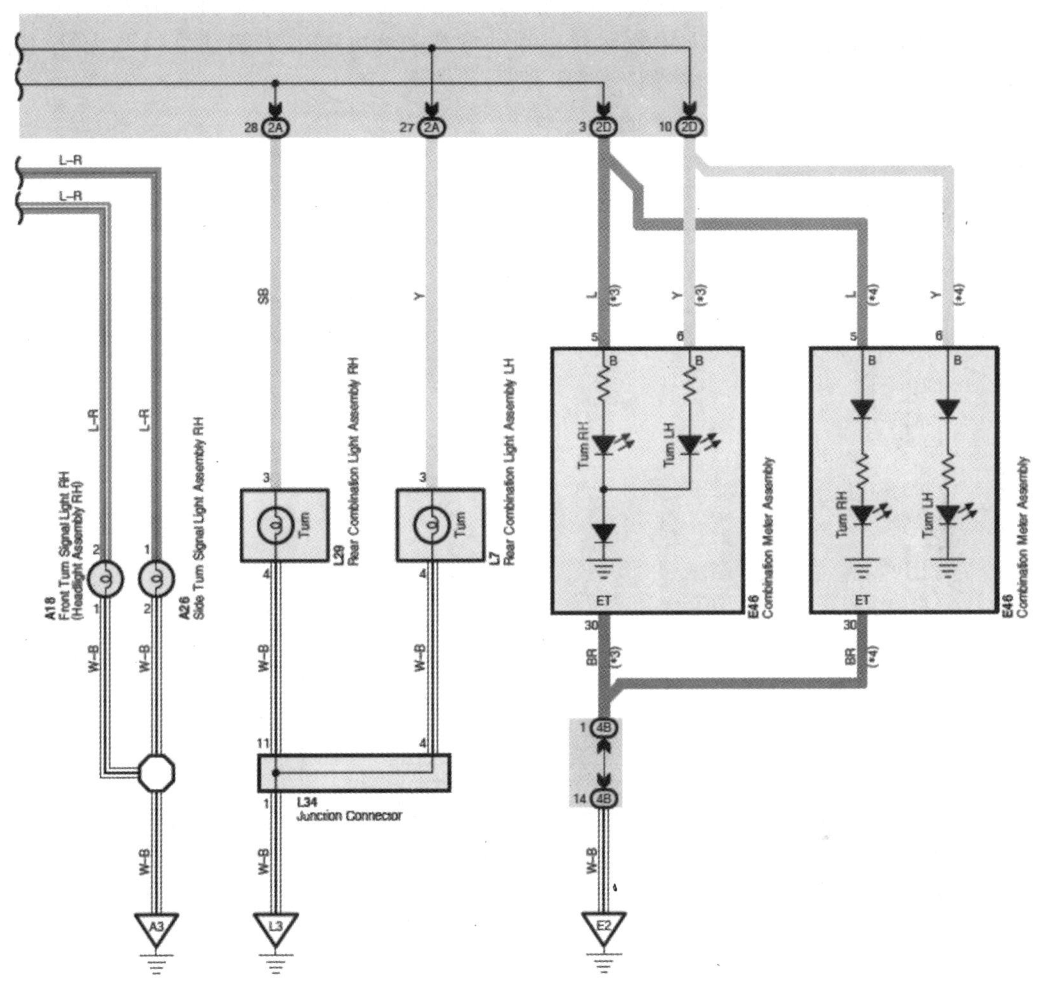

图 4－10　卡罗拉转向灯电路图（2）

在闪光继电器 5 号端子收到搭铁信号后，便控制左转向灯闪烁。其电流路径为：蓄电池正极→10 A TURN—HAZ 保险丝→闪光继电器 1 号端子→闪光继电器→闪光继电器 3 号端子→左前转向灯 A7、左侧转向灯灯 A6、左后转向信号灯 L7、组合仪表 E46 左转向信号指示灯→搭铁 E2。

危险警告灯工作原理：按下危险警告灯开关，闪光继电器 8 号端子收到搭铁信号。其电流路径为：搭铁 E1→危险警告灯开关 E41→闪光继电器 8 号端子。

闪光继电器 8 号端子收到搭铁信号后，闪光继电器的 2 号端子和 3 号端子分别控制左、右转向灯同时闪烁，其电流路径为：蓄电池正极→10 A TURN—HAZ 保险丝→闪光器继电器 4 号端子→闪光器继电器→闪光器继电器 2 号、3 号端子→各转向灯、转向指示灯。

3. 制动灯电路

制动灯电路受制动灯开关控制，制动灯开关为一个常闭开关，当踩下制动踏板时，制动灯开关闭合，松开制动踏板时，制动灯开关断开。

制动灯电路原理如图 4 - 11 所示：踩下制动踏板，制动灯开关闭合，制动灯亮起。其电流路径为：蓄电池正极→10 A STOP 保险丝→制动灯开关 A1→左、右制动灯（L7、L29）和高位制动灯（L44、L8）→搭铁 L3。

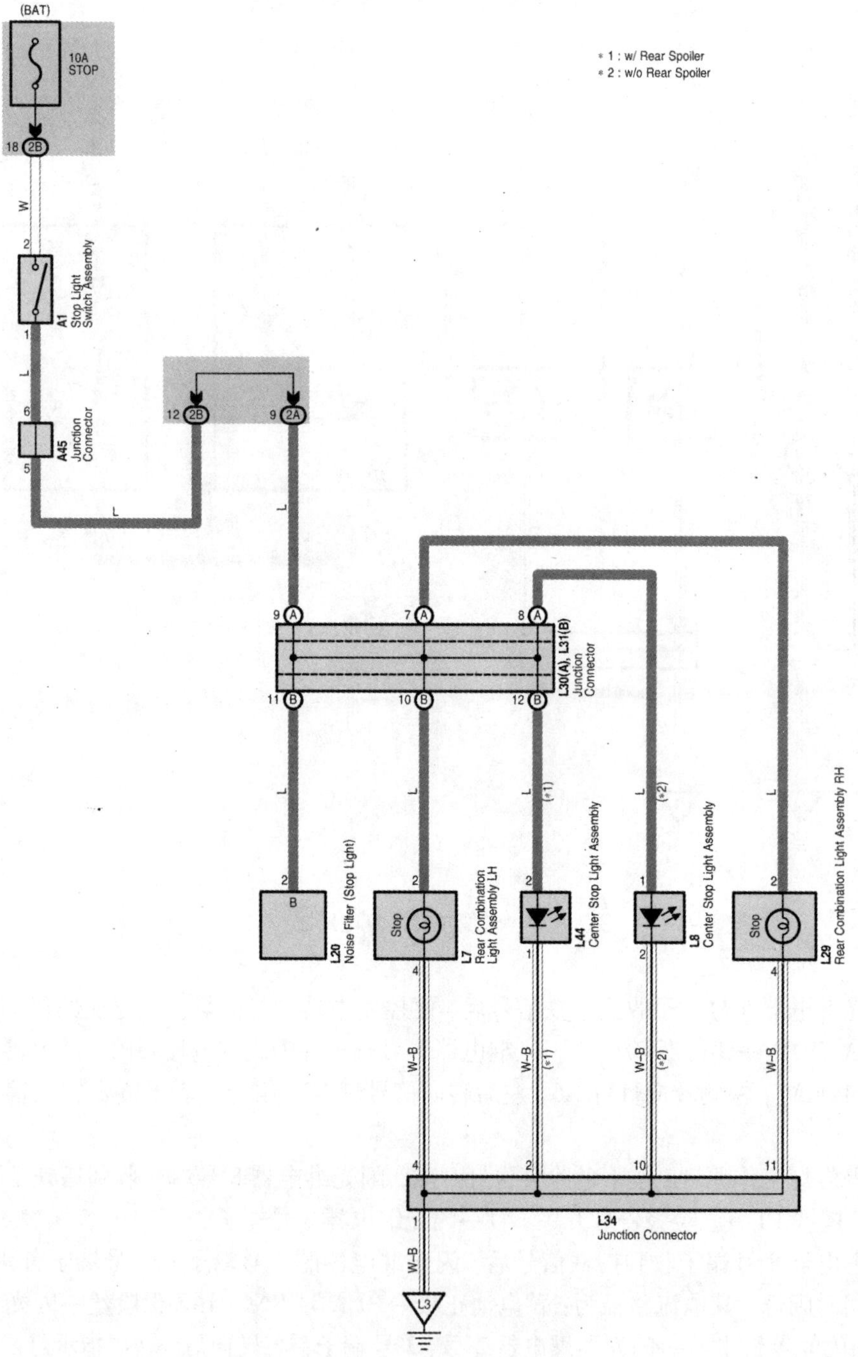

图 4 - 11　卡罗拉制动灯电路图

4.3　解决转向灯闪烁频率高的故障诊断

故障现象描述：打开转向灯或者启动危险警告灯，黄灯闪烁频率都比正常情况高。

故障分析：转向灯和危险警告灯都出现频率高的情况，故障点在闪光继电器。

检查步骤：

(1)检查转向信号闪光继电器总成，如图4－12与表4－1所示，从仪表板接线盒上拆下转向信号闪光灯总成。

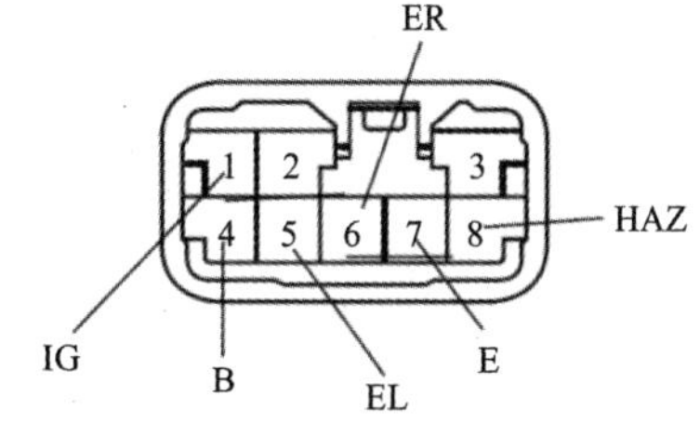

图4－12　闪光继电器总成接线

表4－1　闪光继电器接线盒插脚定义

端子	定义
1	点火开关IG信号
2	空脚
3	空脚
4	蓄电池正极
5	左转向灯开关搭铁信号
6	右转向灯开关搭铁信号
7	搭铁
8	危险警告灯开关搭铁信号

(2)如表4－2所示，根据下表中的值测量电压。

表4－2　标准电压对照表(1)

用万用表测量	开关状态	规定状态
4(B)－车身搭铁	——	始终是11～14 V
1(IG)－车身搭铁	点火开关在OFF位置时	低于1 V
	点火开关在ON(IG)位置时	11～14 V

若结果不符合规定，则线束侧有故障。

(3)如表4－3所示，根据标准测量电阻。

表 4-3 标准电阻对照表

用万用表测量	开关状态	规定状态
5(EL)-车身搭铁	转向信号灯开关置于 OFF 位置	电阻为 10 kΩ 或更大
	转向信号灯开关置于 LH 位置	电阻小于 1 Ω
6(ER)-车身搭铁	转向信号灯开关置于 OFF 位置	电阻为 10 kΩ 或更大
	转向信号灯开关置于 RH 位置	电阻小于 1 Ω
7(E)-车身搭铁	——	始终小于 1 Ω
8(HAZ)-车身搭铁	危险警告灯开关置于 OFF 位置	电阻为 10 kΩ 或更大
	危险警告灯开关置于 ON 位置	电阻小于 1 Ω

若结果不符合规定，则线束侧有故障。

(4)将转向信号闪光灯总成安装到仪表板接线盒上(图 4-13)。

有线束连接的零部件：仪表板接线盒

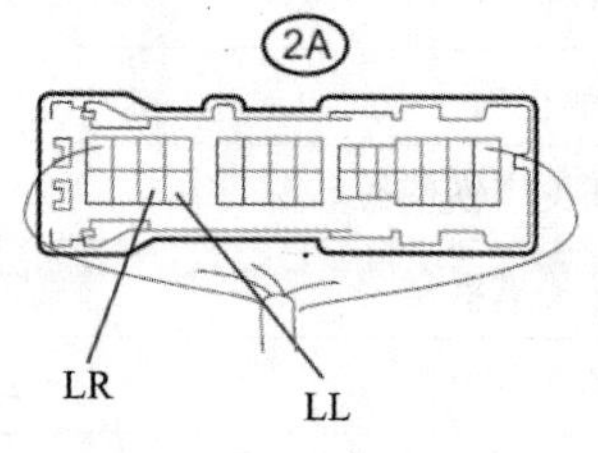

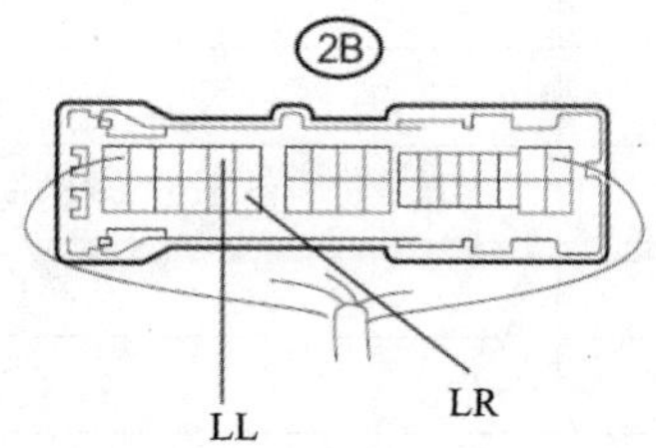

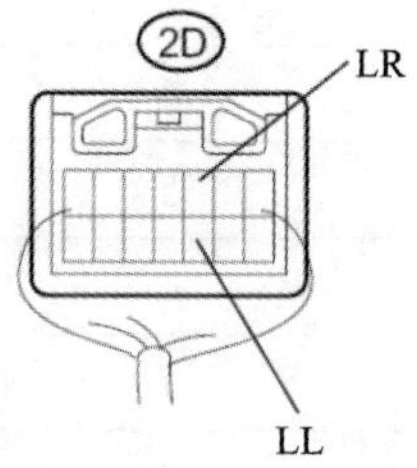

图 4-13 仪表板接线盒

(5)根据表 4-4 中的值测量电压。

表 4-4 标准电压对照表(2)

检测仪连接	开关状态	规定状态
2A-27(LL)-车身搭铁	转向信号灯开关置于 OFF 位置	低于 1 V
	转向信号灯开关置于 LH 位置	11~14 V(60~120 次/min)
	危险警告灯开关置于 OFF 位置	低于 1 V
	危险警告灯开关置于 ON 位置	11~14 V(60~120 次/min)

续表 4-4

检测仪连接	开关状态	规定状态
2A-28(LR)-车身搭铁	转向信号灯开关置于 OFF 位置	低于 1 V
	转向信号灯开关置于 RH 位置	11～14 V(60～120 次/min)
	危险警告灯开关置于 OFF 位置	低于 1 V
	危险警告灯开关置于 ON 位置	11～14 V(60～120 次/min)
2B-14(LL)-车身搭铁	转向信号灯开关置于 OFF 位置	低于 1 V
	转向信号灯开关置于 LH 位置	11～14 V(60～120 次/min)
	危险警告灯开关置于 OFF 位置	低于 1 V
	危险警告灯开关置于 ON 位置	11～14 V(60～120 次/min)
2B-31(LR)-车身搭铁	转向信号灯开关置于 OFF 位置	低于 1 V
	转向信号灯开关置于 RH 位置	11～14 V(60～120 次/min)
	危险警告灯开关置于 OFF 位置	低于 1 V
	危险警告灯开关置于 ON 位置	11～14 V(60～120 次/min)
2D-10(LL)-车身搭铁	转向信号灯开关置于 OFF 位置	低于 1 V
	转向信号灯开关置于 LH 位置	11～14 V(60～120 次/min)
	危险警告灯开关置于 OFF 位置	低于 1 V
	危险警告灯开关置于 ON 位置	11～14 V(60～120 次/min)
2D-3(LR)-车身搭铁	转向信号灯开关置于 OFF 位置	低于 1 V
	转向信号灯开关置于 RH 位置	11～14 V(60～120 次/min)
	危险警告灯开关置于 OFF 位置	低于 1 V
	危险警告灯开关置于 ON 位置	11～14 V(60～120 次/min)

若结果不符合规定，则更换转向信号闪光灯总成。

4.4　信号灯系统零部件的检修

(1)如图 4-14、表 4-5 所示进行刹车灯开关检查。

表 4-5　标准电阻对照表(2)

万用表连接	开关状态	规定状态
1-2	按下	10 kΩ 或更大
	未按下	小于 1 Ω
3～4	按下	小于 1 Ω
	未按下	10 kΩ 或更大

没有线束连接的零部件：刹车灯开关总成

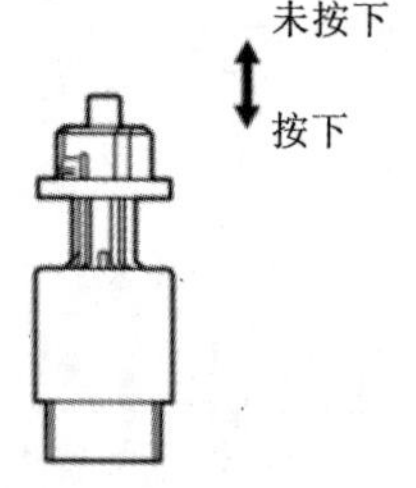

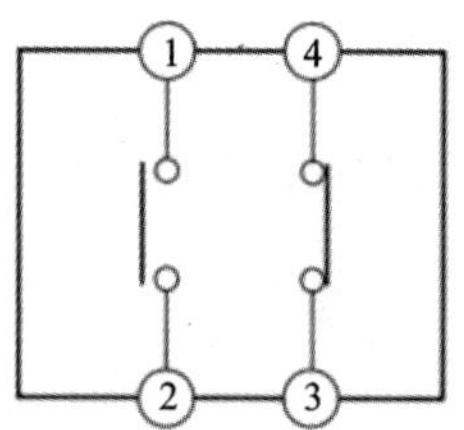

图 4－14　刹车灯开关

(2)按表 4－6 的方法检查图 4－15 所示的转向信号灯开关。

表 4－6　标准电阻对照表(3)

用万用表连接	开关状态	规定状态
6(TR)－7(E)	OFF	10 kΩ 或更大
5(TL)－7(E)		
6(TR)－7(E)	右转向	小于 1 Ω
5(TL)－7(E)	左转向	

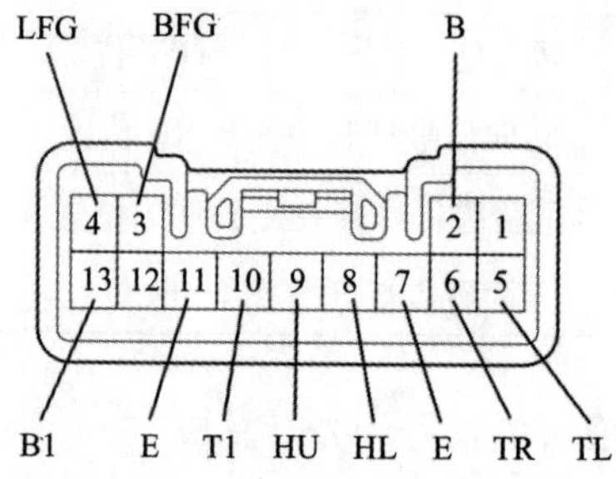

图 4－15　转向信号灯开关接口

(3)按表 4－6 的方法检查图 4－16 所示的危险警告灯开关接口。

表 4－6　标准电阻对照表(3)

用万用表连接	开关状态	规定状态
1～4	ON	小于 1 Ω
	OFF	10 kΩ 或更大

①根据下表中的值测量电阻。

如果结果不符合规定，更换开关。

②将蓄电池(＋)引线连接到端子3，(－)引线连接到端子2。

③检查并确认开关闭合。

正常：开关闭合。如果结果不符合规定，更换开关。

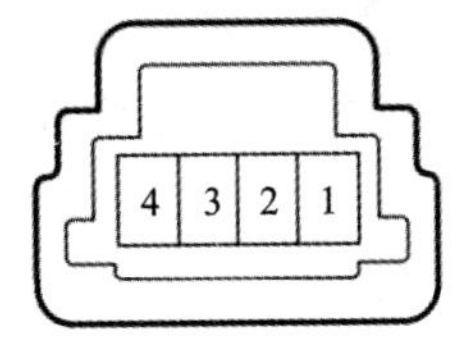

图4－16　危险警告灯开关接口

【任务书】

一、根据教师给出的电路图，连接实训车架的示宽灯、转向灯和制动灯系统线路。

二、根据维修手册，对卡罗拉转向灯闪烁频率高的故障进行排除。

序号	检测内容	正常状态(正常值)	实际状态(实测值)

三、信号灯系统零部件的检修。

（1）刹车灯开关检查

没有线束连接的零部件：刹车灯开关总成

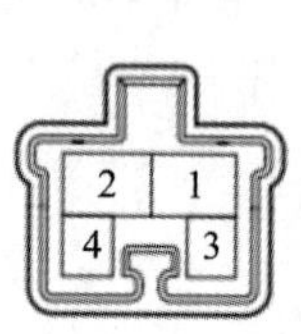

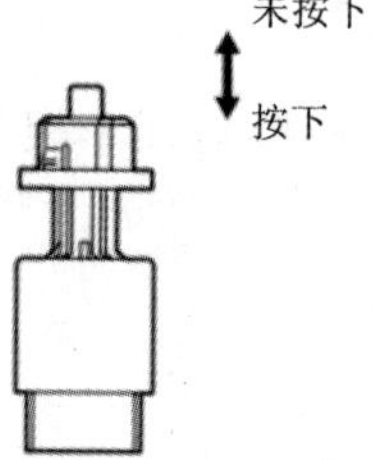

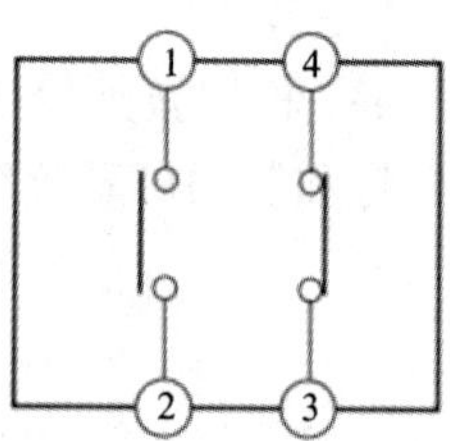

开关状态	用万用表检测	规定状态	实测值	检测结果
按下				
未按下				

（2）转向信号灯开关检查

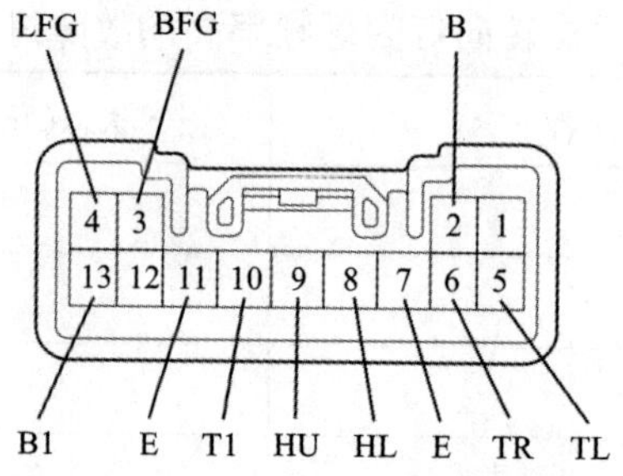

开关状态	用万用表检测	规定状态	实测值	检测结果
OFF				
右转向				
左转向				

（3）危险警告灯开关检查

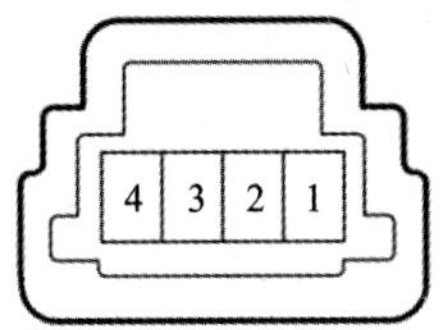

开关状态	用万用表检测	规定状态	实测值	检测结果
ON				
OFF				

将蓄电池(+)引线连接到________，(-)引线连接到______。正常为________，实测为________，检测结果______。

模块五　汽车充电指示灯点亮的故障检修

【情境描述】

维修接待接到马克先生的电话，据悉，马克先生的轿车在开往公司的途中，一个蓄电池形状的警告灯突然点亮。马克先生现在的位置离本4S店只有不到200 m，但离公司还有相当长一段路程。于是维修接待建议马克先生立刻把故障车开到4S店内，进行检修，尽管这样做马克先生肯定会迟到，但为了安全起见，马克先生只能这样做了。马克先生到店后，维修接待把情况记录下来，交由你们班组进行维修。

马克先生的车是一辆丰田卡罗拉轿车，使用了将近3年，行驶里程已达10万km，有进行定期保养，但没有做过任何线路方面的专项检查。马克先生希望自己的轿车在一天内有诊断结果并有维修报价。因此，你们班组负责检查此车，并把维修方案报给维修接待，由维修接待与顾客沟通。

【学习目标】

1. 能口述充电指示灯亮和灭的含义；
2. 能对卡罗拉充电系统进行就车检查与保养；
3. 能口述卡罗拉充电系统的组成与工作原理；
4. 能根据维修手册的步骤，对卡罗拉的充电指示灯常亮的故障进行排除；
5. 能根据维修手册的步骤，正确拆检卡罗拉的发电机。

【学习资源】

类别	序号	名称	数量与备注
学材、教材	1	前置学习任务	模块五
	2	任务书	
	3	评价表	

续表

类别	序号	名称	数量与备注
实训设备	4	卡罗拉实训车	AT，5 人一台
	5	卡罗拉维修与电路手册	每个工位一套
	6	卡罗拉使用手册	
	7	数字万用表	
	8	常用拆装工具	
	9	充电机	
	10	数字钳表	
	11	SST	
配件耗材	12	发电机	
	17	皮带	
学习环境	18	电脑	每个工位一台
	19	拍照手机	学生自备

【前置学习任务】

一、查询《卡罗拉汽车使用手册》，卡罗拉仪表板上有一个蓄电池形状的指示灯，称为：________________，该灯的作用是：____。在行车过程中，该灯突然亮起，表示__________________________。

二、汽车的充电系统主要由____________、____________、____________等主要零部件组成。充电系统给蓄电池充电的电压为__________ V，充电的能量是怎么来的？

三、汽车充电系统的工作原理是怎样的？

四、现在你已经知道发电机的基本工作原理了，请利用蓄电池、点火开关、交流发电机、若干导线、保险丝等设计一个简单的发电机的发电电路。

要求：当发电机转动时，能用万用表从发电机的输出端子 $B_{(+)}$ 上，检测到有电压输出。

提示：发电机的接线端子有：电压输出端 $B_{(+)}$，转子励磁线圈正极 F，转子励磁线圈负极 E，中性点 N，发电机壳体本身可搭铁。

电路图：

五、现在你已经知道，发电机是由发动机通过________带动的。因此，发电机的转速由发动机转速决定，但发动机的转速是随时都会发生变化的。而我们要求发电机的输出电压要稳定在______左右，所以我们给发电机加装了电压调节器。请给你刚刚画的电路图中，加装一个电压调节器，并描述电压调节的过程。

提示：电压调节器的接线端子有：电源（+），连接转子励磁线圈正极 F，搭铁 E。

电路图：

电压调节的过程：

六、讨论当电压调节器失调时，会给车辆造成怎样的影响？

汽车使用的电源有蓄电池和发电机两种。现代汽车采用交流发电机作为主要电源，蓄电池作为辅助电源。在汽车行驶过程中，发动机旋转带动发电机旋转发电，发电机把发动机的动能转化为电能输出，供全车电气设备用电以及蓄电池充电。而驾驶员可通过观察仪表板上的充电指示灯，来观察汽车充电系统的工作状况。

5.1　充电指示灯

现代汽车仪表板上，有一盏蓄电池形状的指示灯（图 5－1），称为充电指示灯。

图 5－1　充电指示灯

图 5－2　充电系统故障提示

该灯反映的是蓄电池的工作状况。灯亮的时候，代表蓄电池在放电状态；发动机运转且该灯熄灭时，表示蓄电池正在充电状态。

一般情况下，发动机不运转且点火开关在 ACC 挡或 IG(ON)挡时，充电指示灯应点亮(图 5-2)。此时，车上的用电设备均由蓄电池供电。当发动机开始运转时，充电指示灯熄灭。

此时，用电设备由发电机供电，同时发电机向蓄电池充电。若发动机运转时，该灯点亮、闪烁，则表示此时汽车的充电系统可能出现故障，应及时检查与排除。

5.2 卡罗拉充电系统

与大部分车辆类似，卡罗拉充电系统由发电机、蓄电池、充电指示灯等零部件组成。发动机工作时，发动机带动发电机皮带轮转动。发电机的 B 端输出 14 V 直流电，供汽车用电设备及蓄电池充电。

5.2.1 卡罗拉充电系统的零部件组成、安装位置、各零部件的作用

卡罗拉充电系统主要由蓄电池、发电机、充电指示灯组成(图 5-3)。

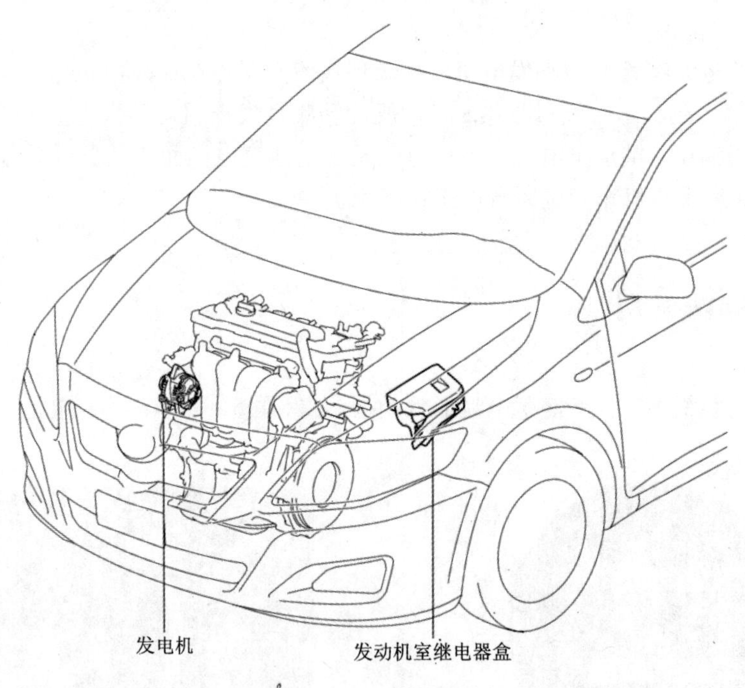

图 5-3　充电系统的组成

(1)蓄电池：安装在发动机舱左侧。在发电机未工作时，提供给车辆电气设备工作的电能。在发电机工作后，储存多余的电能。

(2)发电机：安装在发动机上(图5-4)。发电机由发动机带动，输出14 V直流电，供汽车用电设备及蓄电池充电。

图5-4　卡罗拉的发电机

图5-5　卡罗拉充电指示灯

(3)充电指示灯：在组合仪表的右侧、油表的上方(图5-5)。该灯反映的是蓄电池的工作状况。

5.2.2　卡罗拉充电系统电路图

1. 电路原理

卡罗拉充电系统线路图如图5-6和图5-7所示。其电路原理为：点火开关打到IG挡，充电指示灯点亮。蓄电池输出的电流经过点火开关IG挡，进入交流发电机的IG端，经过电压调节器、发电机转子形成励磁电流。

启动发动机后，发动机带动发电机皮带轮和转子旋转，形成旋转磁场。发电机定子切割旋转磁场形成三相交流电，经过6个二极管整流后，由发电机B端输出给蓄电池充电。电压调节器根据S端子检测蓄电池电压，根据所检测到的S端电压高低，调整给发电机转子励磁电流的大小，使发电机输出电压保持在14 V左右。

同时，通过L端子输出一个14 V电压，利用电压差控制充电指示灯熄灭。

2. 发电机插接器端子的定义

卡罗拉发电机插接器如图5-8所示，其各端子的定义如表5-1所示。

表5-1　发电机插接器端子的定义

端子名称	作用
B	发电机输出端子
S(1)	蓄电池电压检测
IG(2)	接点火开关IG
M(3)	接A/C放大器
L(4)	接组合仪表,控制充电指示灯

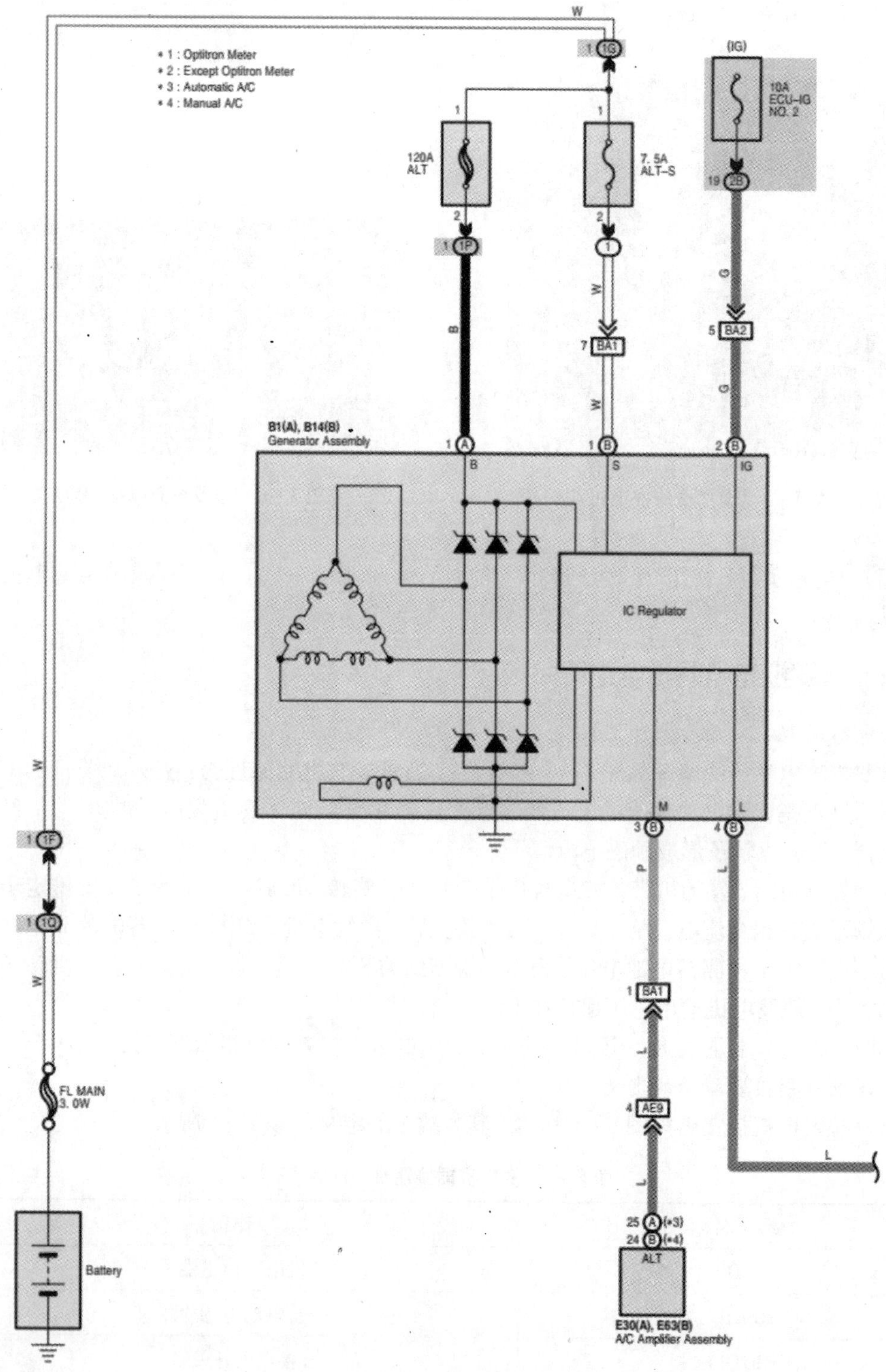

图 5－6　卡罗拉充电系统线路图

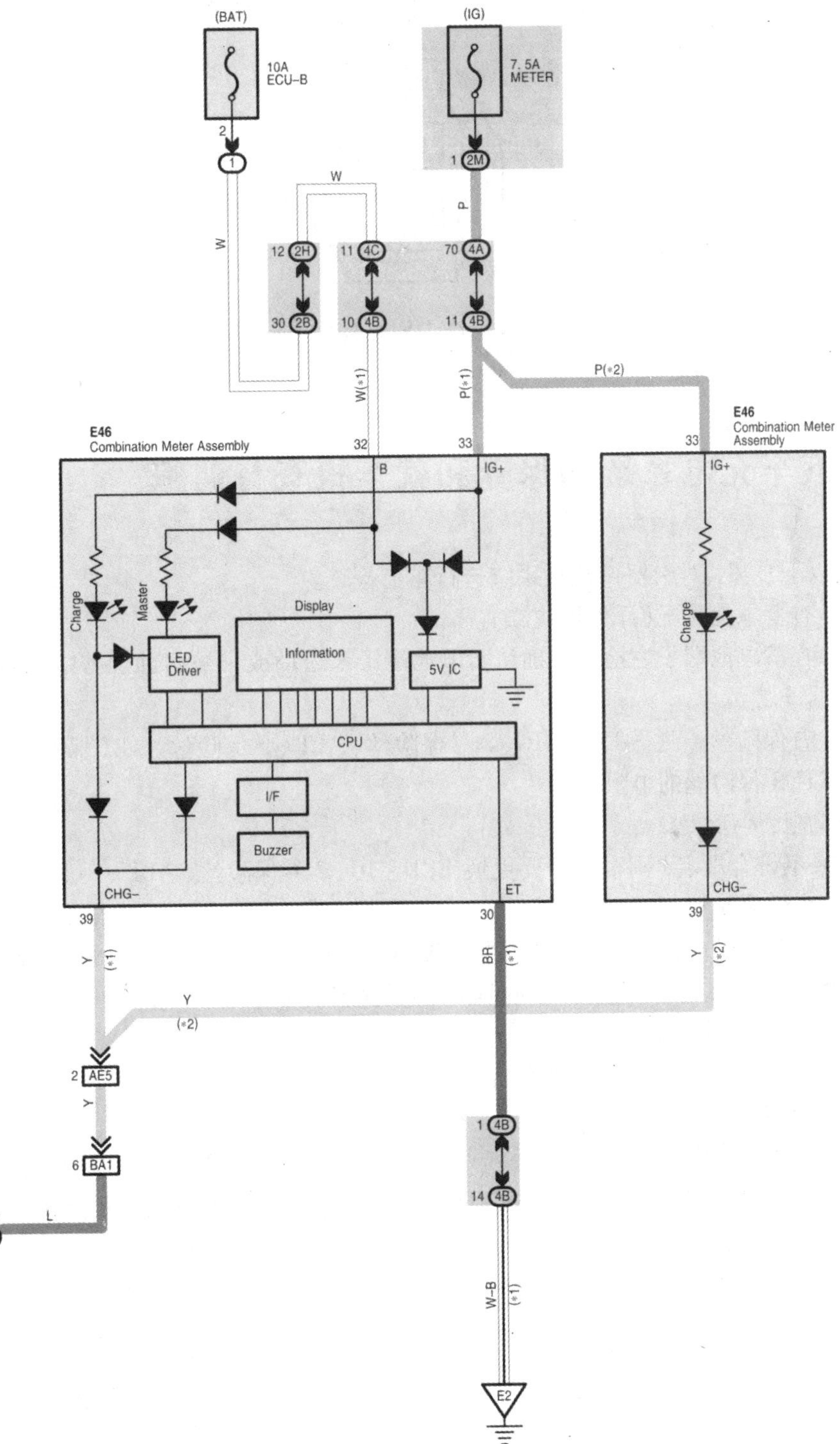

图 5－7　卡罗拉充电系统线路图

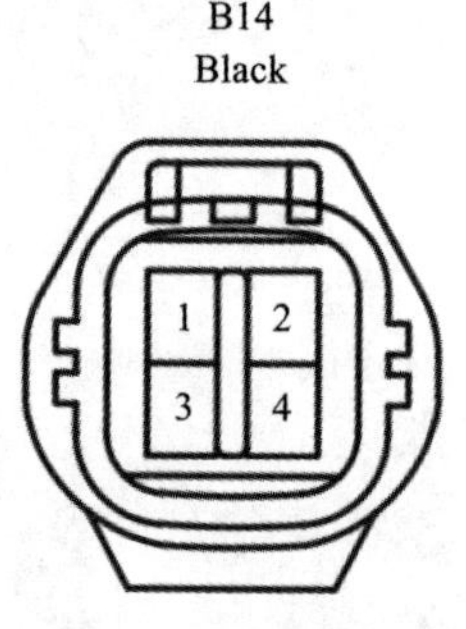

图 5-8　发电机插接器

5.3　汽车充电系统的保养和就车检查与调整

根据以下步骤，对卡罗拉充电系统进行车上检查。

(1)检查蓄电池状况(详见模块二)。

(2)检查蓄电池端子。检查并确认蓄电池端子未松动或未被腐蚀。若端子被腐蚀，则清洁或更换端子。

(3)检查保险丝。测量 ECU-IG、2 号保险丝、ALT-S 保险丝、ALT 保险丝、ECU-B 保险丝和 METER 保险丝的电阻。

标准电阻：小于 1 Ω。

若结果不符合规定，则根据需要更换 ECU-IG、2 号保险丝、ALT-S 保险丝、ALT 保险丝、ECU-B 保险丝和 METER 保险丝。

(4)检查多楔带。检查皮带有无磨损、破裂和其他损坏痕迹(图 5-9)。若发现有损坏，则更换多楔带。若发现下列任何一种损坏，则更换多楔带。

①皮带磨损并露出线束；

②不只一处出现深达线束的破裂情况；

③皮带棱缺损严重。

(5)检查并确认皮带正确安装在楔形槽中(图 5-10)。用手检查，以确认皮带没有从皮带轮底部的凹槽中滑脱。若已滑出，则更换传动皮带。正确安装新的传动皮带。

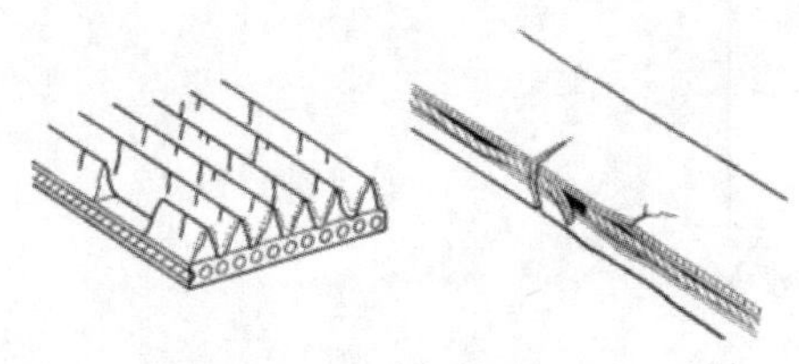

图 5-9　检查多楔带

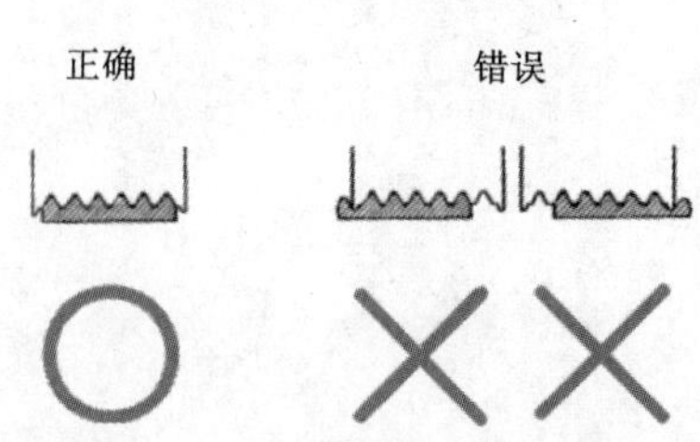

图 5-10　皮带安装在楔形槽的位置

(6)目视检查发电机配线。检查并确认配线情况。如果状态不正常，维修或更换发电机线束。

(7)注意发电机是否有异响。发动机运转时，检查并确认发电机是否有异响。如果有异响，应更换皮带轮或发电机。

(8)检查充电警告灯电路。将点火开关置于ON位置，检查并确认充电警告灯是否点亮。启动发动机，然后检查并确认灯已熄灭。若警告灯工作情况不符合规定，则对充电警告灯电路进行故障排除。

9)检查不带负载的充电电路。如图5－11所示，将电压表和电流表连接至充电电路：

①将配线从发电机端子B上断开，并将其连接到电流表的负极(－)引线上。

②将电流表的正极(＋)引线连接至发电机的端子B。

③将电压表的正极(＋)引线连接至蓄电池的正极(＋)端子。

④将电压表负极(－)引线搭铁。

⑤将发动机转速保持在2000 r/min，检查电流表和电压表的读数。

标准电流：10 A或更小。

标准电压：13.2～14.8 V。

若结果不符合规定，则更换发电机。

提示：若蓄电池没有充满电，则电流表读数有时会大于标准电流。

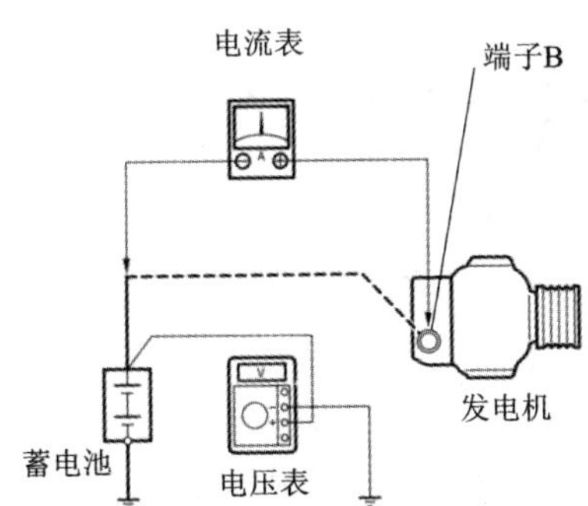

图5－11　检查不带负载的充电电路

(10)检查带负载的充电电路。

①保持发动机转速在2000 r/min，打开远光前大灯并将加热器鼓风机开关转至HI位置。

②检查电流表的读数。

标准电流：30 A或更大。

若电流表读数小于标准电流，则更换发电机。如果蓄电池已充满电，电流表读数有时会小于标准电流。在此情况下，运行雨刮器电动机和车窗除雾器以增加负载，然后再检查充电电路。

5.4 充电指示灯常亮的故障诊断

故障现象描述：发动机转动时，充电指示灯点亮。

故障分析：正常情况下，当发动机转动时，充电指示灯应熄灭，此时车辆蓄电池正处在充电状态。此时若充电指示灯点亮，证明蓄电池正处在放电状态。因此可以初步推断，可能存在发电机不发电的情况。

检查程序：

1. 检查发电机离合器皮带轮的锁止功能

(1)在皮带轮安装到车辆上的情况下检查锁止功能。

①在发动机启动的情况下目视检查并确认发电机转子的工作情况(图 5－12)。

图 5－12　确认发电机转子工作情况

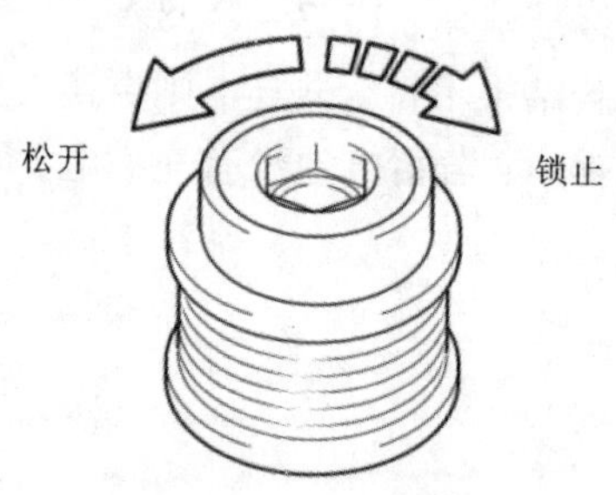

图 5－13　检查锁止功能

(2)在皮带轮从车辆上拆下的情况下检查锁止功能(图 5－13)。

①拆下发电机皮带轮盖，用 SST 固定发电机转子。

②顺时针转动离合器皮带轮，检查并确认外锁环锁止。

正常：外锁环锁止。SST 编号为 09820—63020。

异常 → 更换发电机离合器皮带轮

正常

2. 检查发电机离合器皮带轮锁止

起动发动机并目视检查离合器皮带轮是否松动。

正常：离合器皮带轮不松动。

异常 → 将发电机离合器皮带轮紧固到规定扭矩

正常

3. 更换发电机总成

5.5 丰田卡罗拉发电机的总成更换

5.5.1 卸下旧的发电机

(1)从蓄电池负极端子断开电缆。

(2)拆卸右后发动机底罩。

(3)拆卸散热器上空气导流板。拆下6个卡子和散热器上空气导流板(图5－14)。

(4)拆卸2号气缸盖罩(图5－15)。握住罩的后端并提起，以脱开罩后端的2个卡子。继续提起罩，以脱开罩前端的2个卡子并拆下罩。

拆卸时应注意同时脱开前后卡子可能会使组盖破裂。

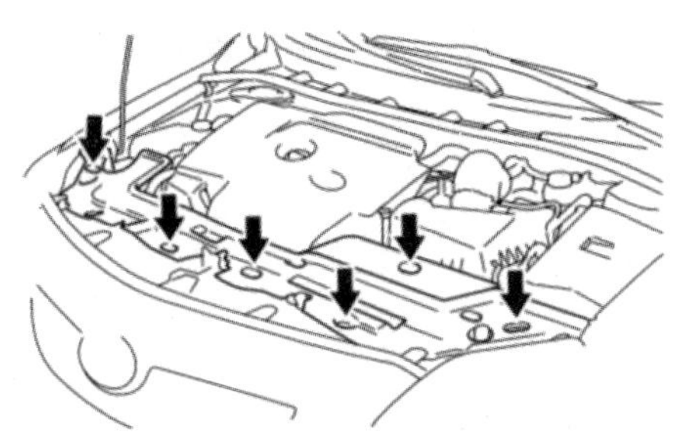

图5－14 拆卸散热器上空气导流板

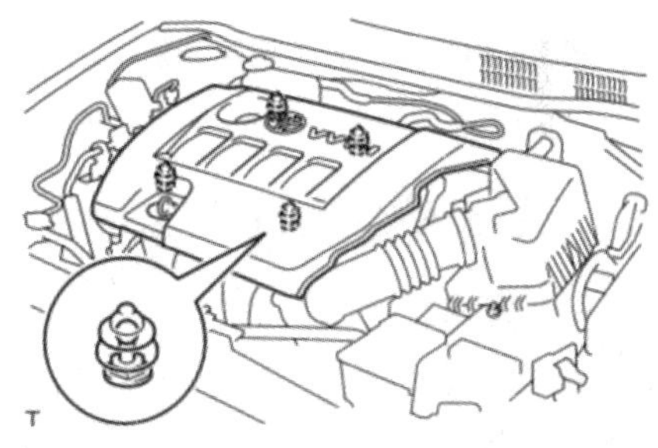

图5－15 拆卸2号气缸盖罩

(5)拆卸多楔带(图5－16)。

①松开螺栓A和B。

②松开螺栓C，然后拆下多楔带。

拆卸时注意不要松开螺栓D。

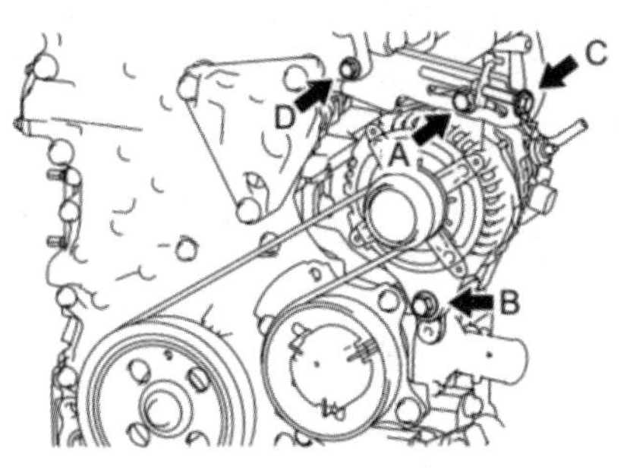

图5－16 拆卸多楔带

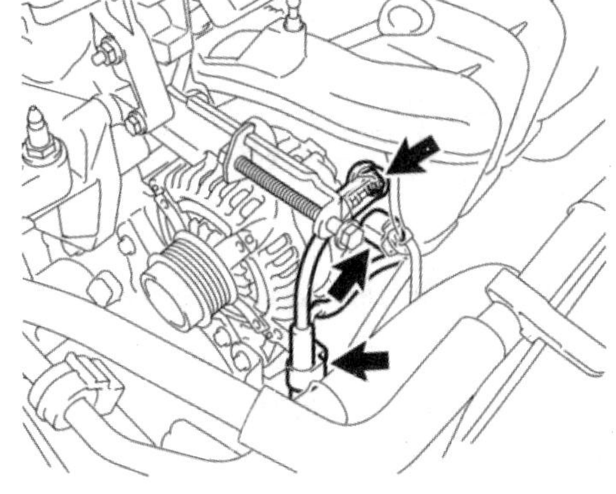

图5－17 拆下端子盖

(6)拆卸发电机总成。

①拆下端子盖(图5－17)。

②拆下螺母并将线束从端子 B 上断开。

③断开连接器和线束卡夹。

④拆下 2 个螺栓和发电机总成(图 5 – 18)。

⑤拆下螺栓和线束卡夹支架(图 5 – 19)。

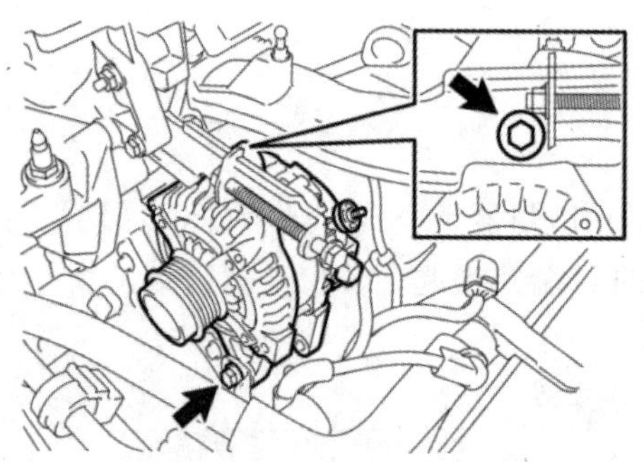

图 5 – 18　拆下 2 个螺栓和发电机总成

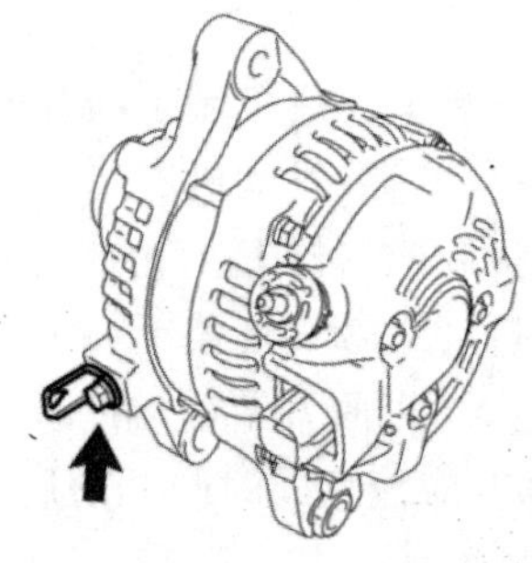

图 5 – 19　拆下螺栓和线束卡夹支架

5.5.2　安装新的发电机总成

(1)安装发电机总成:

①用螺栓安装线束卡夹支架(图 5 – 20),扭矩为 8.4 N · m。

②用 2 个螺栓暂时安装发电机总成。

③用螺母将线束安装到端子 B 并安装端子盖(图 5 – 21),扭矩为 9.8 N · m。

④安装连接器和线束卡夹。

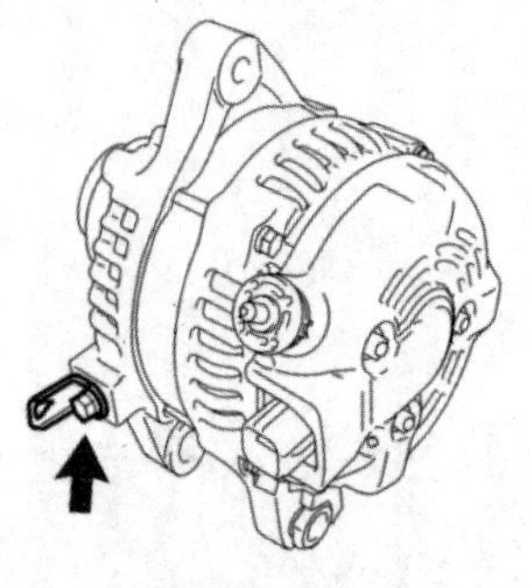

图 5 – 20　用螺栓安装线束卡夹支架

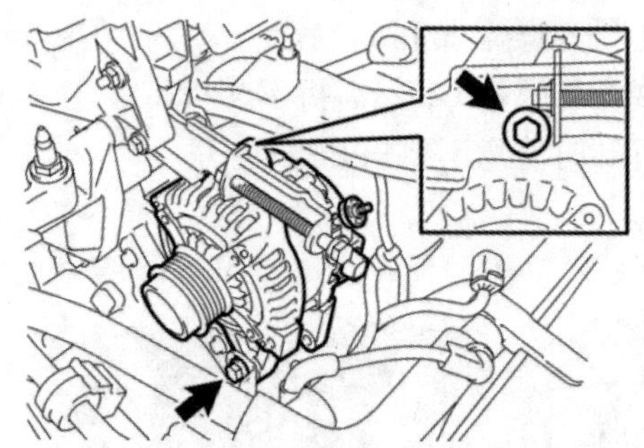

图 5 – 21　用螺母将线束安装到端子 B 并安装端子盖

(2)安装多楔带。安装传动皮带。

(3)调整多楔带(图 5 – 22)。

①转动螺栓 C,以调节多楔带的张紧力。

②紧固螺栓 A 和 B。螺栓 A 的扭矩为 19 N · m,螺栓 B 的扭矩为 43 N · m。调整时要确认螺栓 D 没有松动。

(4)检查多楔带。

①目视检查皮带是否过度磨损、加强筋是否损坏等(图 5－23)。若发现损坏，则更换皮带。传动皮带的带棱侧出现一些裂纹是可以接受的。若皮带棱上有脱落，则更换皮带。

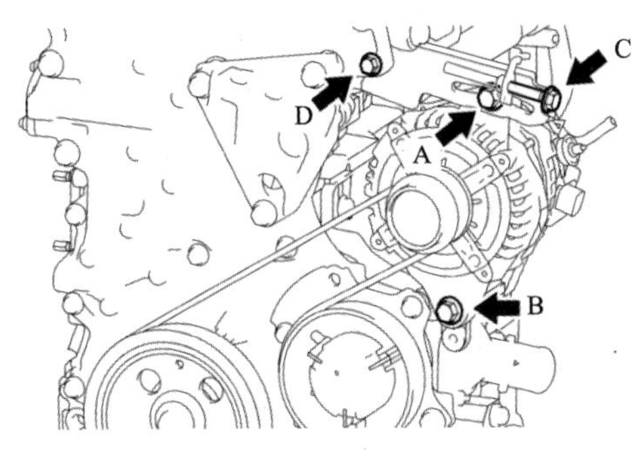

图 5－22　调整多楔带

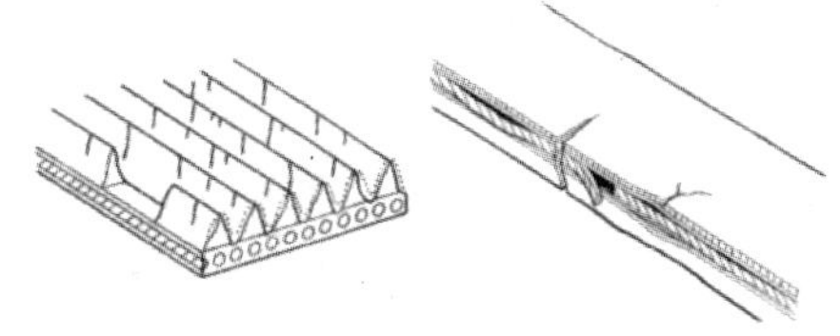

图 5－23　检查多楔带磨损情况

②安装好传动皮带后，检查并确认皮带正确安装在楔形槽中(图 5－24)。用手检查，以确认皮带没有从曲轴皮带轮底部的凹槽中滑脱(图 5－25)。新皮带是指在发动机运转的情况下使用时间少于 5 min 的皮带。用过的皮带是指在发动机运转的情况下使用时间长达 5 min 或以上的皮带。安装新皮带后，运转发动机约 5 min，然后重新检查皮带张紧度。

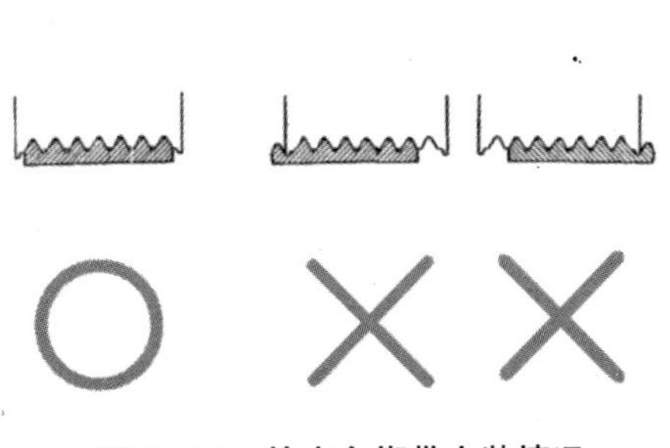

图 5－24　检查多楔带安装情况

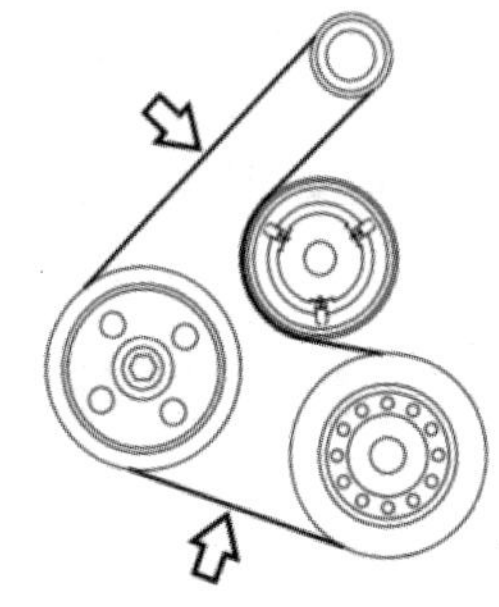

图 5－25　检查三角带

③检查三角带的偏移和张紧度(图 5－25)。

偏移量的规定如表 5－2 所示。

表 5－2　偏移量的规定

项目	规定状态
新皮带	7.5 ~ 8.6 mm
用过的皮带	8.0 ~ 10.0 mm

张紧度的规定如表 5－3 所示。

表 5－3 张紧度的规定

项目	规定状态
新皮带	637～735 N
用过的皮带	392～588 N

提示：

①在规定点处检查三角带的偏移。

②在规定点处检查传动皮带的偏移。

③检查三角带偏移时，向其施加 98 N 的张紧力。

④安装新皮带时，将其张紧力调整至规定值。

⑤检查使用超过 5 min 的皮带时，采用用过的皮带的规格。

⑥重新安装使用超过 5 min 的皮带时，调整其偏移和张紧力至各用过的皮带规格的中间值。

⑦发动机转动 2 圈后，应检查多楔带张紧度和偏移。

⑧使用皮带张力计时，首先用基准仪表确认其精确度。

(5)安装 2 号气缸盖罩。接合 4 个卡子，以安装 2 号气缸盖罩。

安装时一定要牢固地接合卡子。不要施加过大的力或敲击气缸组盖以接合卡子。这可能会导致气缸组盖破裂。

(6)安装散热器上空气导流板。安装 6 个卡子和散热器上空气导流板。

(7)安装发动机后部右侧底罩。

(8)将电缆连接到蓄电池负极端子，扭矩为 5.4 N · m。

5.6 发电机的结构与工作原理

5.6.1 交流发电机内部的基本工作原理

如图 5－26 所示，汽车发电机是利用电磁感应原理，将汽车发动机的动能转变为电能的机器。现代汽车交流发电机的结构，主要由转子、定子、整流器、电压调节器、散热风扇、电刷等组成。在发电机工作时，由转子产生旋转磁场，定子切割旋转磁场并输出三相交流电，传至整流器整流为直流电输出。电压调节器负责调整输入转子的励磁电流，把发电机输出的电压稳定在 14 V 左右。

5.6.2 卡罗拉发电机的结构

卡罗拉发电机的主要零部件由发电机离合器皮带轮、转子总成、发电机电刷架总成和发电机线圈总成组成，如图 5－27 所示。

(1)发电机离合器皮带轮(图 5－28)。

卡罗拉发电机使用的是带单向离合器的皮带轮。皮带轮的作用是让发动机通过带动皮带

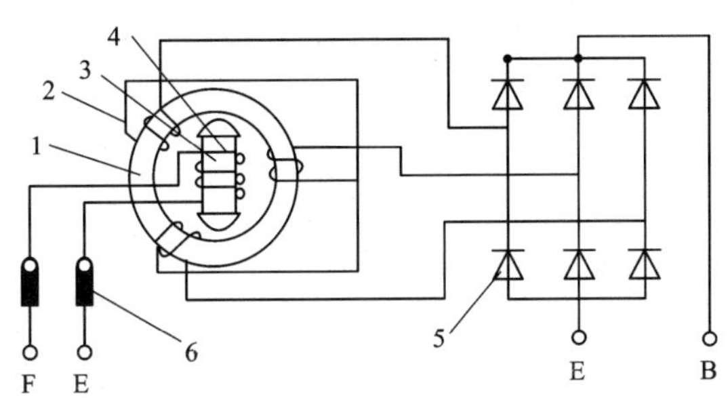

图 5－26　发电机内部工作原理

1—定子铁芯；2—定子绕组；3—转子；4—励磁绕组；5—整流二极管；6—电刷

轮，来带动发电机转子的旋转。使用单向离合器能缓解车辆在急加减速时发电机的冲击。

(2)转子总成(图 5－29)。

转子的功用是产生磁场，在皮带轮的带动下旋转，形成旋转磁场。

转子由爪极、磁轭、励磁绕组、滑环、转子轴等组成(图 5－30)。当给两滑环通入直流电时，励磁绕组中就有电流通过，并产生轴向磁通，使爪极一块被磁化为 N 极，另一块被磁化为 S 极，从而形成六对(或八对)相互交错的磁极。当转子转动时，就形成了旋转的磁场。

(3)电刷架总成(图 5－31)。

电刷架总成由电刷、电刷架和电刷弹簧组成，电刷的作用是将电源通过滑环引入励磁绕组。两个电刷分别装在电刷架的孔内，借助弹簧压力与滑环保持接触。

(4)发电机线圈总成。

发电机线圈总成由定子绕组、整流器、电压调节器组成。

(5)定子绕组(图 5－32)。

定子的作用是切割转子形成的旋转磁场，产生三相交流电。

定子安装在转子的外面，和发电机的前后端盖固定在一起，当转子在其内部转动时，引起定子绕组中磁通的变化，定子绕组中就产生交变的感应电动势。

定子由定子铁芯和定子绕组(线圈)组成。三相绕组的连接有星形接法和三角形接法两种，都能产生三相交流电(图 5－33)。

(6)整流器(图 5－34)。

整流器的作用是将定子绕组产生的三相交流电变为直流电。整流器由整流板和整流二极管组成，6 管交流发电机的整流器是由 6 只硅整流二极管分别压装(或焊装)在相互绝缘的两块板上组成的，其中一块为正极板(带有输出端螺栓)，另一块为负极板，负极板和发电机外壳直接相连(搭铁)，也可以将发电机的后盖直接作为负极板(图 5－35)。

(7)电压调节器。

现代汽车的电压调节器均集成在发电机内部，其作用是检测发电机输出电压，通过调节给发电机转子的励磁电流，使发电机输出电压稳定在 14 V 左右。

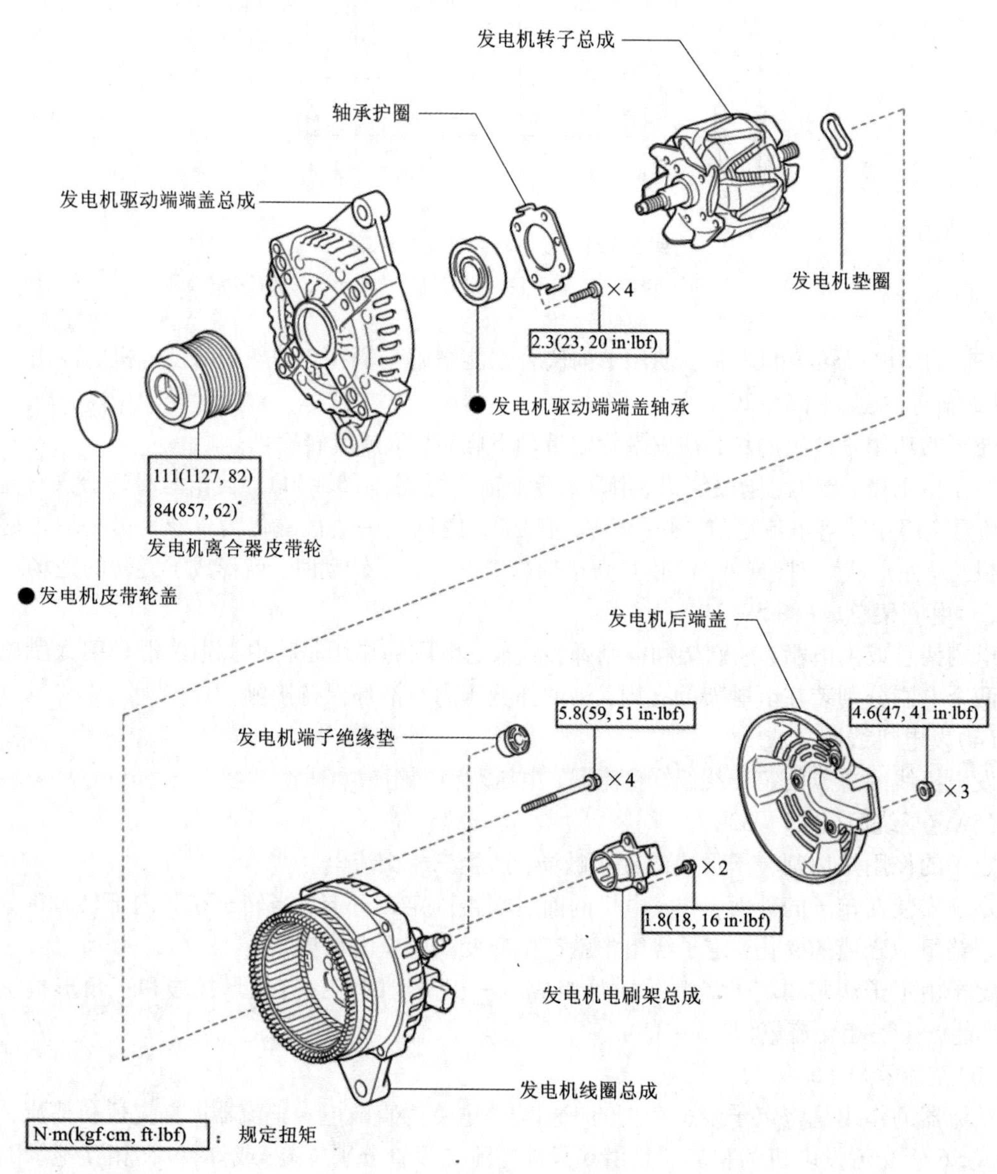

图 5－27　卡罗拉发电机的构造

图 5－28　发电机离合器皮带轮

图 5－29　交流发电机转子总成

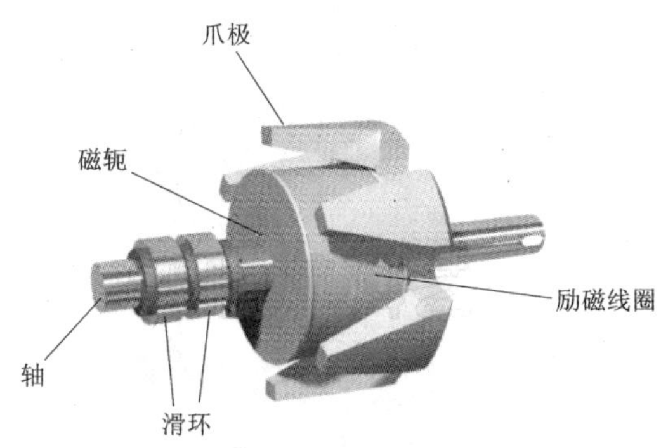

图 5－30　发电机转子的分解图

图 5－31　电刷架总成

图 5－32　定子绕组

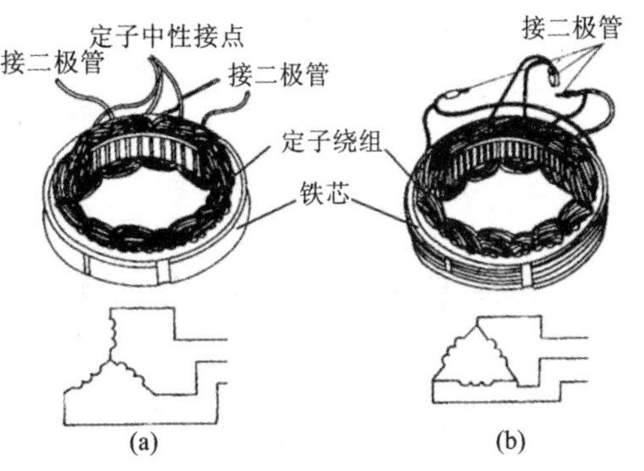

图 5－33　交流发电机定子总成及连接方式

(a)定子绕组星形连接；(b)定子绕组三角形连接

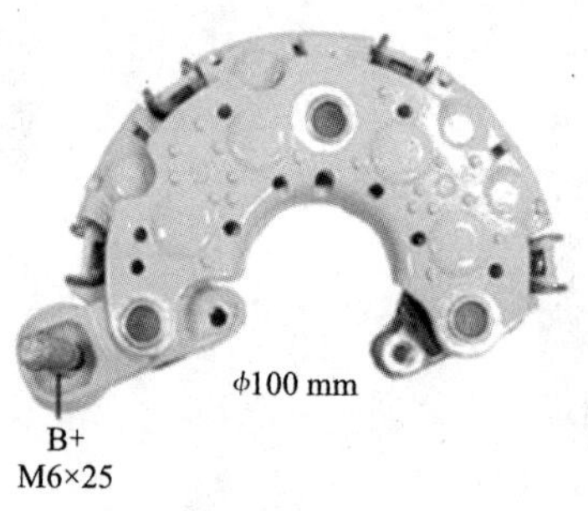

图 5-34 交流发电机整流器

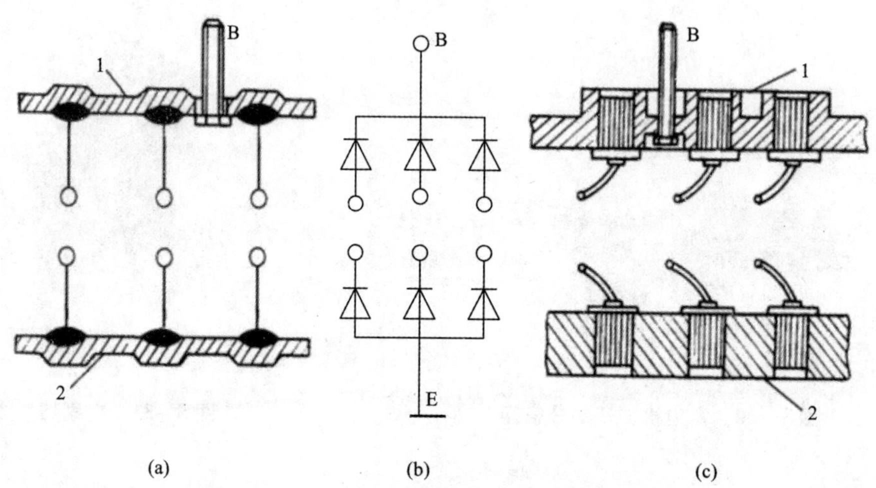

图 5-35 交流发电机整流二极管安装示意图

(a)焊接式；(b)电路图；(c)压装式

1—正整流板；2—负整流板

5.7 丰田卡罗拉发电机的拆检

使用 SST 对丰田卡罗拉发电机进行拆检。

5.7.1 分解卡罗拉发电机

1. 拆卸发电机离合器皮带轮

(1)用螺丝刀拆下发电机皮带轮盖(图 5-36)，设置 SST(A)和(B)(图 5-37)。SST 编号为 09820—63020。

(2)将 SST(A)夹在台钳上，将转子轴一端放在 SST(A)中(图 5-38)，将 SST(B)安装到离合器皮带轮上(图 5-39)。

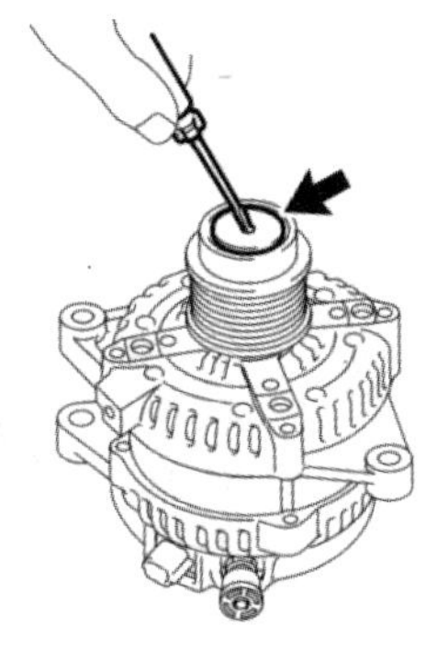

图 5－36　拆下发电机皮带轮盖

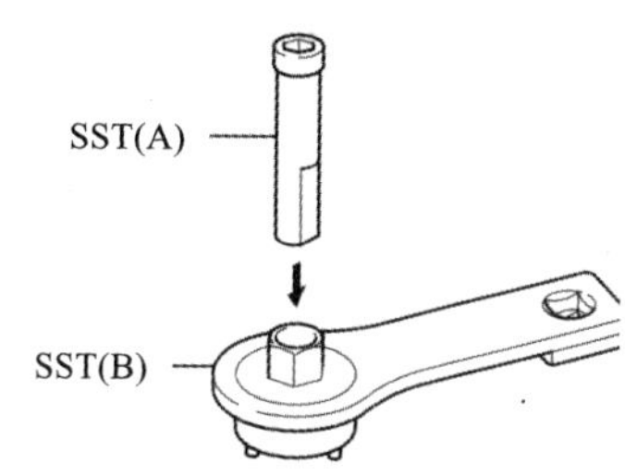

图 5－37　设置 SST

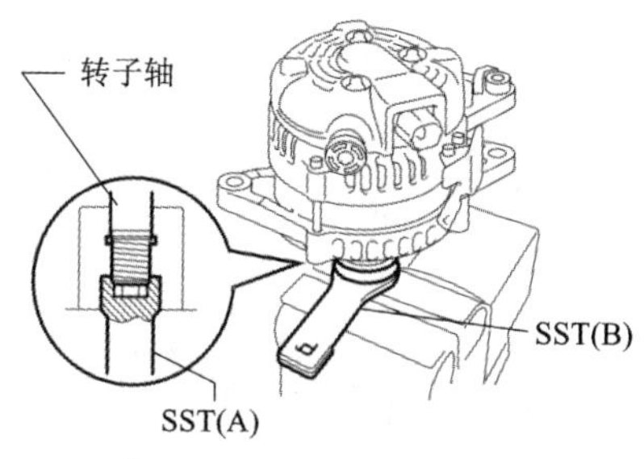

图 5－38　设置 SST(A)

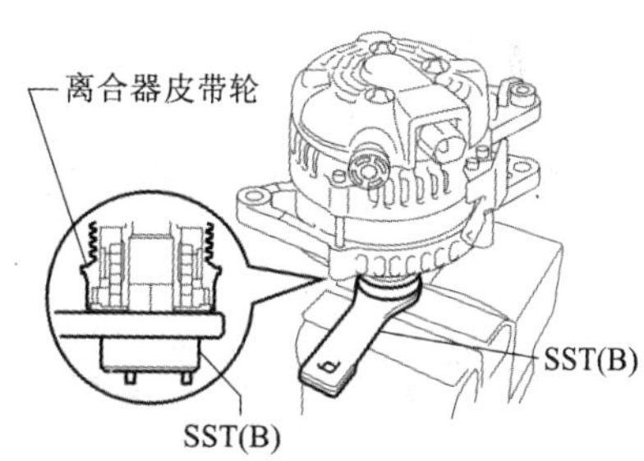

图 5－39　设置 SST(B)

(3)按图示方向转动 SST(B)(图 5－40)，松开皮带轮，从 SST 上拆下发电机总成，将离合器皮带轮从转子轴上拆下(图 5－41)。

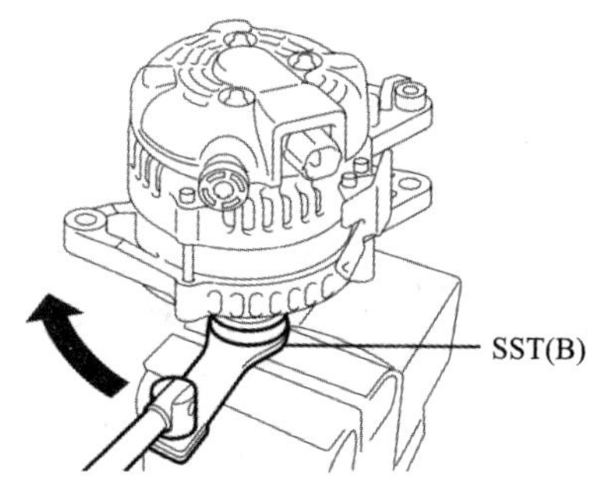

图 5－40　转动 SST(B)

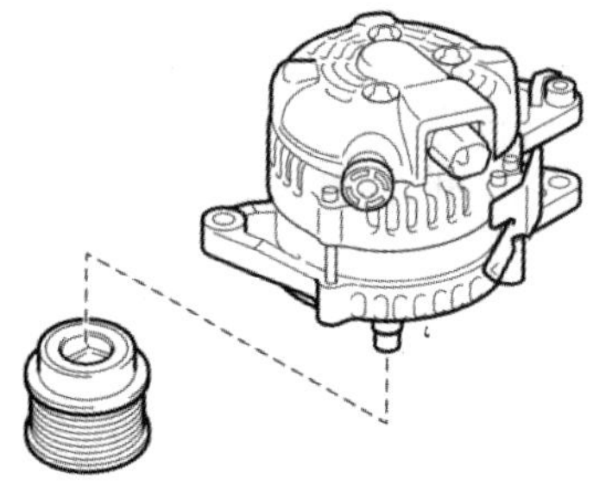

图 5－41　拆下离合器皮带轮

2. 拆卸发电机后端盖

将发电机总成放在离合器皮带轮上。拆下 3 个螺母和发电机后端盖(图 5－42)。

3. 拆卸发电机端子绝缘垫

将端子绝缘垫从发电机线圈上拆下(图 5－43)。

4. 拆卸发电机电刷架总成

从发电机线圈上拆下 2 个螺钉和电刷架(图 5－44)。

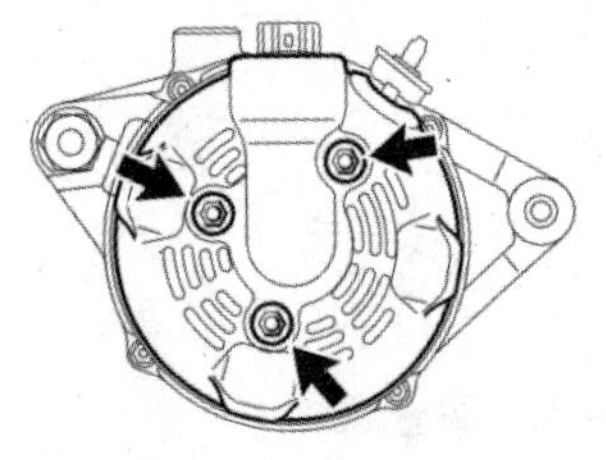
图 5－42 拆下后端盖

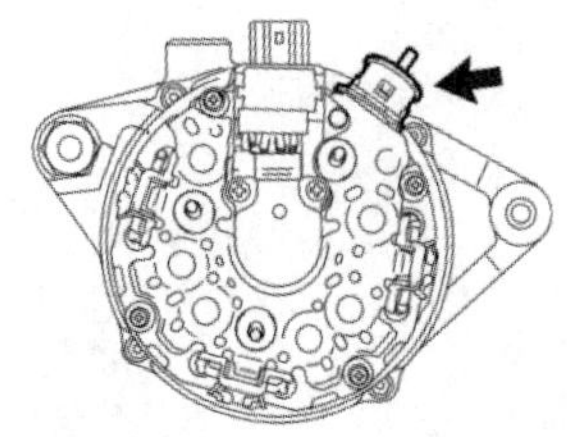
图 5－43 拆下端子绝缘垫

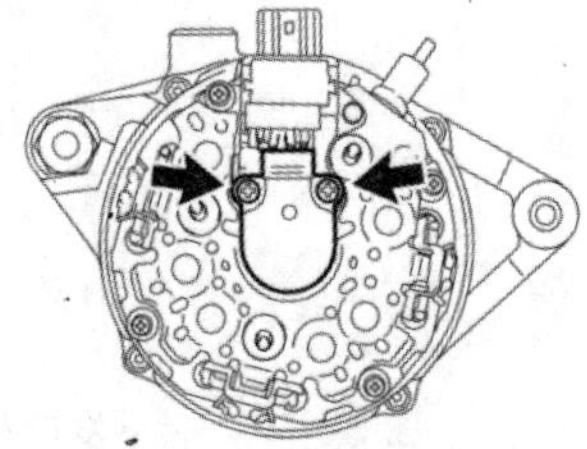
图 5－44 拆卸电刷架总成

5. 拆卸发电机线圈总成

(1)拆下 4 个螺栓(图 5－45)。

(2)用 SST 拆下发电机线圈总成(图 5－46)。

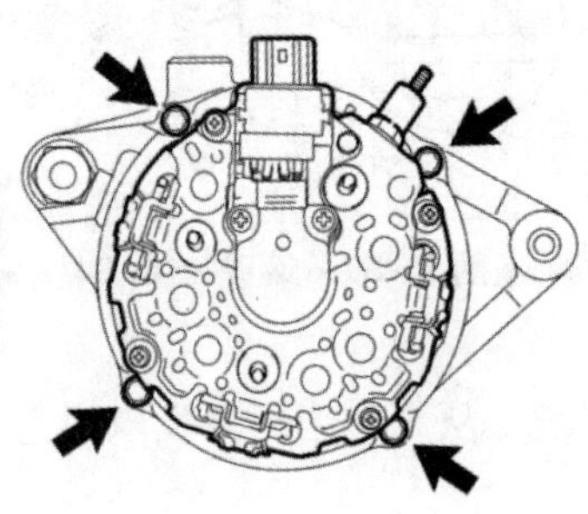
图 5－45 拆下 4 个螺栓

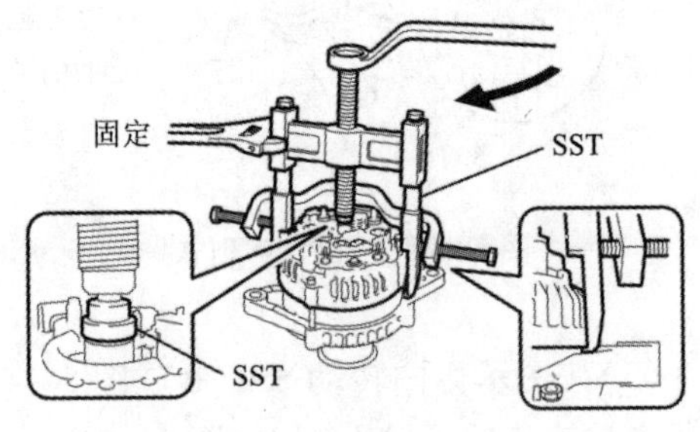

图 5－46 拆下发电机线圈总成

6. 拆卸发电机转子总成

拆下发电机垫圈(图 5－47)，拆下发电机转子总成(图 5－48)。

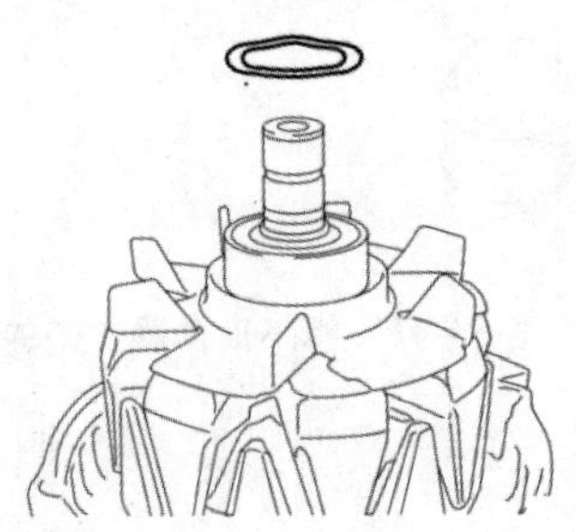
图 5－47 拆下发电机垫圈

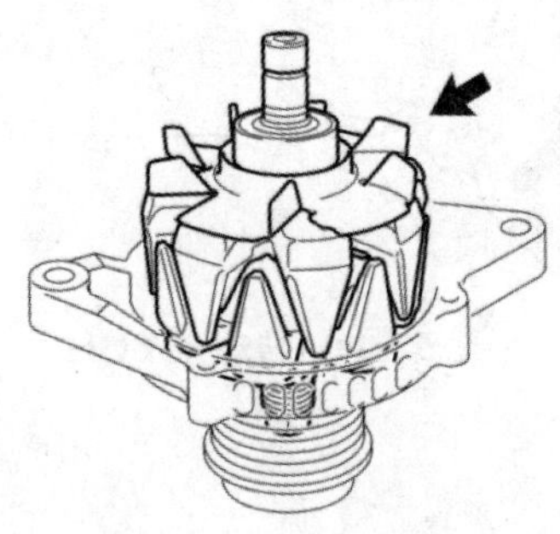
图 5－48 拆下发电机转子总成

7. 拆卸发电机驱动端端盖轴承

(1)从驱动端端盖上拆下4个螺钉和挡片(图5-49)。

(2)用SST和锤子，从驱动端端盖中敲出驱动端端盖轴承(图5-50)。

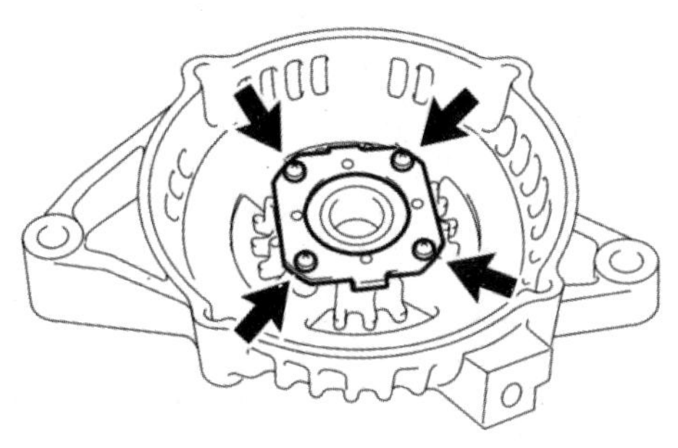

图5-49　拆下挡片

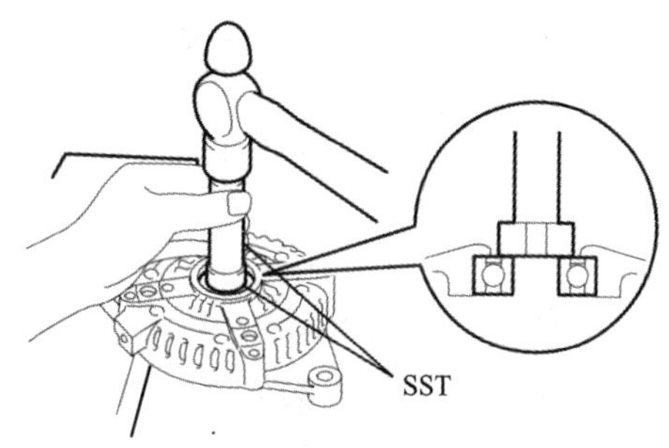

图5-50　拆下轴承

5.7.2　检查卡罗拉发电机零部件

1. 检查发电机离合器皮带轮(图5-51)

固定皮带轮中心，确认外锁环只能逆时针转动而不能顺时针转动。如果结果不符合规定，那就更换离合器皮带轮。

2. 检查发电机电刷架总成(图5-52)

利用游标卡尺测量电刷的外露长度。如果外露长度小于最小值，那就更换电刷架总成。

标准外露长度：9.5~11.5 mm。

最小外露长度：4.5 mm。

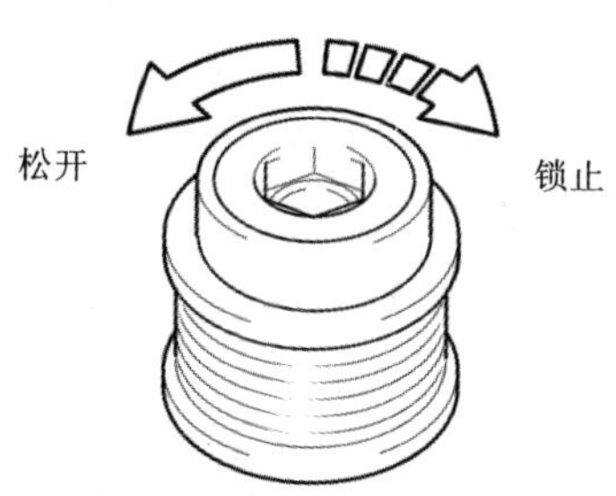

图5-51　检查发电机离合器皮带轮

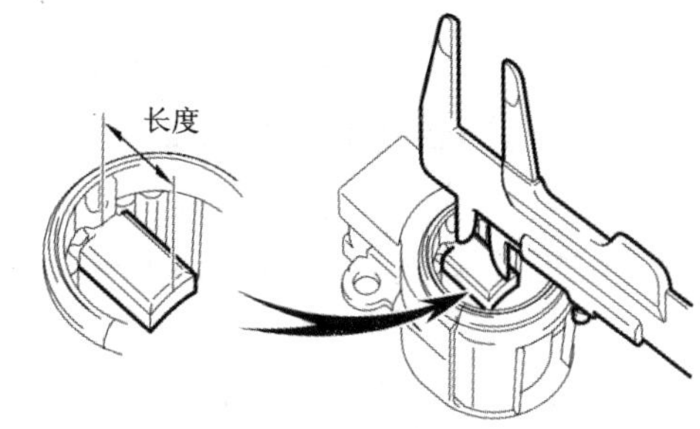

图5-52　检查电刷架总成

3. 检查发电机转子总成

(1)检查发电机转子是否断路(图5-53)。用欧姆表测量滑环之间的电阻，若结果不符合规定，则更换发电机转子总成。

标准电阻：2.3~2.7 Ω(约20℃)。

(2)检查转子是否对搭铁短路(图5-54)。使用欧姆表测量其中一个滑环与转子之间的电阻。若结果不符合规定，则更换发电机转子总成。

标准电阻：1 MΩ 或更大。

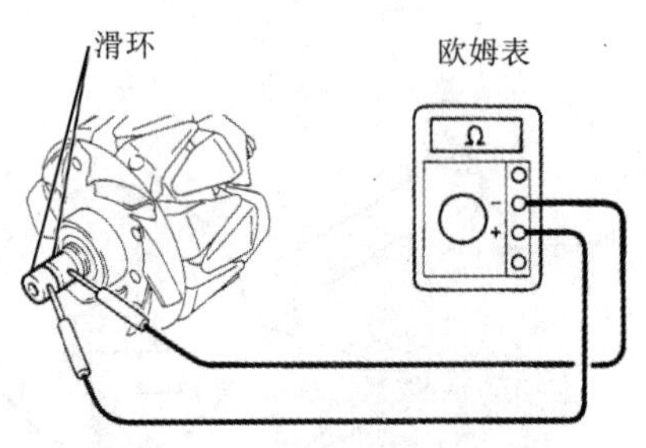

图 5－53　检查转子断路

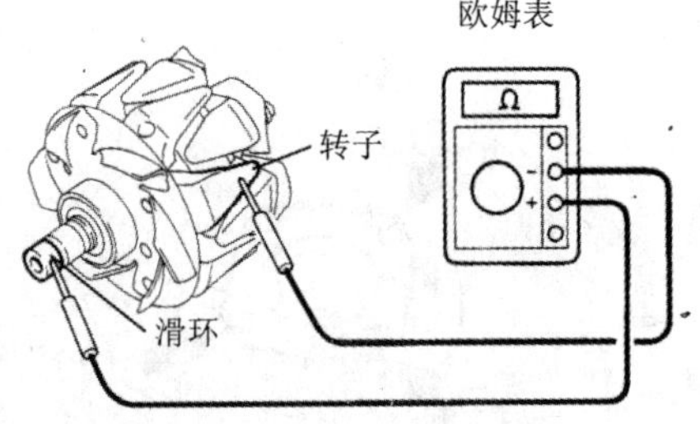

图 5－54　检查转子搭铁短路

(3)检查并确认发电机转子轴承没有变粗糙或磨损(图 5－55)。如有磨损或粗糙，更换发电机转子总成。

(4)用游标卡尺测量滑环直径(图 5－56)。若直径小于最小值，则更换发电机转子总成。

标准直径：14.2～14.4 mm。

最小直径：14.0 mm。

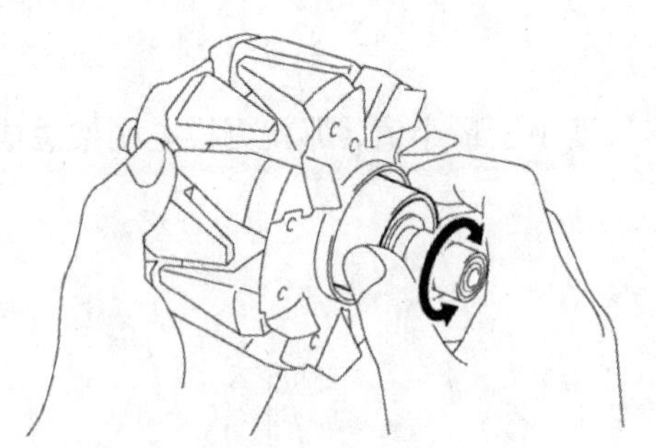

图 5－55　检查发电机转子轴承

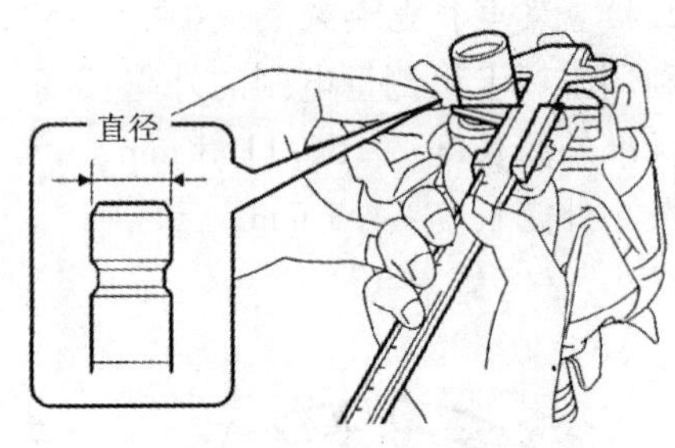

图 5－56　检查滑环直径

(5)检查发电机驱动端端盖轴承(图 5－57)。检查并确认轴承没有变粗糙或磨损。如有磨损或变粗糙，更换发电机驱动端端盖轴承。

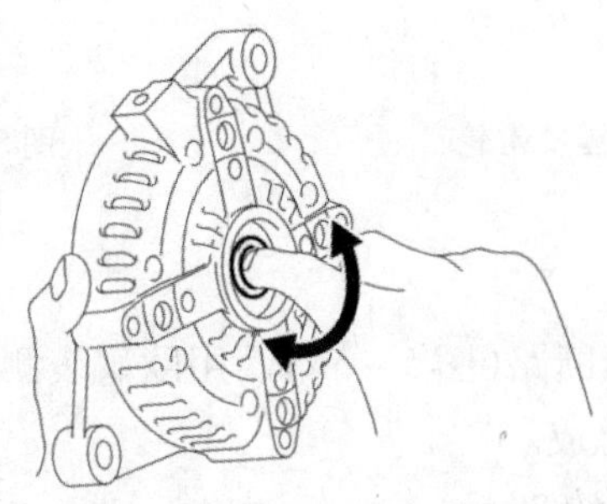

图 5－57　端盖轴承

5.7.3　卡罗拉发电机安装

1. 安装发电机驱动端端盖轴承

(1)用SST和压力机，压入一个新的发电机驱动端端盖轴承(图5－58)。

(2)将挡片上的凸舌嵌入驱动端端盖上的切口中，以安装挡片(图5－59)。

(3)安装4个螺钉，扭矩为2.3 N·m。

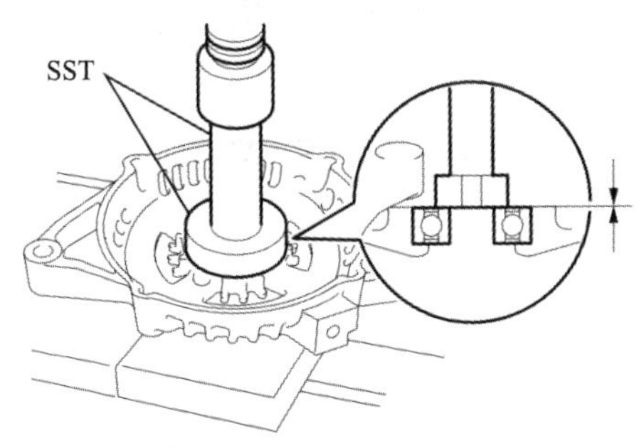

图5－58　安装发电机轴承

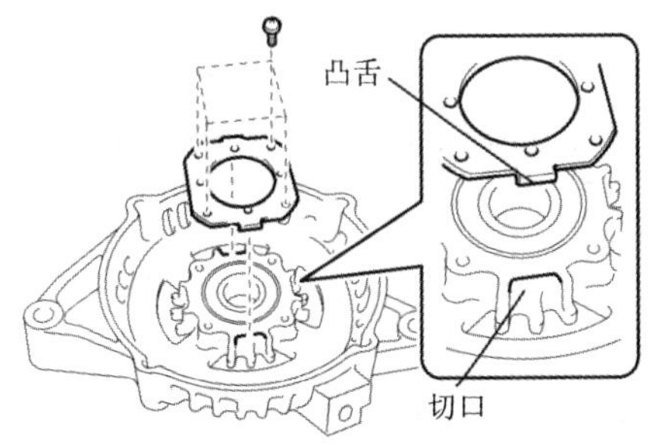

图5－59　安装挡片

2. 安装发电机转子总成

将驱动端端盖放在离合器皮带轮上(图5－60)，将发电机转子总成安装到驱动端端盖上，将发电机垫圈放在发电机转子上(图5－61)。

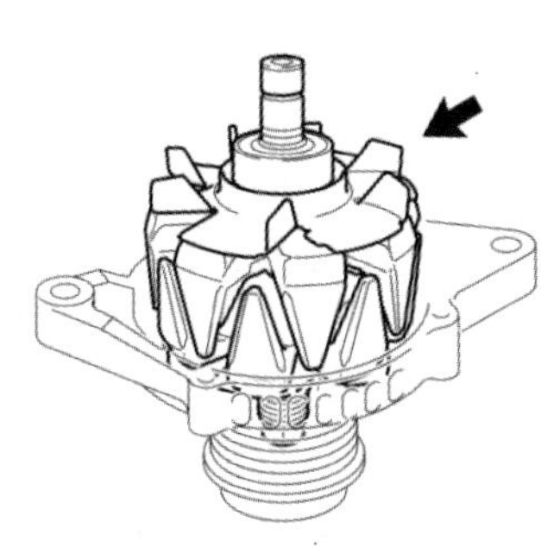

图5－60　安装转子总成

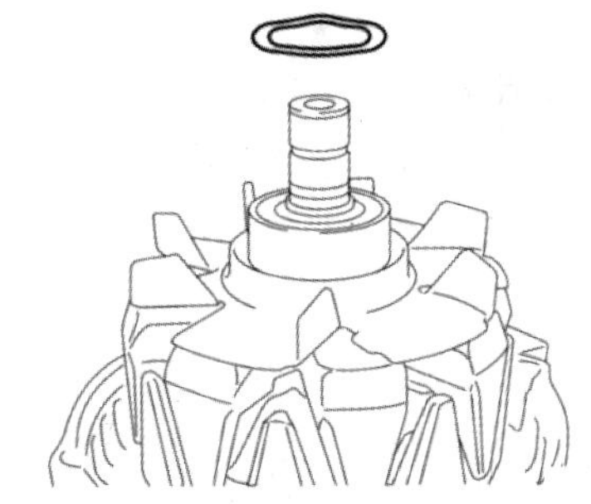

图5－61　安装垫圈

3. 安装发电机线圈总成

(1)使用SST和压力机，慢慢地压入发电机线圈总成(图5－62)。

(2)安装4个螺栓(图5－63)，扭矩为5.8 N·m。

4. 安装发电机电刷架总成

(1)将2个电刷推入发电机电刷架总成的同时，在电刷架孔中插入一个ϕ1.0 mm (0.039 in.)的销(图5－64)。

(2)用2个螺钉将电刷架总成安装到发电机线圈上(图5－65)，扭矩为1.8 N·m。

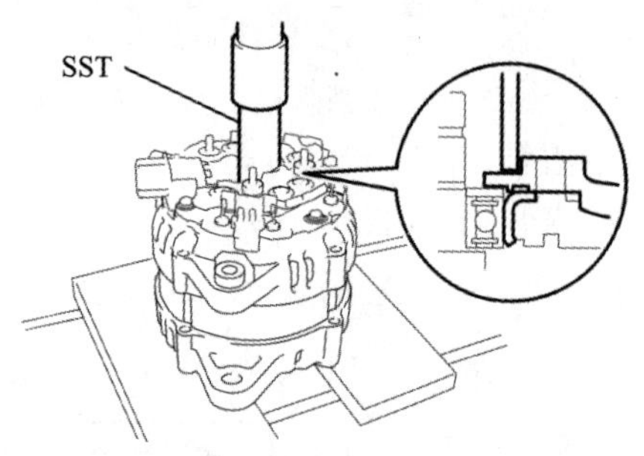

图 5-62　安装发电机线圈总成

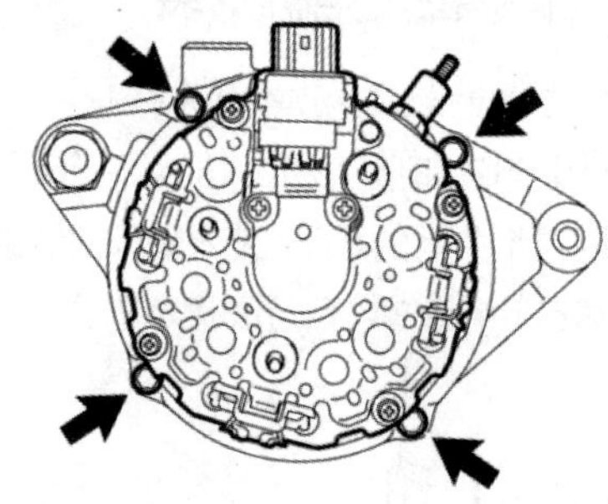

图 5-63　安装螺栓

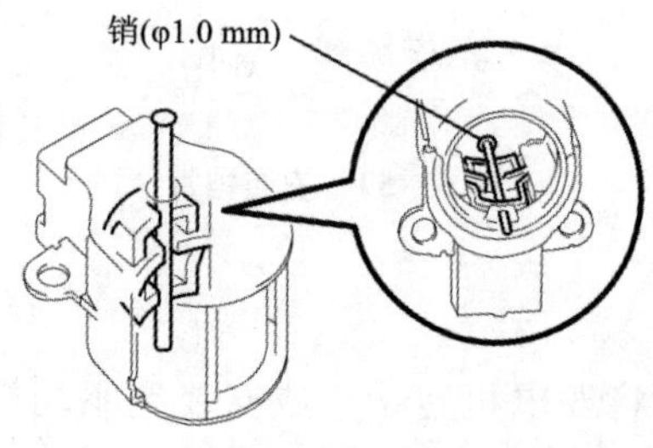

图 5-64　安装销

图 5-65　安装电刷架

(3)将销从发电机电刷架中拔出(图 5-66)。

5. 安装发电机端子绝缘垫

将端子绝缘垫安装到发电机线圈上(图 5-67)。安装时应注意图中所示端子绝缘垫的安装方向。

图 5-66　拔出销

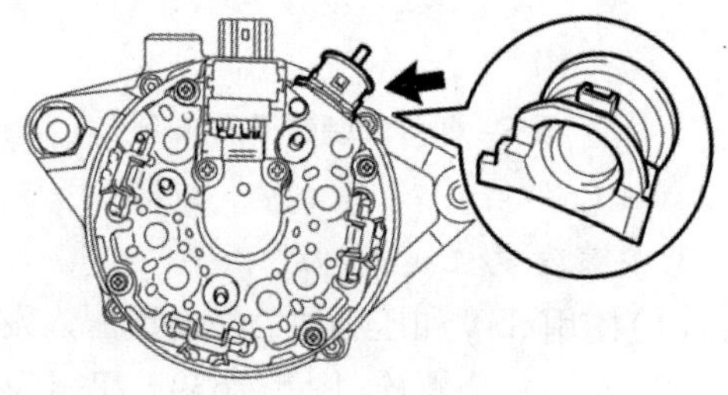

图 5-67　安装绝缘垫

6. 安装发电机后端盖

用 3 个螺母将发电机后端盖安装到发电机线圈上(图 5-68)，扭矩为 4.6 N·m。

7. 安装发电机离合器皮带轮

(1)将离合器皮带轮暂时安装到转子轴上。

(2)设置 SST(A)和(B)(图 5 -69)。

(3)将 SST(A)夹在台钳上。转子轴一端放在 SST(A)中(图 5 -70)。

(4)将 SST(B)安装到离合器皮带轮上(图 5 -71)。

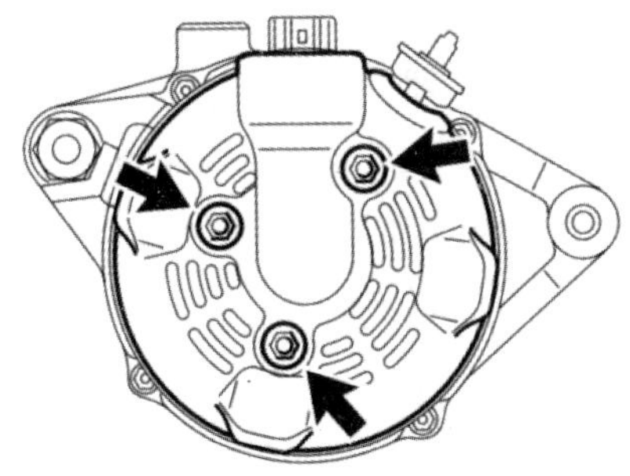

图 5 -68　安装后端盖

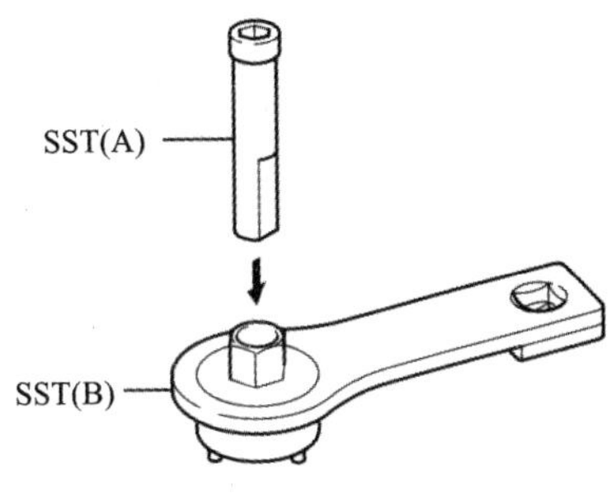

图 5 -69　设置 SST

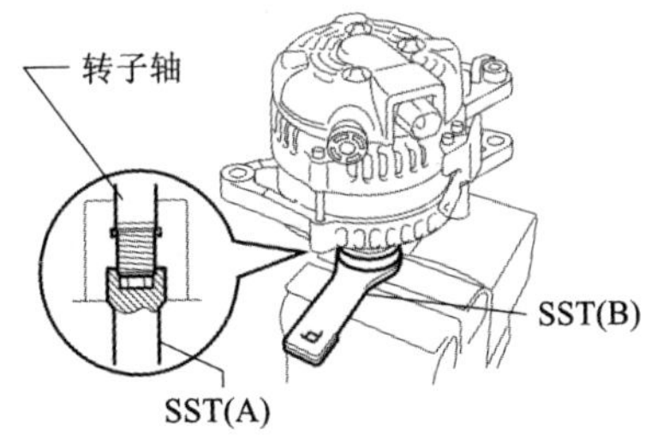

图 5 -70　设置 SST(A)

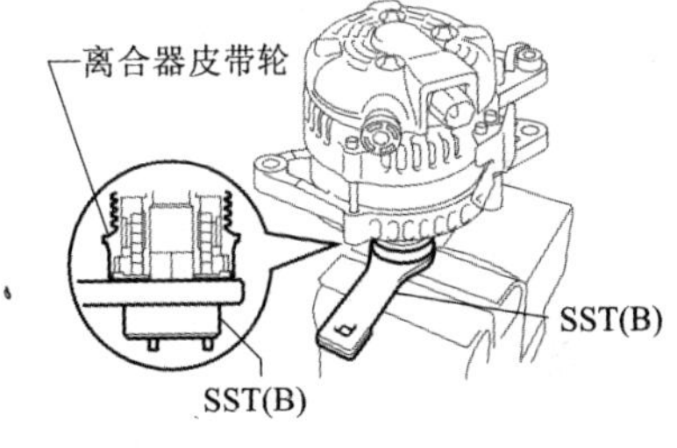

图 5 -71　设置 SST(B)

(5)按图 5 -72 示方向转动 SST(B)，紧固皮带轮。不使用 SST 时扭矩为 111 N·m，使用 SST 时扭矩为 84 N·m。

紧固时注意使用力臂长度为 318 mm 的扭矩扳手。当 SST 与扭矩扳手平行时，扭矩值有效。

(6)从 SST 上拆下发电机总成。

(7)检查并确认离合器皮带轮旋转平稳。

(8)将一个新的离合器皮带轮盖安装到离合器皮带轮上。

【任务书】

一、在情境中，假如你是维修接待，马克先生到店后，你会为马克先生提供一个怎样的应急方

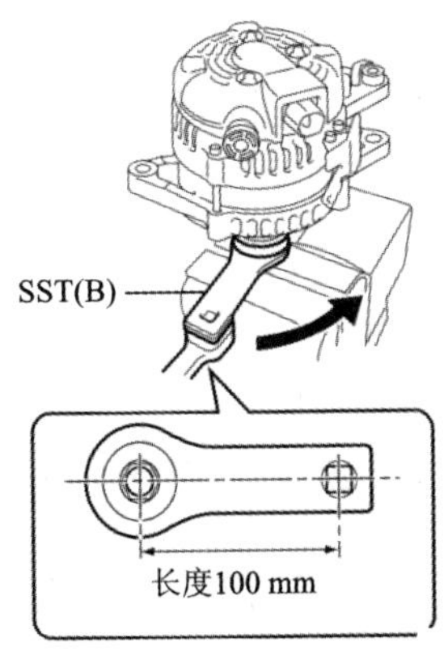

图 5 -72　紧固皮带轮

案?(方案如何执行、成本如何、效果如何)

二、在情境中,马克先生车上的一个蓄电池形状的警告灯突然点亮,这个警告灯叫:____________________。当该警告灯亮起的时候,表示____。

三、情境中,在极有可能造成马克先生上班迟到的前提下,维修接待依然建议马克先生立刻把车辆开到离他不远的4S店进行检修,请你代维修接待向马克先生解释原因。

四、使用以下方法能检测发电机的性能。如果发电机输出电压为14 V,且在各转速下,都能保持基本不变,那么发电机的性能正常。同时,使用钳形电流表,检测蓄电池的充电电流(该实训项目请在发动机水温正常后进行)。

发动机转速/($r \cdot min^{-1}$)	发电机输出电压/V	充电电流/A
1000		
1500		
2000		
2500		
3000		
4000		

请解释为什么输出电压能保持不变:

续表

逐步打开以下电器设备	发电机输出电压/V	充电电流/A
近光灯		
远光灯		
车内照明		
音响系统		
空调风机		

总结以上数据：

五、根据教师给出的电路图，连接实训车架的充电系统线路，并简述该车架充电系统的工作过程。

六、根据维修手册，对卡罗拉充电指示灯驾驶时亮起的故障进行排除。

七、根据维修手册，对卡罗拉汽车发动机运转时，发电机产生噪声的故障进行排除。

八、根据维修手册，正确拆检卡罗拉发电机。

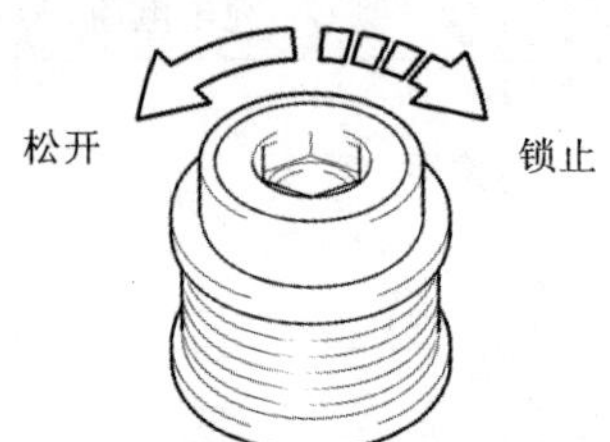	1. 检查____________。 结果：正常□　不正常□
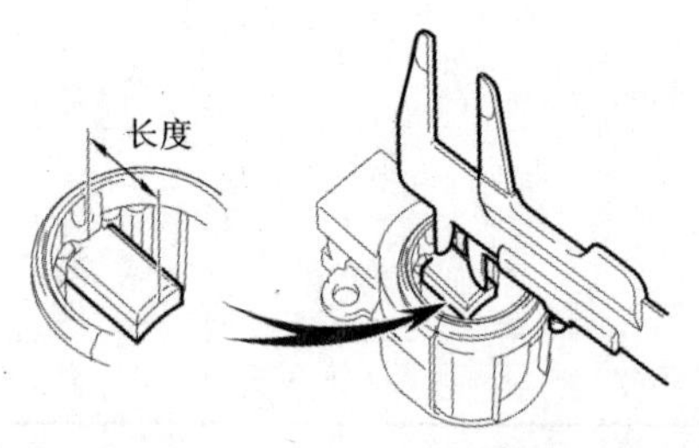	2. 检查发电机电刷架总成。 利用______测量电刷的______。 标准外露长度： 最小外露长度： 实测外露长度： 结果：正常□　不正常□
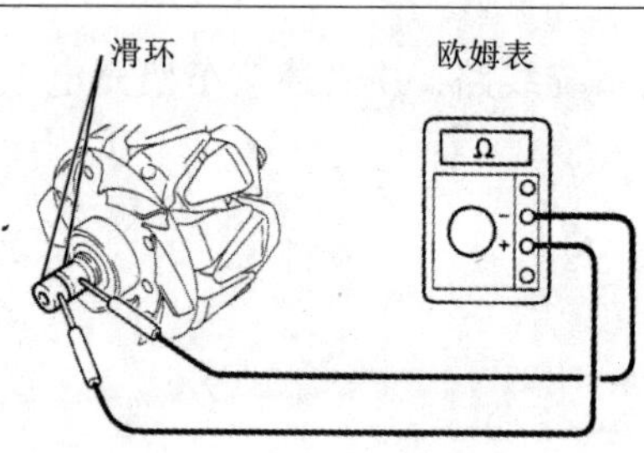	3. 检查发电机转子总成。 (1) 检查 标准电阻： 实测电阻： 结果：正常□　不正常□
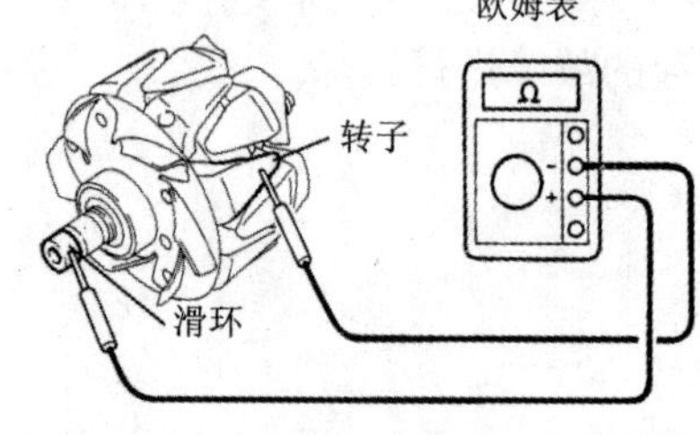	(2) 检查 标准电阻： 实测电阻： 结果：正常□　不正常□
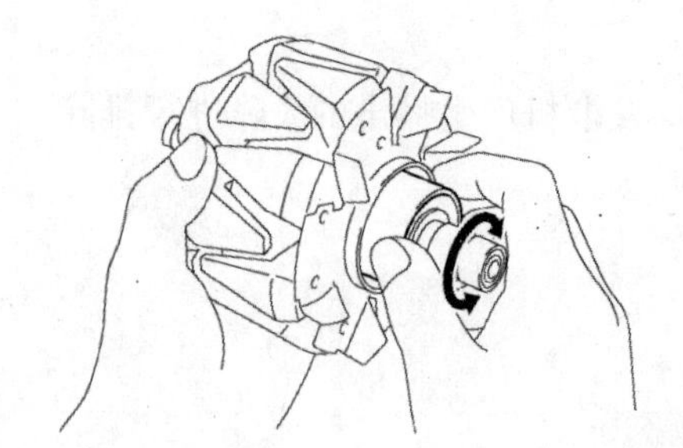	(3) 检查 结果：正常□　不正常□

续表

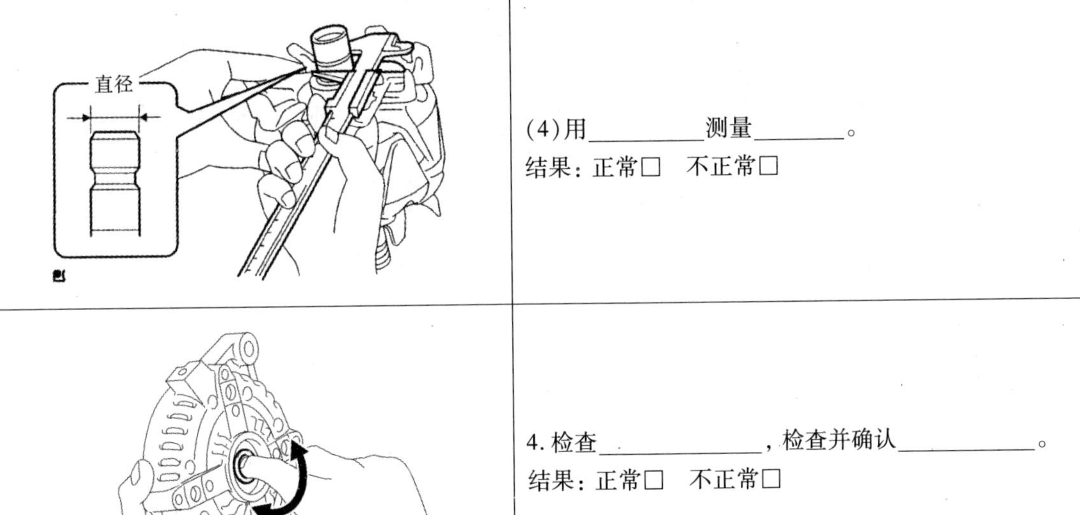	(4)用__________测量________。 结果：正常□　不正常□
	4. 检查______________，检查并确认____________。 结果：正常□　不正常□

检修结论与维修建议：

模块六　汽车发动机无起动迹象的故障检修

【情境描述】

据悉，弗兰克先生的轿车是他上下班的代步工具。今天在他准备上班的时候，突然发现，把钥匙拧到ST挡的时候，车辆没有任何起动的迹象。经多次尝试后，情况依然如此。保险公司派出拖车，把弗拉克先生的轿车从他家的地下车库拖到4S店。维修接待把情况记录下来，交由你们班组进行维修。

弗兰克先生的车是一辆丰田卡罗拉轿车，使用了将近3年，行驶里程已达10万km，有进行定期保养，但没有做过任何线路方面的专项检查。弗兰克先生希望自己的轿车在一天内有诊断结果并有维修报价。因此，你们班组负责检查此车，并把维修方案报给维修接待，由维修接待与顾客沟通。

【学习目标】

1. 能口述汽车起动系统的作用；
2. 能根据实车和电路图，口述卡罗拉起动系统的组成和工作原理；
3. 能根据教师给定的电路图，在实训车架上正确连接起动系统的线路；
4. 能根据维修手册的步骤，对卡罗拉的无起动迹象的故障进行排除；
5. 能根据维修手册的步骤，正确更换与拆检卡罗拉的起动机。

【学习资源】

类别	序号	名称	数量与备注
学材、教材	1	前置学习任务	模块六
	2	参考资讯	
	3	评价表	

续表

<table>
<tr><th>类别</th><th>序号</th><th>名称</th><th>数量与备注</th></tr>
<tr><td rowspan="8">实训设备</td><td>4</td><td>卡罗拉实训车</td><td>AT，5 人一台</td></tr>
<tr><td>5</td><td>卡罗拉维修与电路手册</td><td rowspan="10">每个工位一套</td></tr>
<tr><td>6</td><td>卡罗拉使用手册</td></tr>
<tr><td>7</td><td>数字万用表</td></tr>
<tr><td>8</td><td>跨接线</td></tr>
<tr><td>9</td><td>游标卡尺</td></tr>
<tr><td>10</td><td>百分表</td></tr>
<tr><td>11</td><td>V 形块</td></tr>
<tr><td rowspan="3">配件耗材</td><td>12</td><td>起动机总成</td></tr>
<tr><td>17</td><td>起动继电器</td></tr>
<tr><td>18</td><td>蓄电池</td></tr>
<tr><td rowspan="2">学习环境</td><td>19</td><td>电脑</td><td>每个工位一台</td></tr>
<tr><td>20</td><td>拍照手机</td><td>学生自备</td></tr>
</table>

【前置学习任务】

一、在汽修专业术语中，发动机的“起动”与“启动”是有不同含义的，请查询资料，区分它们的不同。

二、在情境描述中，李先生的轿车在打到 ST 挡后，车辆无任何起动迹象。无起动迹象的意思是：____。

三、现今风靡全球的特斯拉轿车、丰田的双擎汽车是没有传动的起动系统的，但除此之外大部分汽车都必须有起动系统吗？

四、对于装配自动变速器的汽车来说，驾驶员如何起动发动机？

五、查询维修手册的卡罗拉起动系统电路图，把线路图简化为原理图，并描述其工作原理。

原理图：
具体电路原理：

发动机的工作原理及特性，决定了发动机工作时的转速不能从零开始。在发动机停止运转后，发动机的起动需要外力的支持，起动机就是这个外力的来源。

6.1 起动机概述

在起动过程中，起动系统引入来自蓄电池的电流，起动机的传动机构将驱动齿轮推出与发动机飞轮齿圈啮合，然后驱动齿轮高速转动，飞轮在驱动齿轮的带动下转动，使发动机获得一个初始的转速。此时发动机才能顺利起动。

图6-1 起动机总成

由于起动机是按短时间工作设计的，而且起动机工作时，电枢绕组电流很大，因此起动机每次的起动时间不得超过5 s，两次起动间隔时间不应少于15 s。当连续三次接通起动机仍不能起动发动机时，应查明原因并排除故障后再使用起动机。

6.2　卡罗拉起动系统

6.2.1　卡罗拉起动系统的零部件组成、安装位置、各零部件的作用

如图6－2、图6－3所示，卡罗拉起动系统主要由蓄电池、起动机、点火开关、起动继电器、驻车空挡开关或空挡起动开关、离合踏板开关、ECM等零件组成。

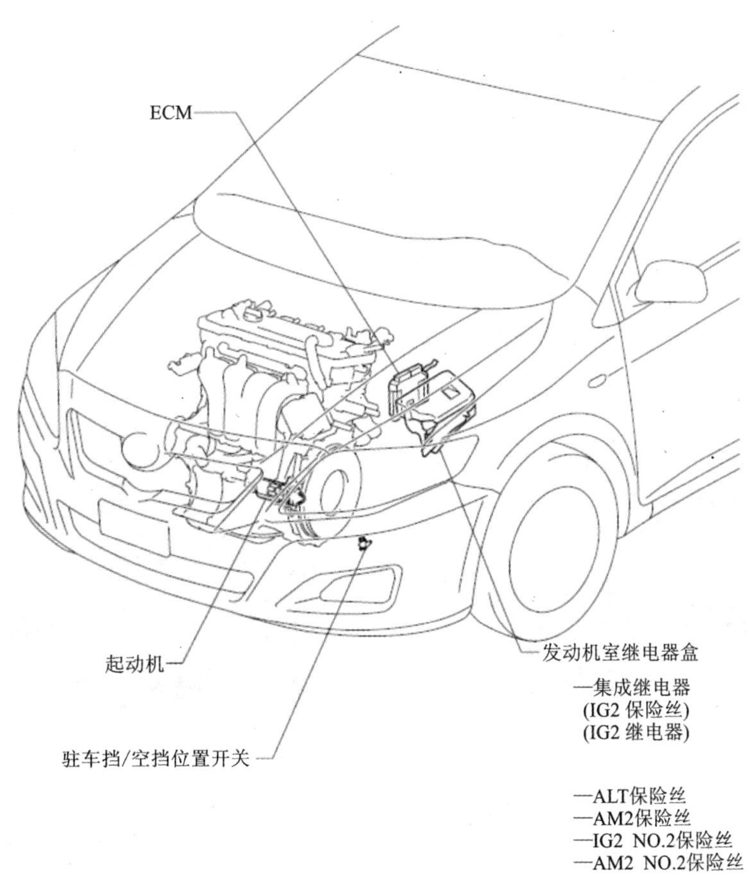

图6－2　起动系统零件分布图(1)

蓄电池是动力来源，起动机是将电能转化为机械能的装置，起动继电器和点火开关是控制装置，保险丝是电路保护装置。点火开关和继电器控制起动机的电磁开关接合，电磁开关使驱动齿轮和飞轮齿轮啮合，并接通直流电机的电源，直流电机将转矩传递给飞轮使发动机起动。

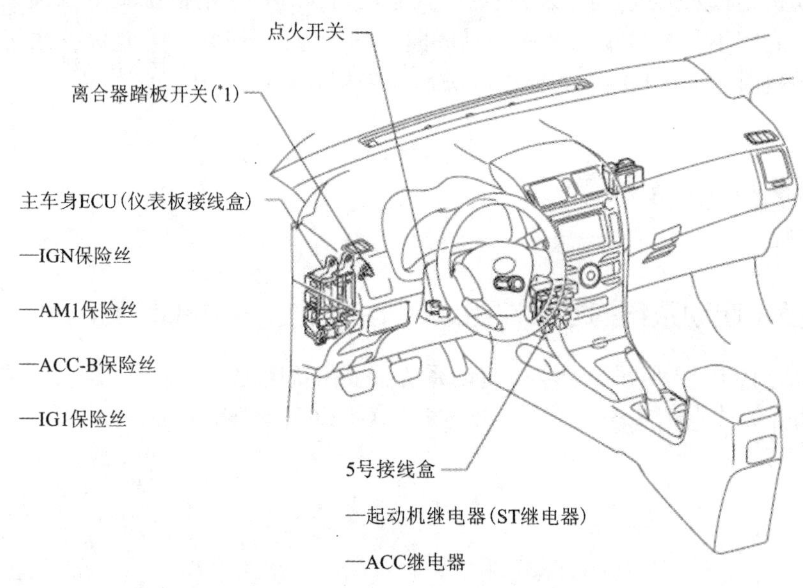

图6－3　起动系统零件分布图(2)

(1)起动机(图6－4)：卡罗拉使用的是电装公司的减速起动机，安装在发动机飞轮旁边。

(2)点火开关(图6－5)：安装在方向盘后方，其作用是控制汽车总电源和启动起动机。

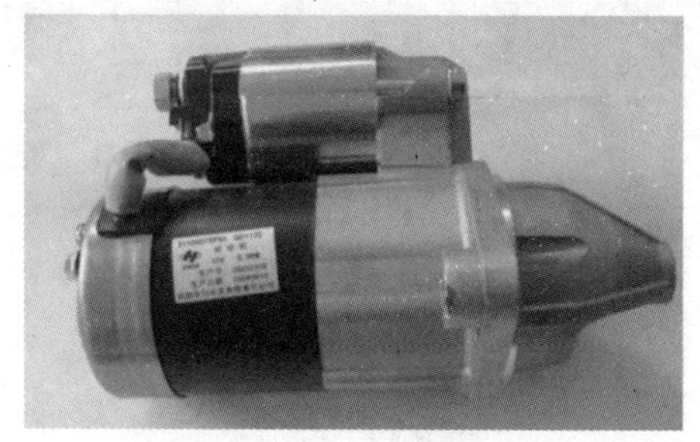

图6－4　起动机

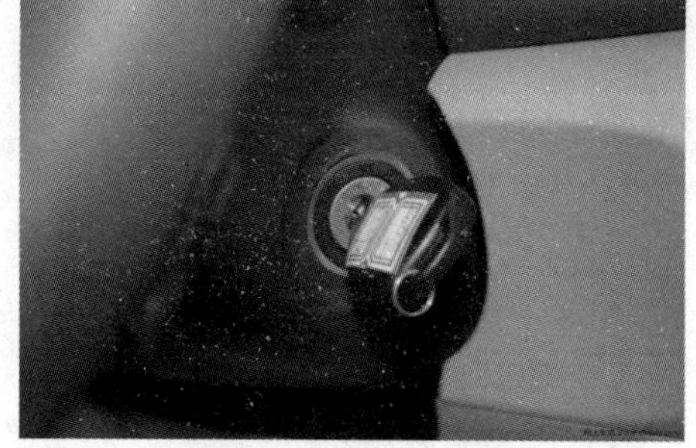

图6－5　点火开关

(3)起动继电器(图6－6)：安装在仪表和中控台内部的5号接线盒内，其作用是控制起动机的工作，保护点火开关。

(4)ECM：安装在发动机舱，作用是根据启动时的情况，控制喷油量等相关参数。

图6－6　起动继电器

6.2.2　卡罗拉起动系统的电路原理

空挡起动开关或离合器踏板开关控制起动继电器线圈通电，起动继电器触点控制起动机50端子通电。自动挡的卡罗拉只有当空挡起动开关打到 P 或 N 挡，或者踩下离合器，离合器开关闭合时，才能启动。

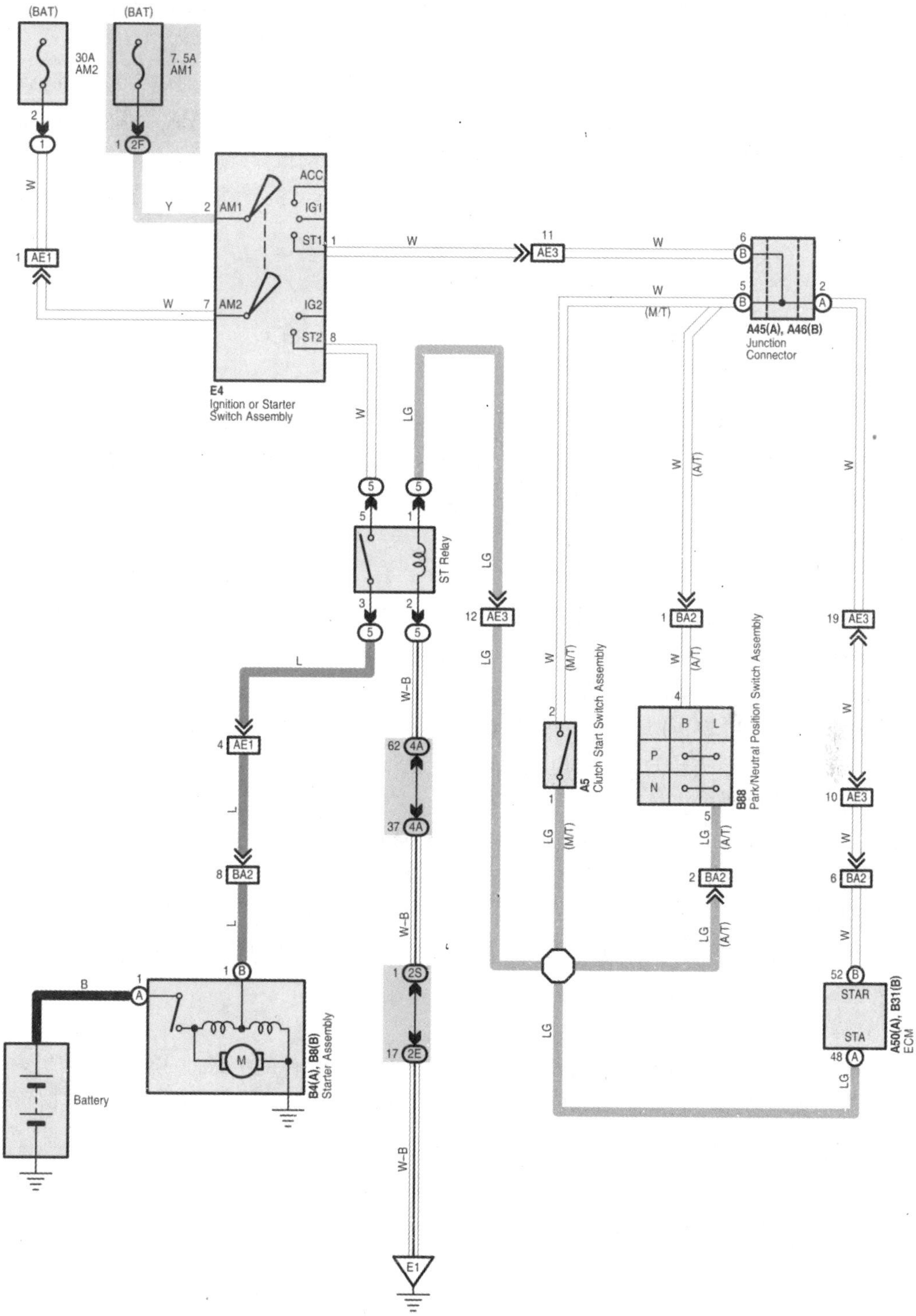

图 6－7　卡罗拉起动系统电路

电路原理：图 6－7 包含了自动挡与手动挡卡罗拉轿车的起动电路。下面以自动挡起动电路为例。把空挡起动开关打至 P 或 N 挡，点火开关打到 ST 挡。电流通过蓄电池、点火开关、空挡起动开关、起动继电器线圈至搭铁。电流路径为蓄电池→FL MAIN 保险丝→ALT 保险丝 →点火开关 2 号脚和 1 号脚→空挡起动开关→起动继电器线圈→搭铁。

此时，起动继电器线圈通电，起动继电器开关闭合，起动机 50 端子通电，起动机驱动齿轮推出。蓄电池电压加至起动机 50 端子。其电流路径为蓄电池→FL MAIN 保险丝→AM2 保险丝→点火开关 7 号脚和 8 号脚→起动继电器触点开关→起动机 50 端子。

当起动机 50 端子通电时，起动机起动。支持起动机的电动机转动的电流通过 30 号端子进入起动机内部，起动机转动。

6.3　卡罗拉发动机无起动迹象的故障检修

故障现象描述：将点火开关转到启动挡时，起动机不转。

故障分析：正常情况下，当点火开关转到启动挡，起动机应该正常转动。此时若起动机不转动，有可是能蓄电池、控制电路或者起动机存在故障。

检查程序：

1. 按下喇叭按钮，喇叭是否发响

(1)若喇叭不响或响声微弱，则检查蓄电池是否存电不足，蓄电池搭铁不良，蓄电池极柱与电缆端子接触不良。

(2)喇叭响声正常，则转到步骤 2。

2. 用螺丝刀短接“30”与 C 端子，起动机是否转动

(1)若转动则为电磁开关或控制电路故障，转至步骤 3。

(2)若不转动则为电机故障，转至步骤 4。

3. 将蓄电池正极与电磁开关“50”端子接通，起动机是否转动

(1)若转动则为蓄电池至起动机“50”端子间线路断路或者点火开关故障，应检查连接线路或更换点火开关。

(2)若不转动则为电磁开关线圈断路，开关触点接触不良或电磁开关机械故障，应更换电磁开关。

4. 短接时是否有火花

(1)有火花则为电机内部短路或者搭铁，应检查起动机部件的绝缘性或更换电动机。

(2)没有火花则为电机绕组短路，电刷搭铁不良或电刷引线断路，应检查电机部件的导通性，更换碳刷或更换电动机。

6.4　丰田卡罗拉起动机的总成更换

起动机技术状态测定可通过起动机空载试验来确定，在起动机不带负荷的情况下接通电源，测量起动机的空转转速和空载电流并与标准值比较，以判断起动机内部有无电路故障和

机械故障。做试验时必须将起动机卸下。

6.4.1　卸下起动机

（1）从蓄电池负极端子断开电缆。

（2）拆卸散热器上空气导流板。

（3）拆卸起动机总成。

①分离 2 个线束卡夹。

②拆下螺栓和线束支架。

③拆下端子盖。

④拆下螺母并断开端子 30。

⑤断开连接器。

⑥如图 6 –8 所示，拆下 2 个螺栓并拆下起动机总成。

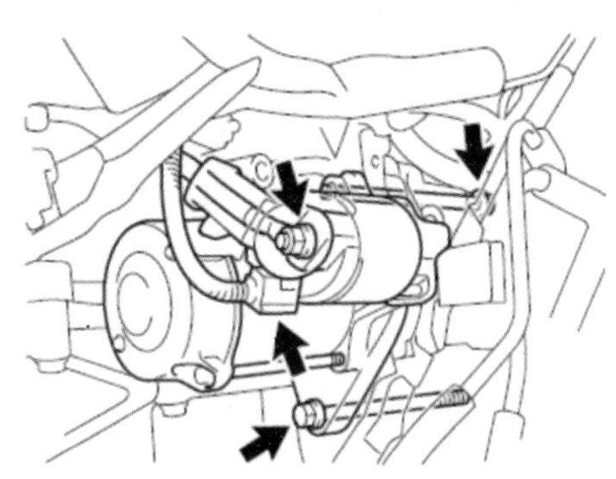

图 6 –8　拆卸起动机总成与发动机之间的连接螺栓

6.4.2　安装新的起动机总成

（1）安装起动机总成。

①用 2 个螺栓安装起动机总成，扭矩为 37 N · m。

②连接连接器。

③用螺母连接端子 30，扭矩为 9.8 N · m。

④合上端子盖。

⑤用螺栓安装线束支架，扭矩为 8.4 N · m。

⑥安装 2 个线束卡夹。

（2）安装散热器上空气导流板。

（3）连接电缆。

如图 6 –9 所示，将电缆连接到蓄电池负极端子。

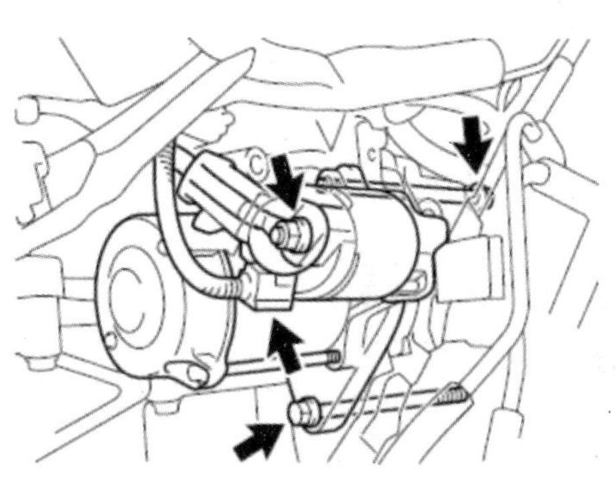

图 6 –9　安装起动机总成与发动机之间的连接螺栓

6.5　卡罗拉减速起动机

卡罗拉起动机主要由以下部分组成（图 6 –10）：直流电机、传动机构、操纵机构。直流电机包括电枢总成、起动机磁轭总成、碳刷架总成、外壳等。传动机构包括行星齿轮减速机构、中间轴承离合分离总成。操纵机构包括磁力起动机开关总成、起动机小齿轮驱动杆。

6.5.1　起动机零部件结构

（1）起动机电枢总成如图 6 –11 所示，也称为转子。电枢是属于直流电动机的部分，用以产生电磁转矩，由铁芯、电枢绕组、电枢轴及换向器组成。

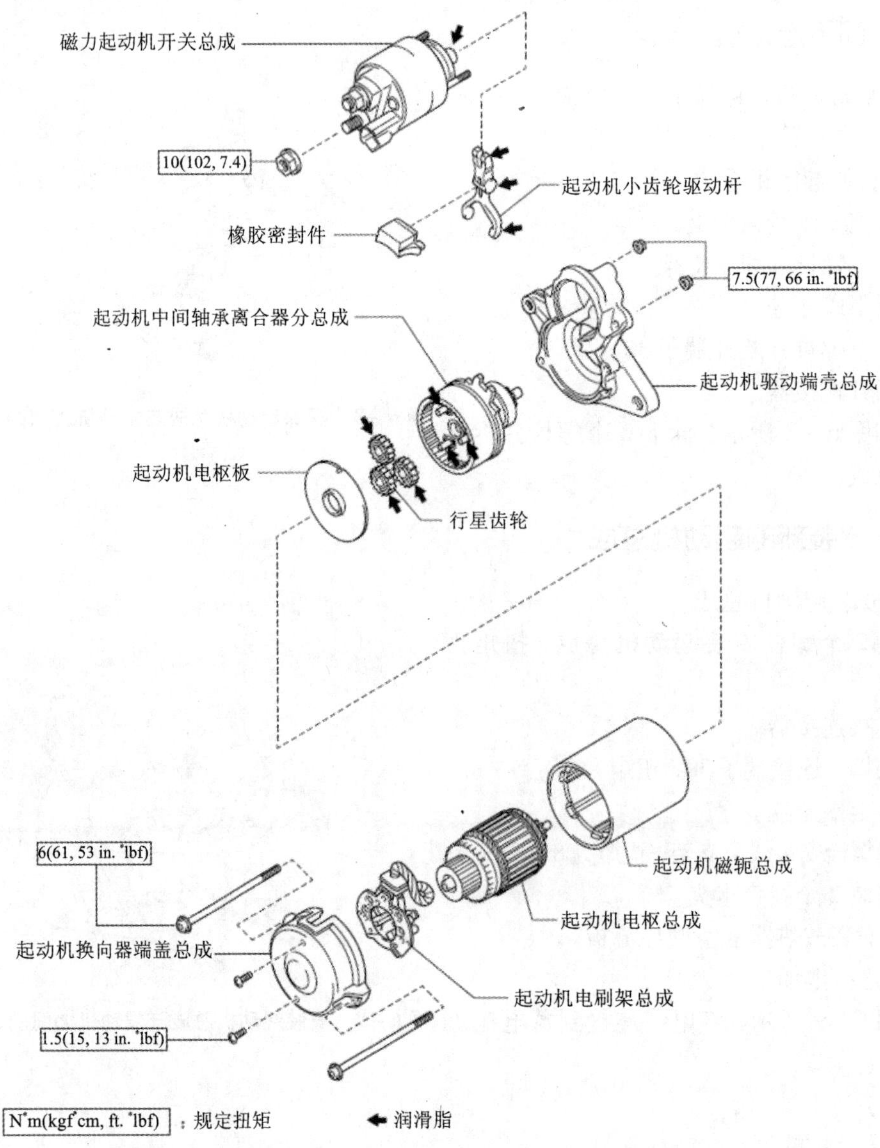

磁力起动机开关总成
10(102, 7.4)
起动机小齿轮驱动杆
橡胶密封件
7.5(77, 66 in. ·lbf)
起动机中间轴承离合器分总成
起动机驱动端壳总成
起动机电枢板
行星齿轮
6(61, 53 in. ·lbf)
起动机磁轭总成
起动机电枢总成
起动机换向器端盖总成
起动机电刷架总成
1.5(15, 13 in. ·lbf)
N·m(kgf·cm, ft. ·lbf) ：规定扭矩　　← 润滑脂

图 6－10　卡罗拉起动机装配图

图 6－11　起动机电枢总成实物图

图 6－12　起动机磁轭总成实物图

(2)起动机磁轭总成如图 6－12 所示，机壳：用以固定机件和构成导磁回路，只有一个电流输入接线柱，并且在其内部与磁场绕组的一端相连接。磁极：用以产生电枢转动时所需要的磁场。由磁极铁芯和磁场绕组构成。

(3)行星齿轮机构，用于增大电机的扭矩。

(4)中间轴承离合器分总成，用于使起动机实现单向传动，保护起动机。

(5)电刷架总成如图 6－13 所示，用以将电流引入电枢，促使电枢产生连续转动。电刷是由铜与石墨粉压制而成的，铜用来减小电阻、增加耐磨性。

(6)磁力起动机开关总成如图 6－14 所示，用于接通直流电机电源，驱动小齿轮驱动杆，控制小齿轮与飞轮齿轮啮合与分离。

图 6－13　电刷架总成实物图

图 6－14　磁力起动机开关总成实物图

6.5.2　卡罗拉起动机内部工作原理

图 6－15 所示为卡罗拉起动机在丰田电路手册中的截图。从起动机的图形符号可以看到起动机的工作电路原理。从前文电路图原理可知，起动机工作的电路条件是 50 与 30 端子均有12 V蓄电池电压。当发动机起动时，将点火开关旋至 ST 挡，电流通过点火开关、起动继电器流、50 端子进入起动机电磁开关内部后，经过吸引线圈和保持线圈后，通过外壳搭铁。此时吸引线圈和保持线圈通电，产生吸力，使 C 端子和 30 端子的开关闭合，并拉动拨叉推出驱动齿轮。C 端子在接通 30 端子的后，为起动机马达引入来自蓄电池的起动电流，使起动机的转子转动，并通过行星齿轮机构减速增扭后，带动驱动齿轮旋转。

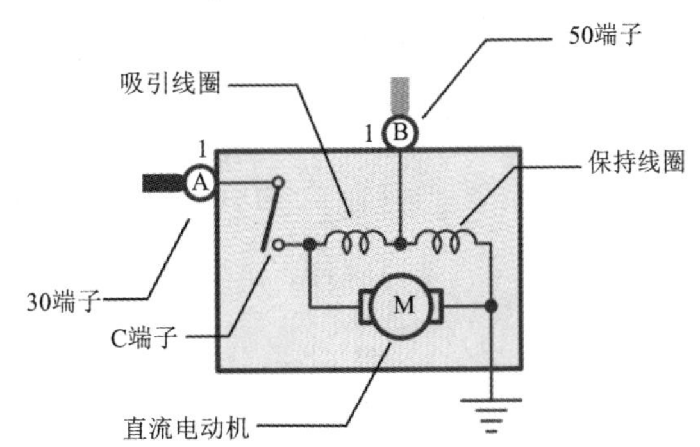

图 6－15　卡罗拉起动机内部电路图

需注意，当电磁开关的 C 端子和 30 端子接通后，因为电位差为零，吸引线圈没有电流通过。此时仅剩下保持线圈通电工作，产生吸引力，保持驱动齿轮推出状态，同时让电磁开关C端子和30端子接通。

当点火开关回到IG挡的时候，起动机50端子断电，电磁开关吸引线圈与保持线圈断电，电磁开关在弹簧弹力的作用下，恢复原状，断开30与C端子的开关，起动机停止工作。

6.6 丰田卡罗拉起动机的拆检

6.6.1 分解卡罗拉起动机

1. 拆卸磁力起动机开关总成

(1) 如图6-16所示，拆下螺母，然后从磁力起动机开关总成上断开引线。

(2) 如图6-17所示，固定磁力起动机开关总成时，从起动机驱动端壳总成上拆下2个螺母。

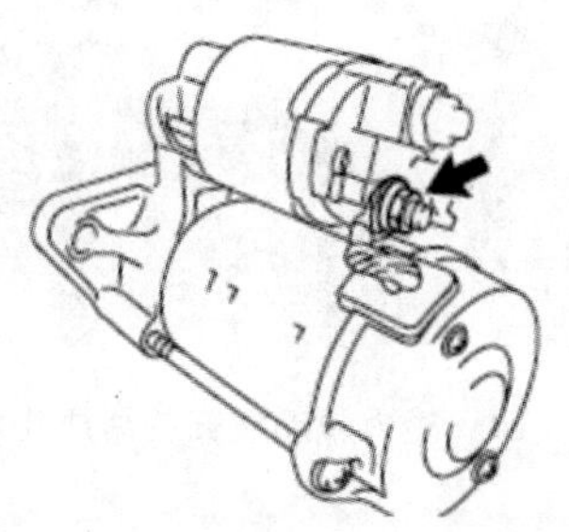

图6-16 拆卸C端螺母和连接线

图6-17 拆卸磁力起动机开关总成连接螺栓

(3) 如图6-18所示，拉出磁力起动机开关总成，并且在提起磁力起动机开关总成前部时，从驱动杆和磁力起动机开关总成上松开铁芯挂钩。

2. 拆卸起动机磁轭总成

(1) 如图6-19所示，拆下2个螺钉。

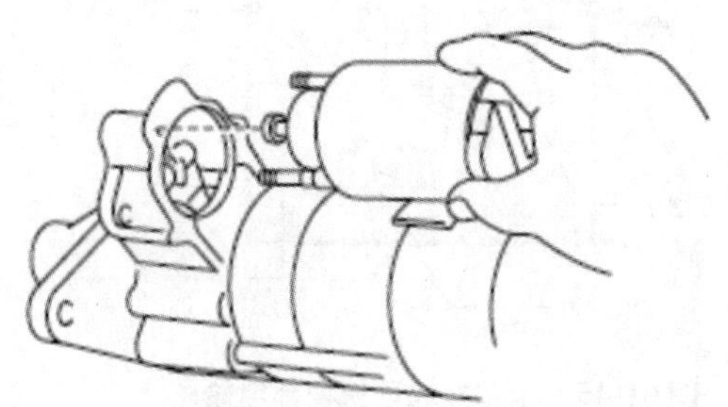

图6-18 拆卸磁力起动机开关总成

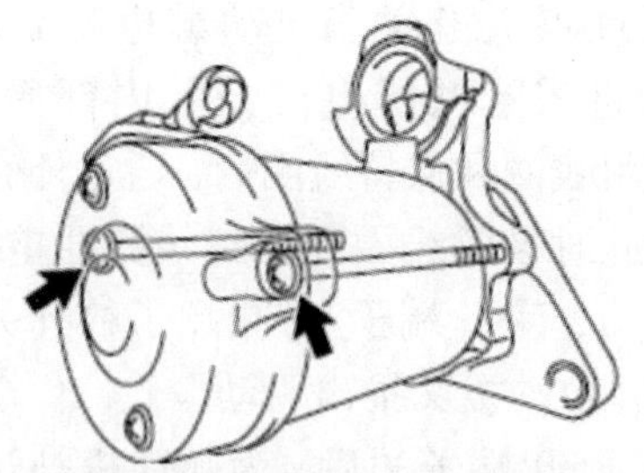

图6-19 拆卸电动机螺栓

(2) 如图6-20所示，将起动机磁轭和起动机换向器端架总成一起拉出。

(3) 如图 6－21 所示，从起动机换向器端架总成上拉出起动机磁轭总成。

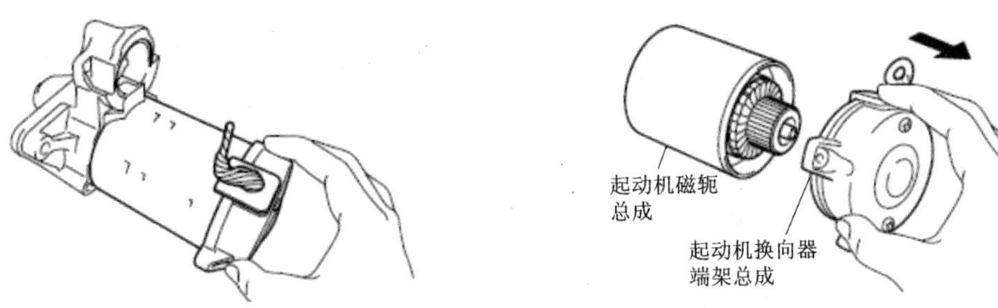

图 6－20　拉出起动机磁轭和起动机换向器端架总成　　**图 6－21　拉出起动机磁轭总成**

3. 拆卸起动机电枢总成

从起动机磁轭总成上拆下起动机电枢总成，如图 6－22 所示。

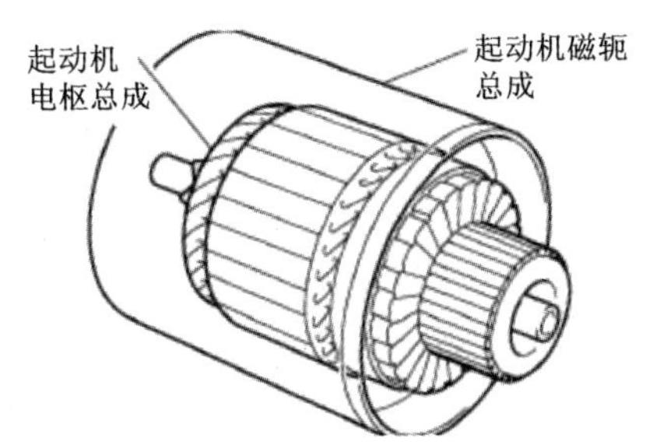

图 6－22　拆卸起动机电枢总成

4. 拆卸起动机电枢板

从起动机驱动端壳总成或起动机磁轭总成上拆下电枢板，如图 6－23 所示。

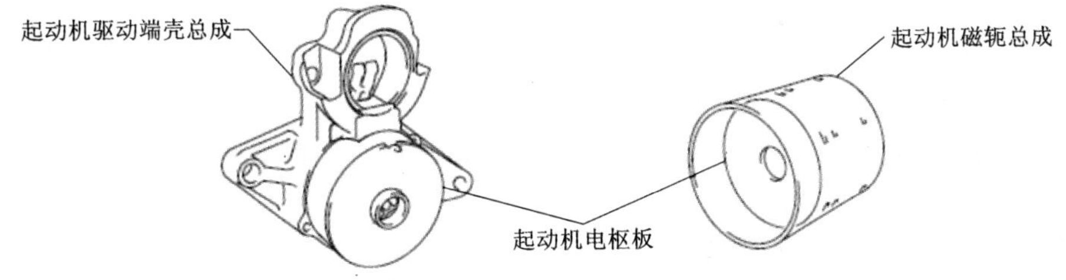

图 6－23　拆卸起动机电枢板

5. 拆卸起动机电刷架总成

(1) 如图 6－24 所示，从起动机换向端架总成上拆下 2 个螺钉。

(2) 如图 6－25 所示，拆下卡夹卡爪，然后从起动机换向器端架总成上拆下电刷架总成。

6. 拆卸行星齿轮

从起动机中间轴承离合器分总成上拆下 3 个行星齿轮，如图 6－26 所示。

图 6－24　拆卸电刷架固定螺栓

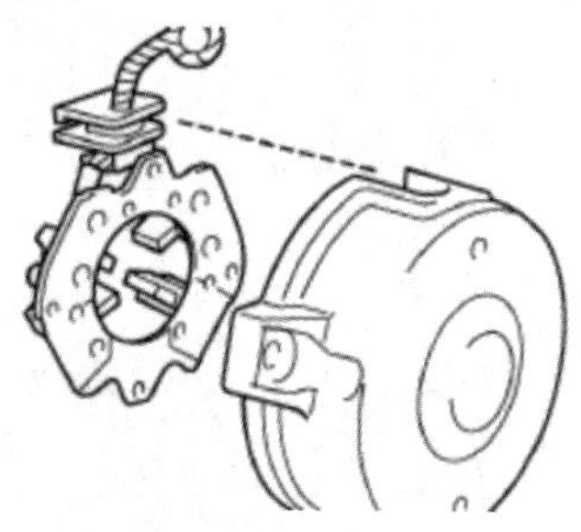
图 6－25　拆下电刷架总成

7. 拆卸起动机中间轴承离合器分总成

（1）从起动机驱动端壳总成上拆下带起动机小齿轮驱动杆的起动机中间轴承离合器分总成（图 6－27）。

（2）拆下起动机中间轴承离合器分总成、橡胶密封件和起动机小齿轮驱动杆。

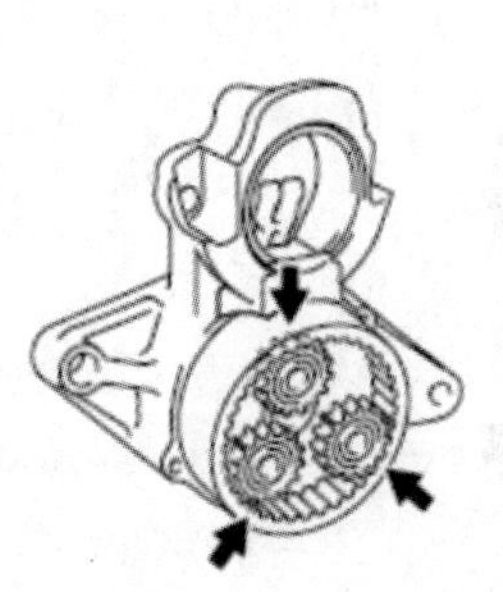
图 6－26　拆卸行星齿轮

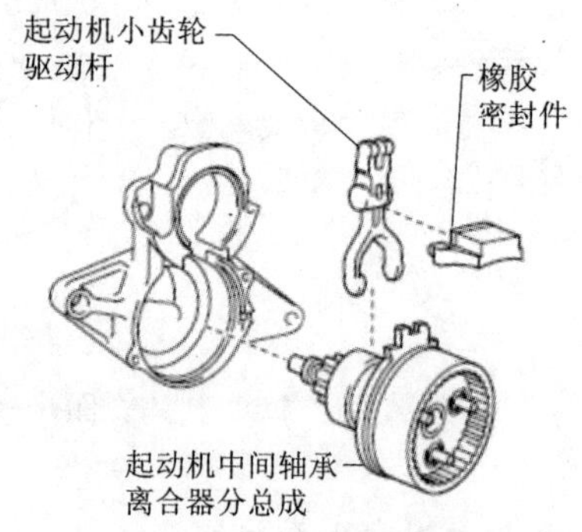

图 6－27　拆卸起动机中间轴承离合器分总成

6.6.2　检查卡罗拉起动机零部件

1. 检查起动机总成

此步骤需在 3～5 s 内执行如下测试，否则会因电流过大烧坏电动机。

（1）进行吸引测试。

①从端子 C 断开励磁线圈引线。

②如图 6－28 所示，将蓄电池正负极分别连接至磁力起动机开关的 50 端子和外壳，并用导线连接 C 端子与外壳。

③此时检查并确认小齿轮向外移动。若离合器小齿轮未移动，则更换磁力起动机开关总成。

（2）如图 6－29 所示，执行保持测试。从端子 C 上断开电缆后检查并确认小齿轮没有朝内回位。

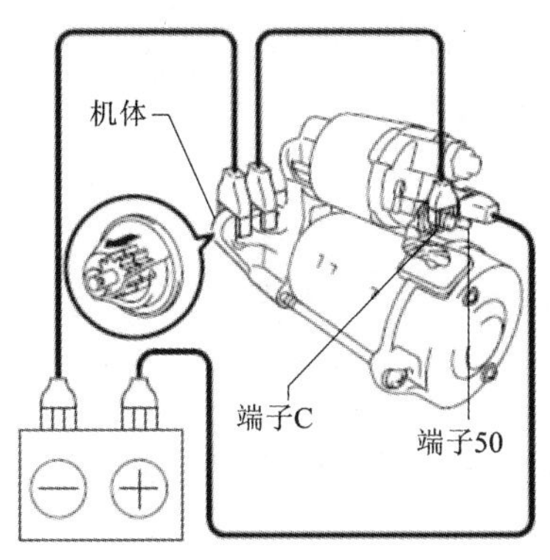

图 6－28　检查电动机工作状态

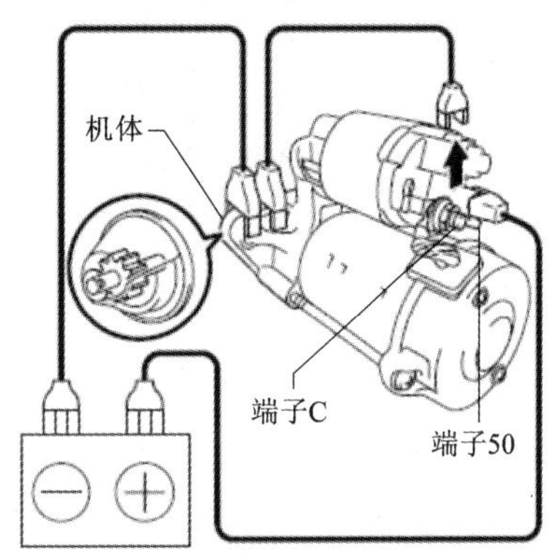

图 6－29　执行保持测试

(3)检查离合器小齿轮是否回位。

(4)执行无负载操作测试。

①连接励磁线圈引线至端子 C，扭矩为 10 N·m。

②将起动机夹在台钳中。

③如图 6－30 所示，将蓄电池和电流表连接到起动机上。

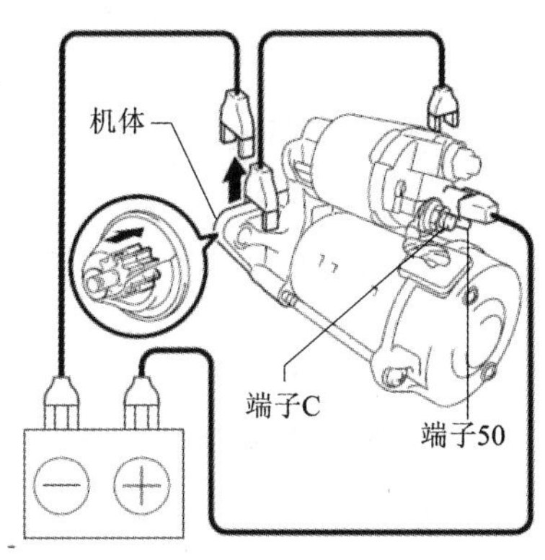

图 6－30　离合器小齿轮回位测试

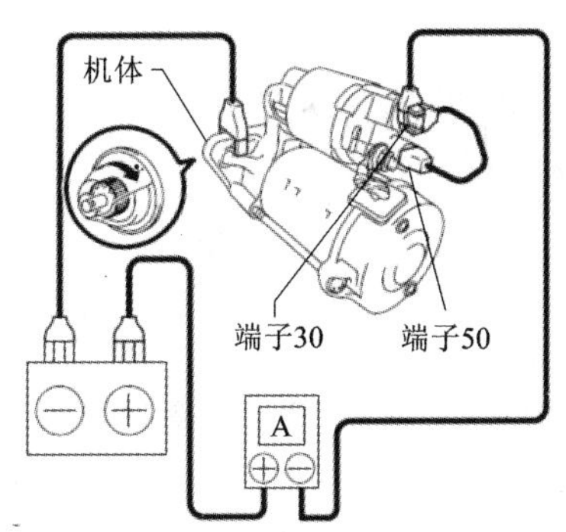

图 6－31　检查启动电流

④如图 6－31 所示，检查并确认电流表指示电流符合规定。标准电流：把蓄电池正极端子与端子 30 和端子 50 连接，电压 11.5 V 或者以上，电流小于 90 A。若结果不符合规定，则更换起动机总成。

2. 检查磁力起动机开关总成

(1)检查铁芯。如图 6－32 所示，推入铁芯，然后检查并确认其是否能够迅速回到初始位置。如有必要，更换磁力起动机开关总成。

(2)如图 6－33 所示，检查吸引线圈是否断路。用欧姆表测量端子 50 和端子 C 间的电阻。

标准电阻：端子 50 与端子 C 之间的电阻应小于 1 Ω。若不符合标准，则更换磁力起动机开关总成。

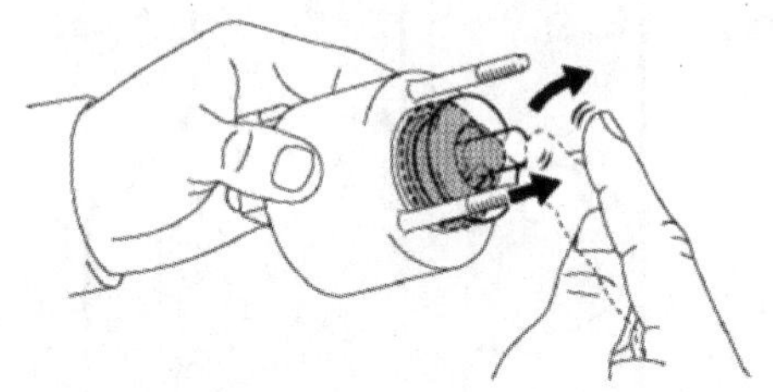

图 6－32　检查铁芯

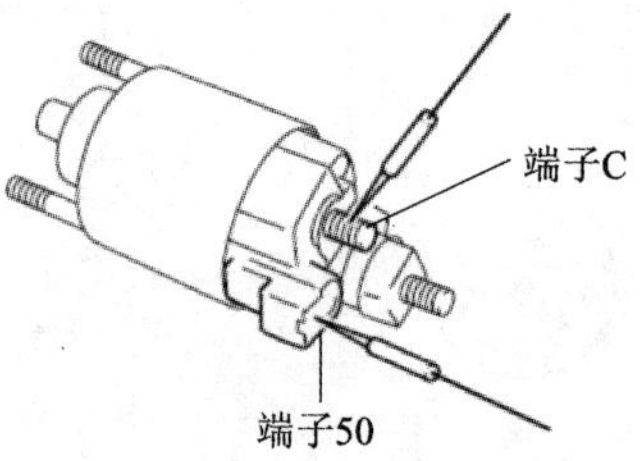

图 6－33　检查吸引线圈(1)

(3)检查保持线圈是否断路。

如图 6－34 所示，使用欧姆表，测量端子 50 与开关壳体之间的电阻。

标准电阻：端子 50 与车身搭铁之间的电阻小于 2 Ω。若不符合标准，则更换磁力起动机开关总成。

3. 检查起动机电枢总成

(1)检查换向器是否断路。

如图 6－35 所示，使用欧姆表测量换向器整流子片间的电阻。

标准电阻：整流子片—整流子片，小于 1 Ω，如果不符合标准，那么就更换起动机电枢总成。

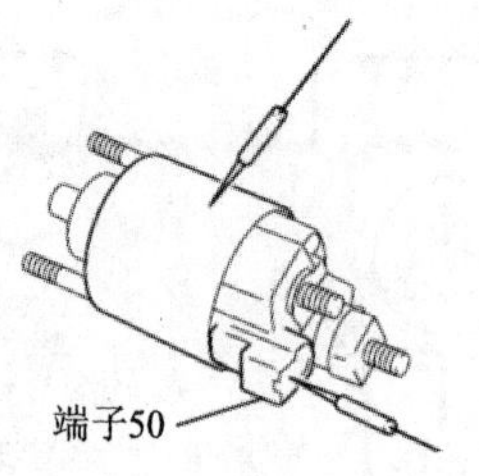

图 6－34　检查保持线圈(2)

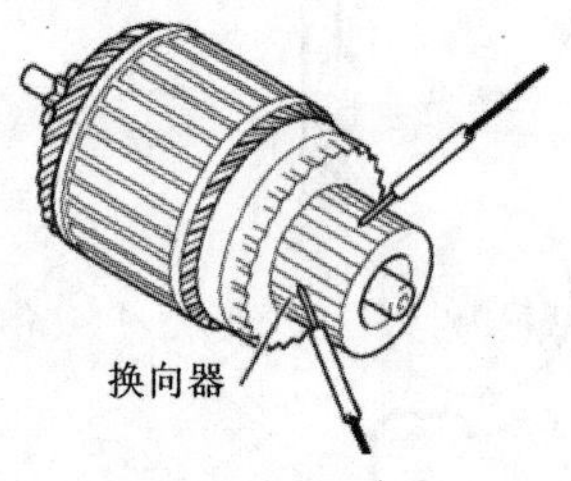

图 6－35　检查换向器导通

(2)检查换向器是否对搭铁短路。

如图 6－36 所示，使用欧姆表测量换向器和电枢线圈间的电阻。

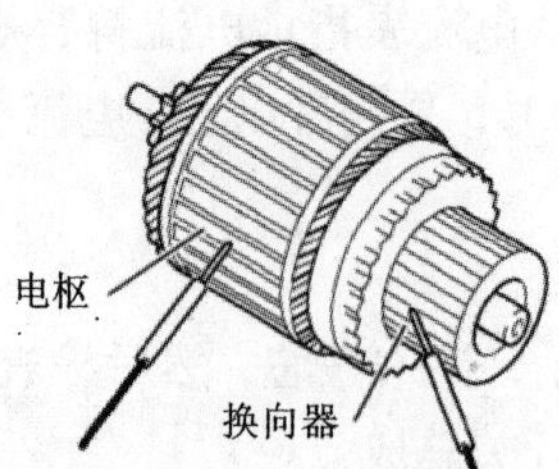

图 6－36　检查换向器搭铁

标准电阻：换向器—电枢，10 kΩ 或更大，如果不符合标准，那么就更换起动机电枢总成。

(3)检查外观。

如果表面脏污或烧坏，就用砂纸(400 号)或在车床上修复表面。

(4)检查换向器是否径向跳动。

①如图 6－37 所示，将换向器放在 V 形块上。

②用百分表测量径向跳动。

标准径向跳动：0.02 mm。

最大径向跳动：0.05 mm。

若径向跳动大于最大值，则更换电枢总成。

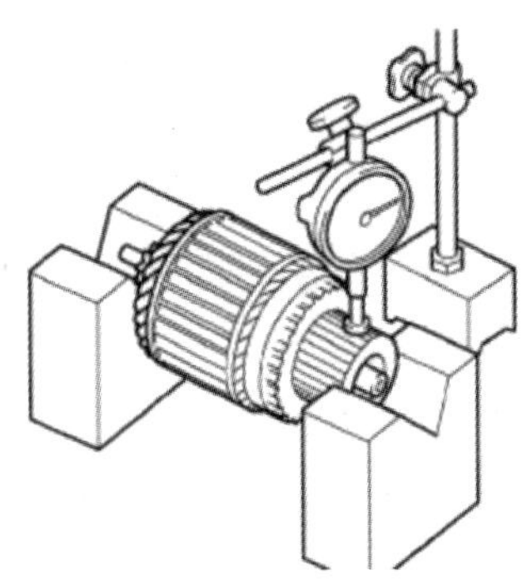

图 6－37　检查换向器径向跳动

(5)如图 6－38 所示，用游标卡尺测量换向器直径。

标准直径：29.0 mm。

最小直径：28.0 mm。

若直径小于最小值，则更换电枢总成。

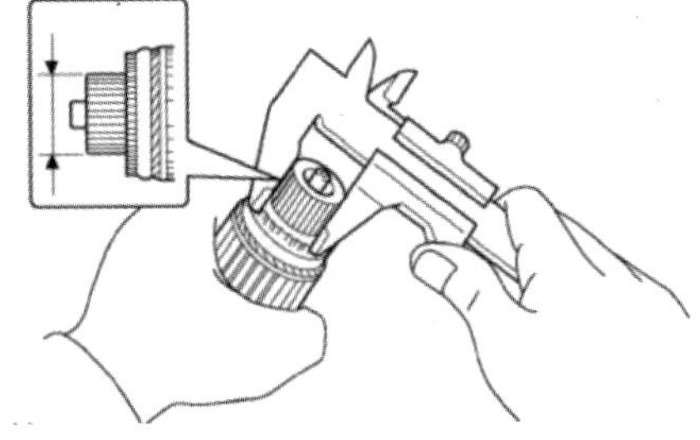

图 6－38　测量换向器直径

4. 检查起动机电刷架总成

(1)拆下弹簧卡爪，然后拆下 4 个电刷。

(2)如图 6－39 所示，用游标卡尺测量电刷长度。

标准长度：14.4 mm。

最小长度：9.0 mm。

若长度小于最小值，则更换起动机电刷架总成。

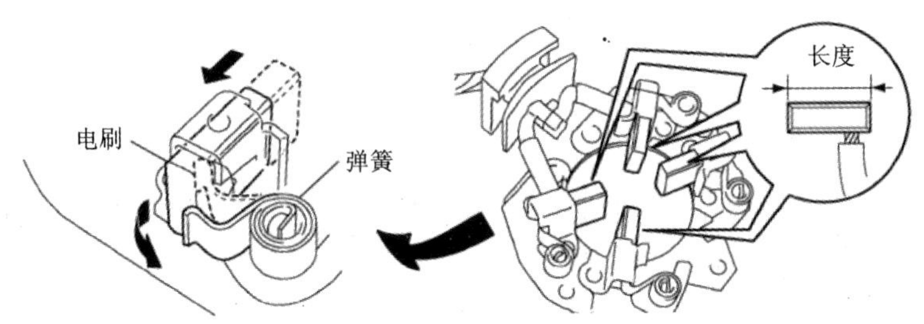

图 6－39　测量电刷长度

(3)检查电刷架。

①如图 6－40 所示，用欧姆表测量电刷间的电阻。若不符合表 6－1 的电阻标准，则更换起动机电刷架总成。

表 6-1 标准电阻

检测仪连接	规定状态
A-B	10 kΩ 或者更大
A-C	10 kΩ 或者更大
A-D	小于 1 Ω
B-C	小于 1 Ω
B-D	10 kΩ 或者更大
C-D	10 kΩ 或者更大

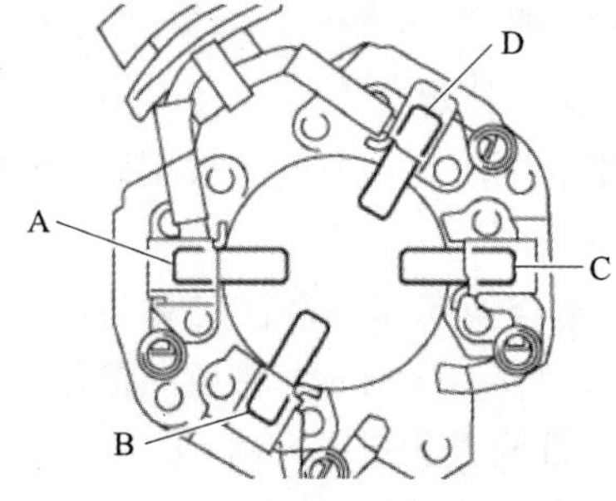

图 6-40 检查电刷架

5. 检查起动机中间轴承离合器总成

(1)检查行星齿轮的轮齿、内齿轮和起动机离合器是否磨损并损坏。若损坏，则更换齿轮或离合器总成。还要检查行星齿轮是否磨损或损坏。

(2)检查起动机离合器。

如图 6-41 所示，顺时针转动离合器小齿轮，检查并确认其可自由转动。尝试逆时针转动离合器小齿轮，检查并确认其可锁止。如有必要，则更换起动机中间轴承离合器分总成。

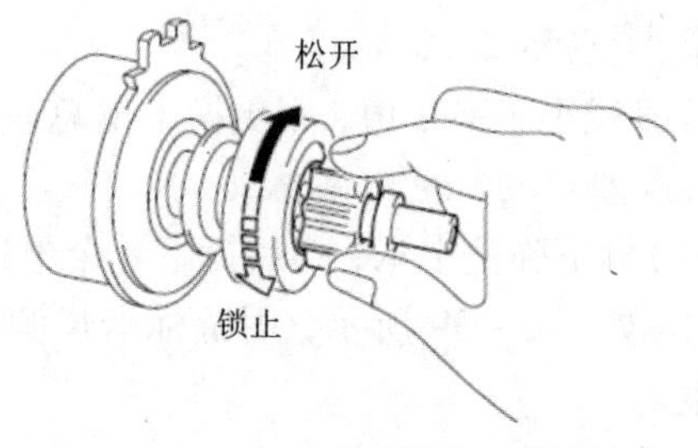

图 6-41 检查中间轴承离合器分总成

6.6.3 卡罗拉起动机装配

1. 安装起动机中间轴承离合器分总成

(1)如图 6-42 所示，将润滑脂涂抹到起动机小齿轮驱动杆与起动机小齿轮驱动杆的起动机枢轴的接触部分。

(2)将起动机小齿轮驱动杆和橡胶密封件安装至起动机中间轴承离合器分总成。

(3)将起动机中间轴承离合器和起动机小齿轮驱动杆一起安装至起动机驱动端壳总成。

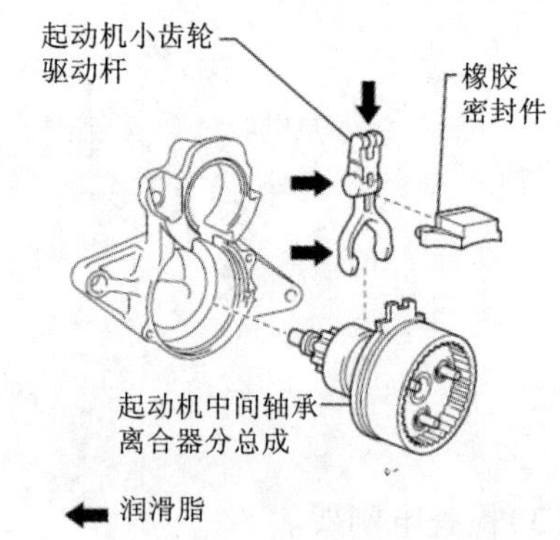

图 6-42 安装起动机中间轴承离合器分总成

2. 安装行星齿轮

(1)如图 6-43 所示，在行星齿轮和行星轴销部位涂抹润滑脂。

(2)安装 3 个行星齿轮。

3. 安装起动机电刷架总成

(1)如图 6-44 所示，安装电刷架。

(2)用螺丝刀抵住电刷弹簧，并将 4 个电刷安装到电刷架上。

(3)如图 6-45 所示，将密封垫插入正极(+)和负极(-)之间。

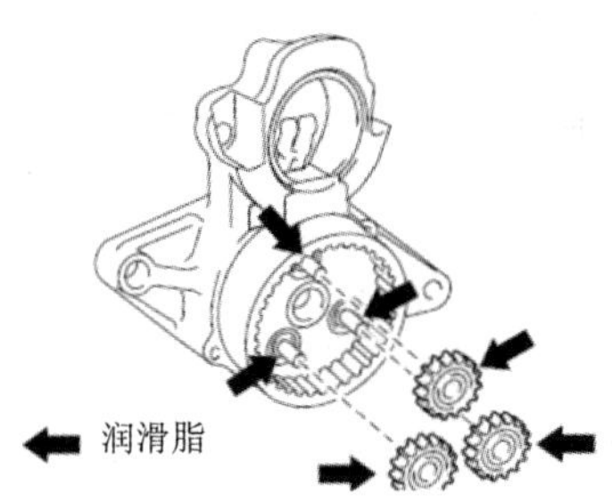

图 6－43　安装行星齿轮

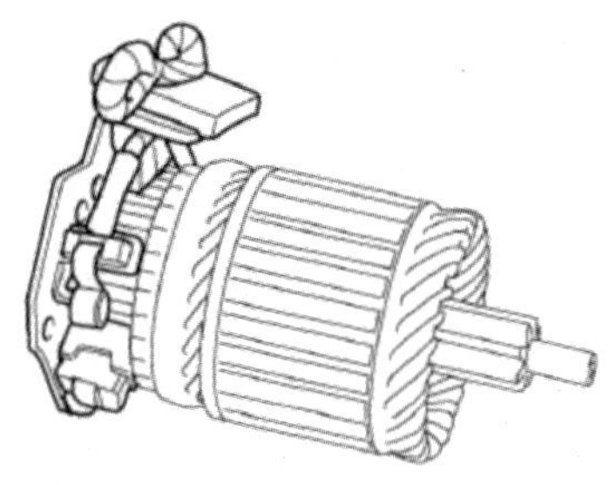

图 6－44　安装起动机电刷架总成

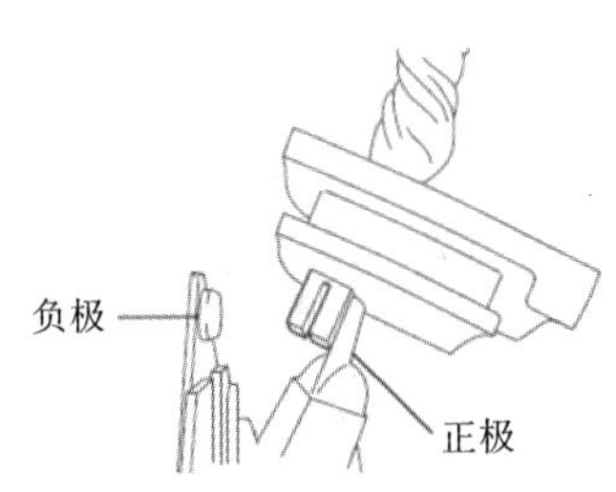

图 6－45　安装密封垫

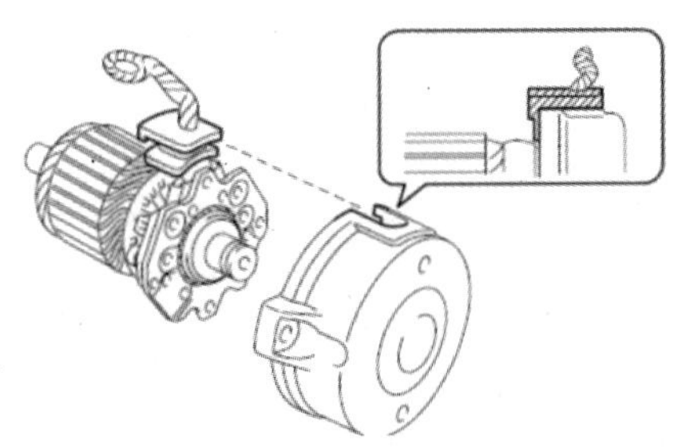

图 6－46　安装起动机换向器端盖总成

4. 安装起动机换向器端盖总成

(1) 如图 6－46 所示，将电刷架卡夹装配到起动机换向器端架总成上。

(2) 如图 6－47 所示，用 2 个螺钉安装换向器端架，扭矩为 1.5 N·m。

5. 安装起动机电枢总成

(1) 如图 6－48 所示，将橡胶件对准起动机磁轭总成的凹槽。

(2) 将带电刷架的起动机电枢安装到起动机磁轭总成上。

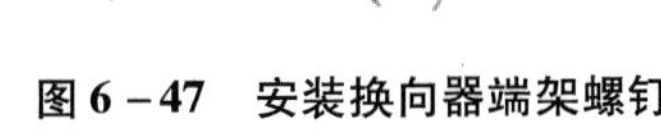

图 6－47　安装换向器端架螺钉

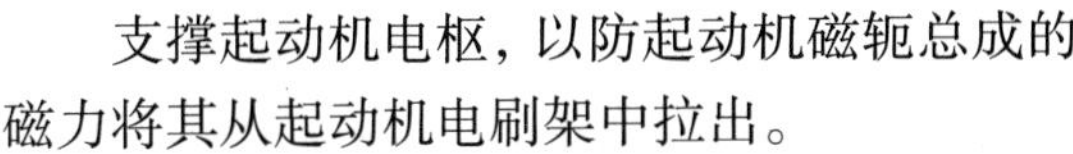

支撑起动机电枢，以防起动机磁轭总成的磁力将其从起动机电刷架中拉出。

6. 安装起动机电枢板

(1) 如图 6－49 所示，将起动机电枢板安装至起动机磁轭总成。

(2) 安装起动机板，使键槽位于键 A 和键 B 之间。

7. 安装起动机磁轭总成

(1) 如图 6－50 所示，将起动机磁轭键对准位于起动机驱动端壳总成上的键槽。

(2) 如图 6－51 所示，用 2 个螺钉安装起动机磁轭总成，扭矩为 6.0 N·m。

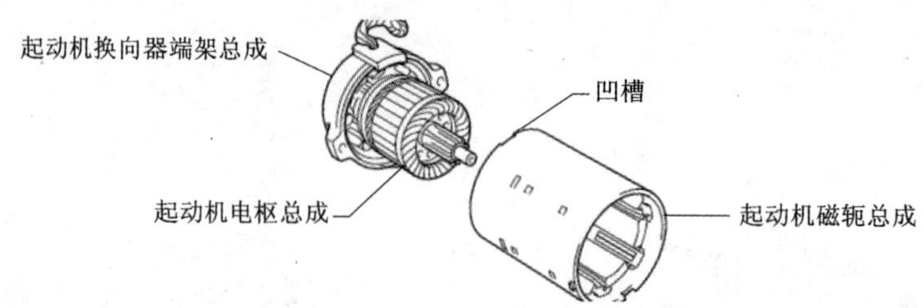

图 6 - 48　安装起动机电枢总成

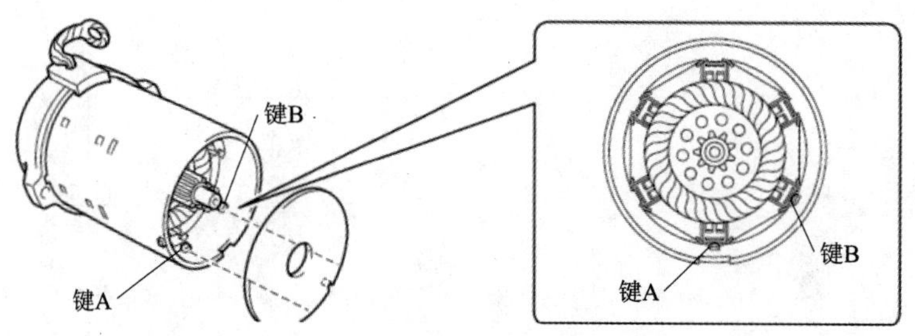

图 6 - 49　安装起动机电枢板

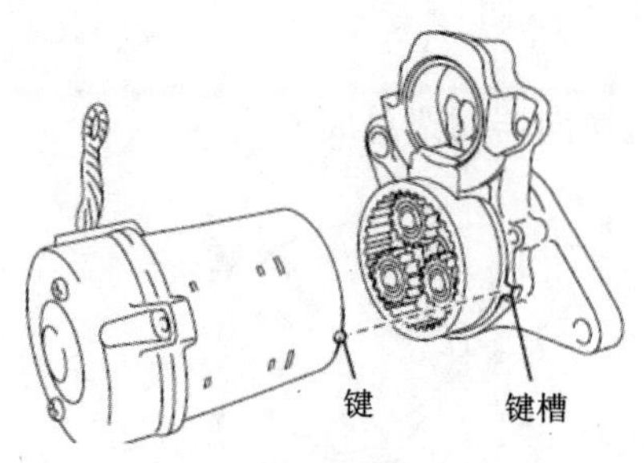

图 6 - 50　安装起动机磁轭总成(1)

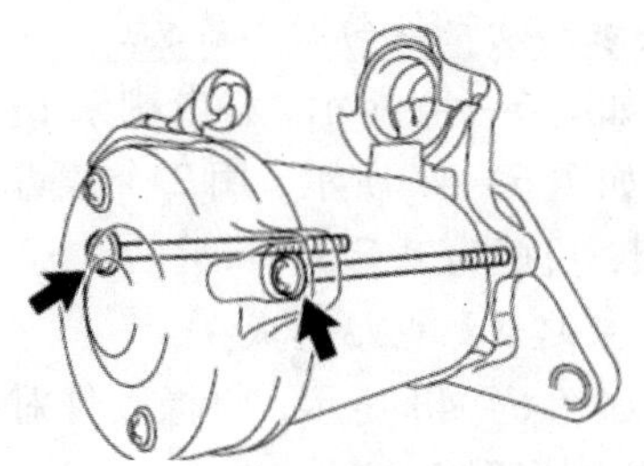

图 6 - 51　安装起动机磁轭总成(2)

8. 安装磁力起动机开关总成

(1)在铁芯挂钩上涂抹润滑脂。

(2)如图 6 - 52 所示，将磁力起动机开关总成的铁芯从上侧接合到驱动杆上。

(3)如图 6 - 53 所示，用 2 个螺母安装磁力起动机开关总成，扭矩为 7.5 N · m。

(4)如图 6 - 54 所示，将引线连接至磁力起动机开关，然后用螺母紧固，扭矩为 10 N · m。

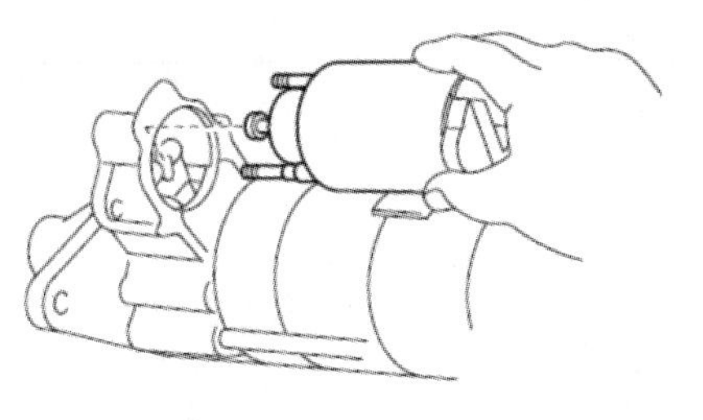
图6－52　安装磁力起动机开关总成

图6－53　安装磁力起动机开关总成

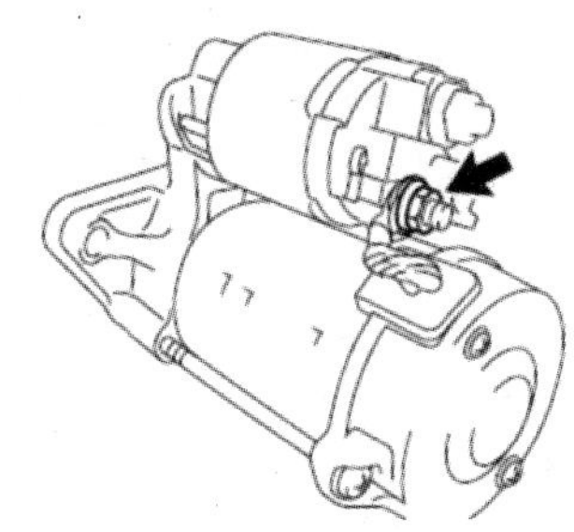
图6－54　安装C端子引线

【任务书】

一、根据教师给出的电路图，连接实训车架的示宽灯、转向灯和制动灯系统线路。

二、根据维修手册，对卡罗拉无起动迹象的故障进行排除。

序号	检测内容	正常状态（正常值）	实际状态（实测值）

三、根据维修手册，把起动机从整车上拆卸下来。

四、根据维修手册，正确拆检卡罗拉起动机。

<table>
<tr><td>1. 检查
标准电阻：
实测电阻：
结果：正常□　不正常□</td><td>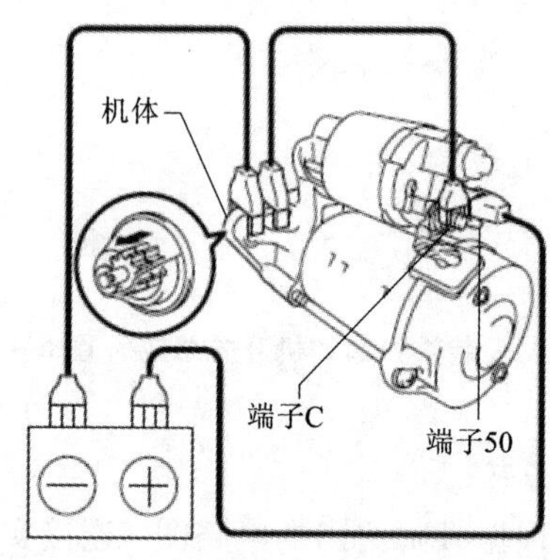</td></tr>
<tr><td>2. 检查
结果：正常□　不正常□</td><td>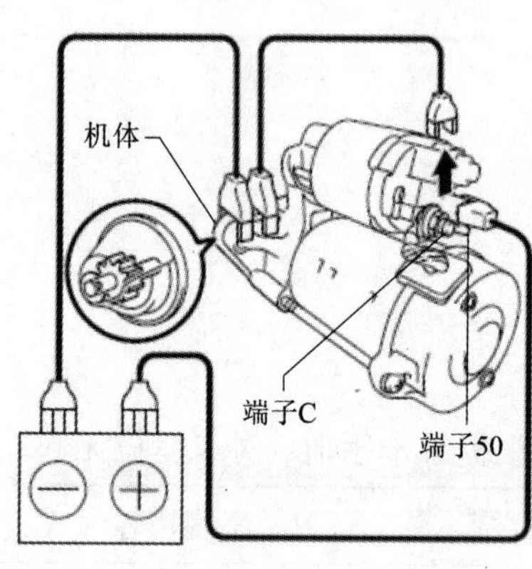</td></tr>
<tr><td>3. 检查
结果：正常□　不正常□</td><td>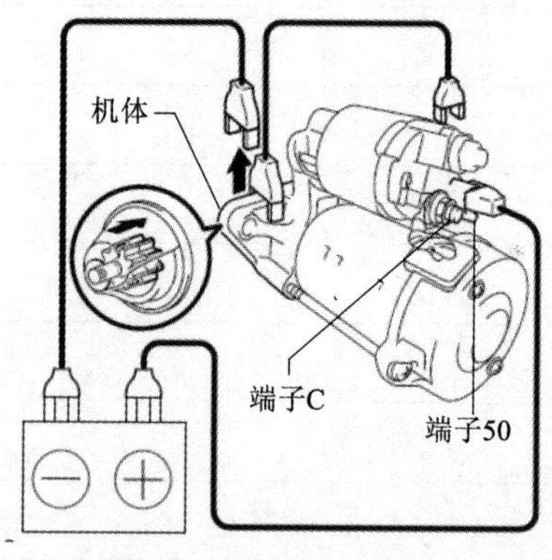</td></tr>
</table>

续表

4. 检查 结果：正常□　不正常□	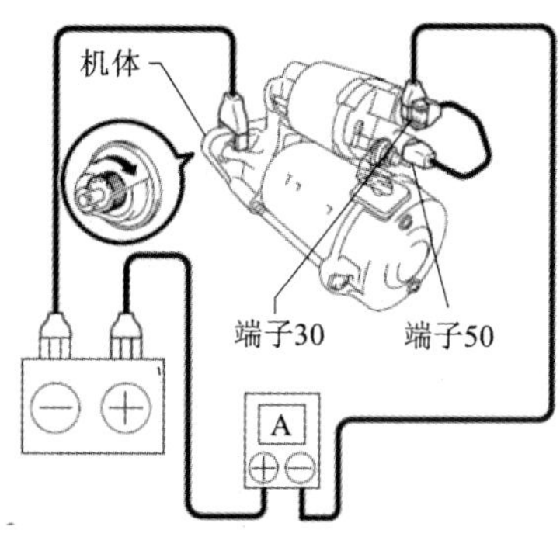
5. 检查 结果：正常□　不正常□	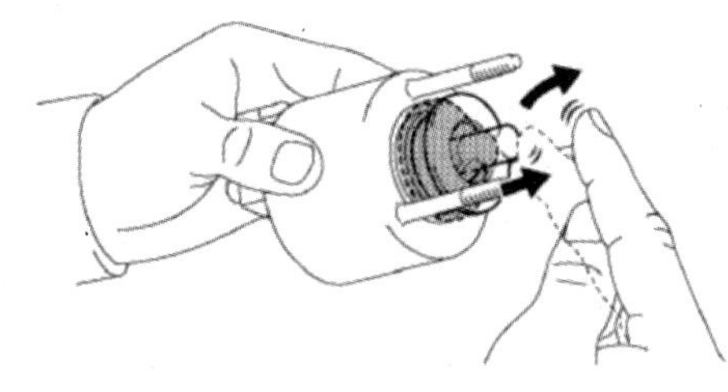
6. 检查 标准电阻： 实测电阻： 结果：正常□　不正常□	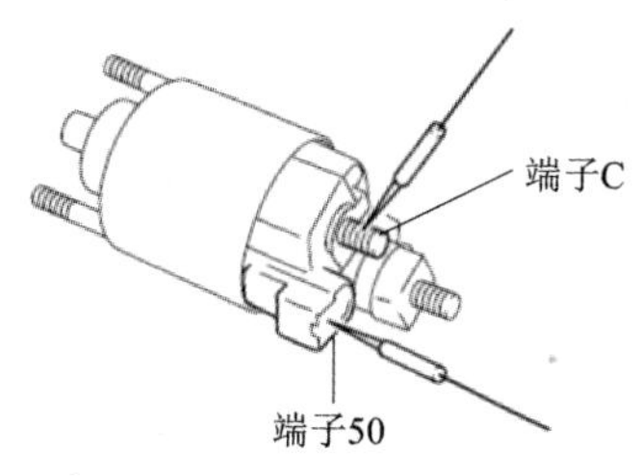
7. 检查 标准电阻： 实测电阻： 结果：正常□　不正常□	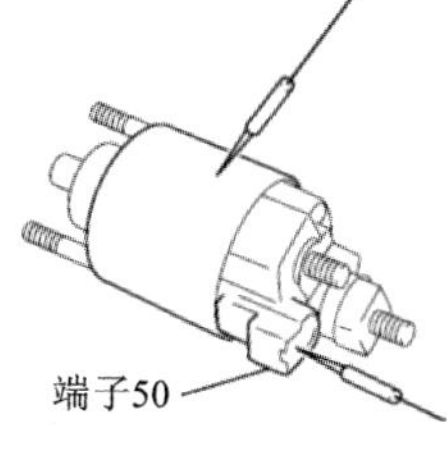

续表

8. 检查 标准电阻： 实测电阻： 结果：正常□　不正常□	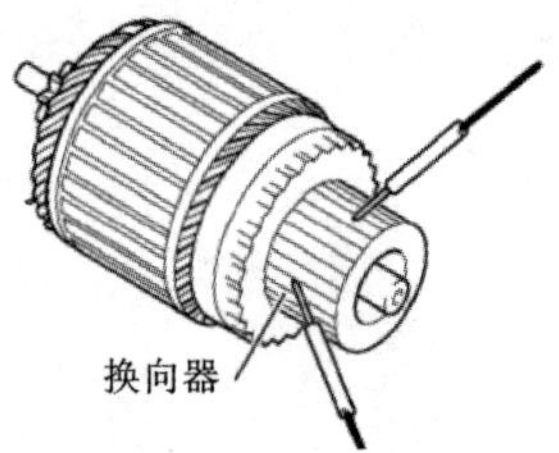
9. 检查 标准电阻： 实测电阻： 结果：正常□　不正常□	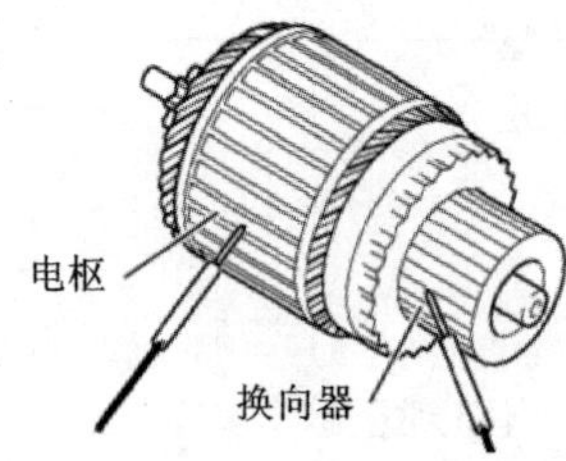
10. 检查 标准径向跳动： 最大径向跳动： 实际径向跳动： 结果：正常□　不正常□	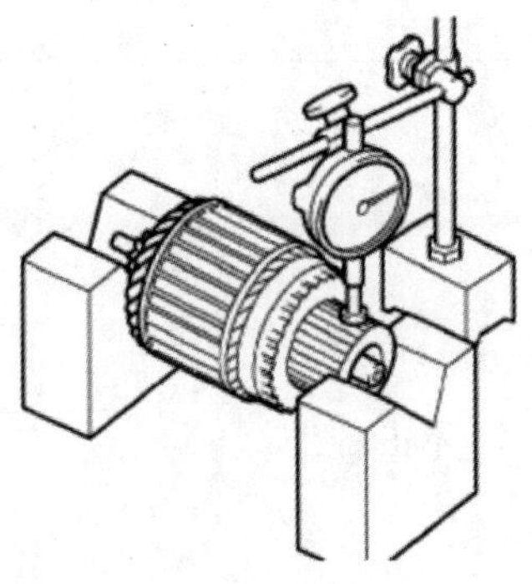
11. 用游标卡尺测量换向器直径 标准直径： 最小直径： 实测直径： 结果：正常□　不正常□	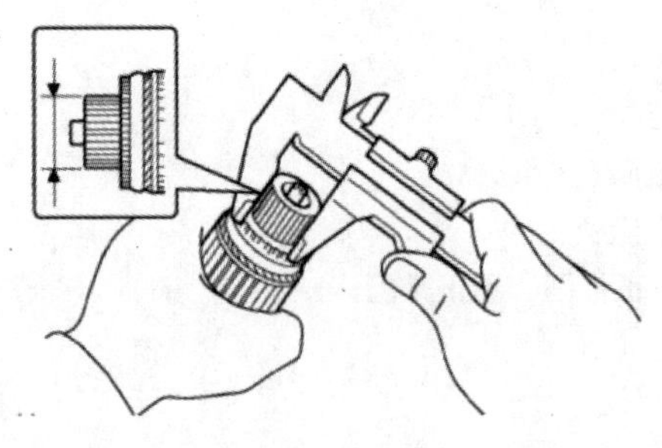

续表

12. 每两个碳刷分别测电阻 结果：正常□　不正常□	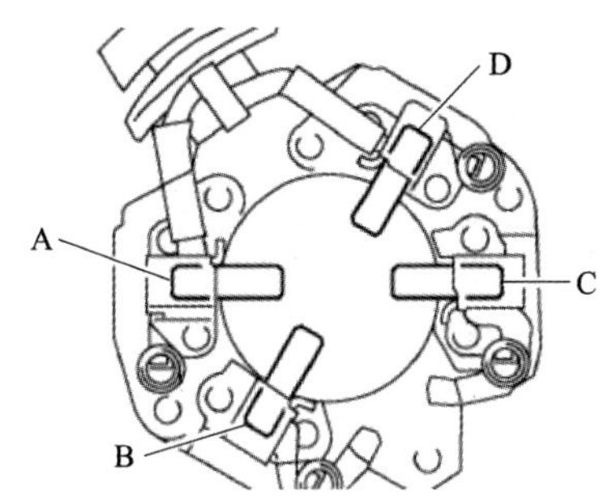
13. 检查 结果：正常□　不正常□	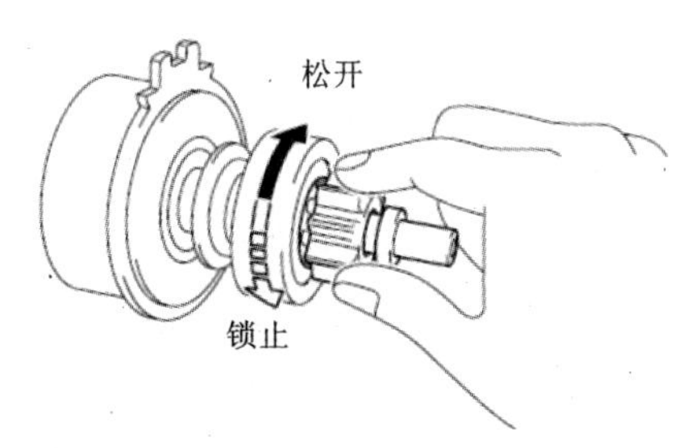

模块七　发动机无着火征兆的故障诊断

【情境描述】

佐藤先生结束愉快的周末后准备开车上班。当他把车钥匙扭到启动挡时，发现车辆发动机不能启动。佐藤先生打电话到你公司相熟的维修接待反映问题。经过初步判断，发现车辆起动机能正常运转，但发动机不能启动，且无初始燃烧。维修接待建议佐藤先生把车拖回公司并把情况记录下来，交由你们班组进行维修。

佐藤先生的车是一辆13款的卡罗拉轿车，装配了独立点火的四缸发动机，使用了将近3年，行驶里程已达10万km，有进行定期保养，但没有做过任何线路方面的专项检查。

佐藤先生希望自己的轿车在一天内有诊断结果并有维修报价。因此，你们班组负责检查此车，并把维修方案报给维修接待，由维修接待与顾客沟通。

【学习目标】

1. 能口述点火系统的作用；
2. 能口述卡罗拉点火系统的零部件位置及各零部件作用；
3. 能根据实车与电路图，口述卡罗拉点火系统的电路工作原理；
4. 能根据维修手册，对卡罗拉点火系统执行主动测试；
5. 能根据维修手册的步骤，利用解码器对卡罗拉读取电控点火系统的数据流；
6. 能根据维修手册的步骤，排除发动机无着火征兆的故障。

【学习资源】

类别	序号	名称	数量与备注
学材、教材	1	前置学习任务	模块七
	2	任务书	
	3	评价表	

续表

<table>
<tr><th>类别</th><th>序号</th><th>名称</th><th>数量与备注</th></tr>
<tr><td rowspan="8">实训设备</td><td>5</td><td>卡罗拉实训车</td><td>AT，5 人一台</td></tr>
<tr><td>6</td><td>卡罗拉维修与电路手册</td><td rowspan="9">每个工位一套</td></tr>
<tr><td>7</td><td>卡罗拉使用手册</td></tr>
<tr><td>8</td><td>数字万用表</td></tr>
<tr><td>9</td><td>常用拆装工具</td></tr>
<tr><td>10</td><td>充电机</td></tr>
<tr><td>11</td><td>数字钳表</td></tr>
<tr><td>12</td><td>SST</td></tr>
<tr><td rowspan="2">配件耗材</td><td>13</td><td>火花塞</td></tr>
<tr><td>14</td><td>点火线圈</td></tr>
<tr><td rowspan="2">学习环境</td><td>15</td><td>电脑</td><td>每个工位一台</td></tr>
<tr><td>16</td><td>拍照手机</td><td>学生自备</td></tr>
</table>

【前置学习任务】

一、在情境中，佐藤先生的车辆起动机能正常运转，但发动机不能起动，且无初始燃烧。发动机无着火征兆的含义是：____。

二、佐藤先生的汽车是装配了____________________的四缸发动机的汽车。该发动机由以下零部件组成，请分析它们的作用。

序号	零部件名称	作用
1	各传感器	
2	ECM	
3	点火线圈总成	
4	火花塞	

三、查询维修手册的卡罗拉点火系统电路图，把线路图简化为原理图，并描述其工作原理。

原理图：
具体电路原理：

7.1 点火系统的要求

由于汽油自燃温度高，难以被压燃，因此汽油发动机设置了点火系统，采用电火花点燃可燃混合气。点火系统的作用是将汽车电源供给的低压电转变为高压电，并按照发动机的做功顺序与点火时间的要求适时、准确地配送给各缸的火花塞，在其间隙处产生点火花，点燃气缸内的可燃混合气。

7.1.1 能产生足以击穿火花塞间隙的电压

火花塞电极击穿而产生火花时所需要的电压称为击穿电压。点火系统产生的次级电压必须高于击穿电压，才能使火花塞跳火。击穿电压的大小受很多因素影响，其中主要有：火花塞电极间隙和形状、气缸内混合气体的压力和温度、电极的温度。

7.1.2　火花应具有足够的能量

发动机正常工作时，由于混合气压缩终了的温度接近其自燃温度，仅需要 1 ~5 mJ 的火花能量。但在混合气过浓或是过稀时，发动机起动、怠速或节气门急剧打开时，则需要较高的火花能量。并且随着现代发动机对经济性和排气净化要求的提高，都迫切需要提高火花能量。因此，为了保证可靠点火，高能电子点火系统一般应具有 80 ~100 mJ 的火花能量，起动时应产生高于 100 mJ 的火花能量。

7.1.3　点火时刻应适应发动机的工作情况

首先，点火系统应按发动机的工作顺序进行点火。其次，必须在最有利的时刻进行点火。

由于混合气在气缸内燃烧占用一定的时间，所以混合气不应在压缩行程上止点处点火，而应适当提前，使活塞达到上止点时，混合气已得到充分燃烧，从而使发动机获得较大功率。点火时刻一般用点火提前角来表示，即从发出电火花开始到活塞到达上止点为止的一段时间内曲轴转过的角度。

若点火过迟，当活塞到达上止点时才点火，则混合气的燃烧主要在活塞下行过程中完成，即燃烧过程在容积增大的情况下进行，使炽热的气体与气缸壁接触的面积增大，因而转变为有效功的热量相对减少，气缸内最高燃烧压力降低，导致发动机过热，功率下降。

若点火过早，由于混合气的燃烧完全在压缩过程进行，气缸内的燃烧压力急剧升高，当活塞到达上止点之前即达最大，使活塞受到反冲，发动机做负功，不仅使发动机的功率降低，并有可能引起爆燃和运转不平稳现象，加速运动部件和轴承的损坏。

7.2　卡罗拉点火系统

卡罗拉点火系统使用的是独立点火系统。这种点火系统的特点是：每个缸均有自己的点火线圈总成，且没有传统点火系统常见的高压线。

7.2.1　卡罗拉前照灯系统的零部件组成、安装位置、各零部件的作用

如图 7 -1 所示，卡罗拉点火系统主要由点火线圈、火花塞、ECM、点火开关组成。当点火开关处于 ON 挡，接通 IG2 继电器，接通 4 个点火线圈的一次绕阻，ECM 通过发出 IGT 信号控制某一个点火线圈产生高压电，并将高压电导入火花塞，击穿火花塞中心电极和旁电机之间的空气间隙，形成点火。

(1)点火线圈。卡罗拉点火系统属于独立点火系统。该点火线圈总成集成了点火线圈与点火器。点火线圈的作用是将电源的 12 V 低压电转变为 15 ~20 kV 高压电。点火器的作用是接收 ECM 发送的 IGT 信号，控制流经点火线圈初级电流的通断；在火花塞点火后，把点火信号 IGF 反馈给 ECM。

(2)火花塞。安装在气缸盖上，其作用是把高压导线送来的脉冲高压电放电，击穿火花塞两电极间空气，产生电火花以此引燃气缸内的混合气体。高性能发动机的基本条件：高能

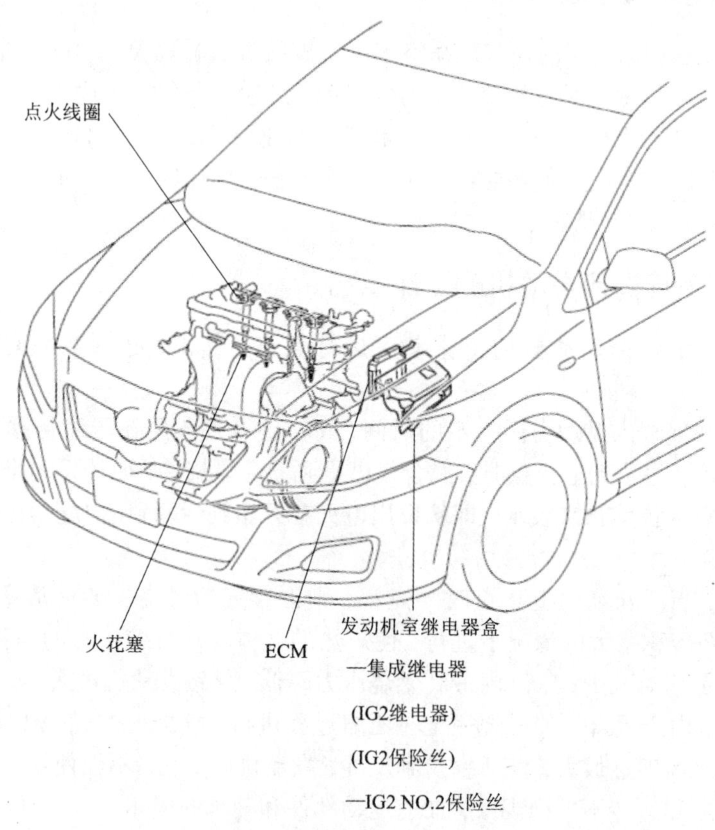

图7-1 卡罗拉点火系统组成

量稳定的火花、混合均匀的混合气、高压缩比。

(3)ECM：安装在发动机舱保险丝盒附近。其作用是接收各种传感器发送来的信号，计算最佳点火提前角，给点火器发送 IGT 信号，与接收点火器反馈的 IGF 信号。

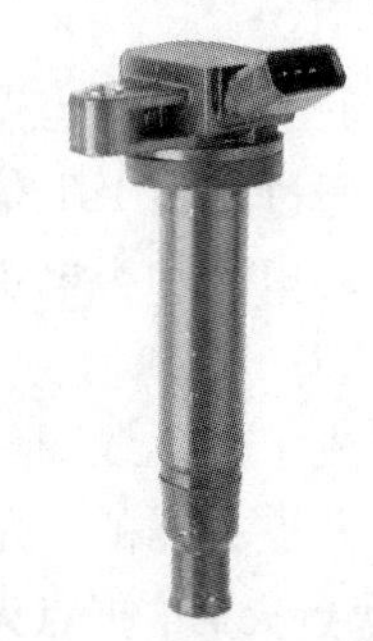

图7-2 点火线圈

图7-3 火花塞

图7-4 ECM

(4)水温传感器。其作用是把发动机冷却液温度转化为电信号输入 ECM，用以修正点火提前角。

(5)曲轴位置传感器。其作用是用于提供点火时刻(点火提前角)、检测基准缸活塞上止点。

(6)爆震传感器。其作用是检测发动机是否发生爆震现象，发生爆震时调整点火提前角。

图 7-5　水温传感器

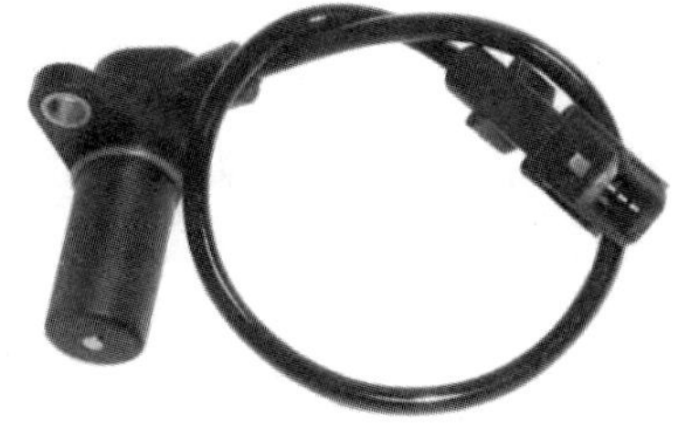

图 7-6　曲轴位置传感器

图 7-7　爆震传感器

7.2.2　卡罗拉前照灯系统的电路原理

图 7-8 所示为丰田卡罗拉点火系统的电路图。

电路原理：发动机 ECM 根据凸轮轴位置传感、水温传感器等信号，计算出最佳点火提前角，传递 IGT 点火信号给需要点火气缸的点火线圈总成。点火线圈总成在执行点火后，把点火反馈信号 IGF 反馈给 ECM。ECM 在收到 IGF 信号后，准备下一次的工作循环的喷油工作。

7.3　点火系统的就车检查方法

当发动机出现点火系统故障时，可以通过点火线圈和火花测试，检测出某一缸或者某几缸发生故障，并依据维修手册逐一排除故障。

(1)检查 DTC。

如果存在 DTC，根据该 DTC 对应的程序进行故障排除。

(2)检查是否有火花。

①拆下 4 个点火线圈和 4 个火花塞

②如图 7-9 所示，断开 4 个喷油器连接器。

③如图 7-10 所示，将火花塞安装到各点火线圈上，并连接点火线圈连接器。

④将火花塞搭铁。

⑤检查并确认发动机起动过程中出现火花。

检查中需要注意：

检查时将火花塞搭铁，更换已受物理碰撞影响的点火线圈，不要使发动机起动超过 2 s。如果没有出现火花，那就执行以下程序。

(3)根据以下程序执行火花测试。

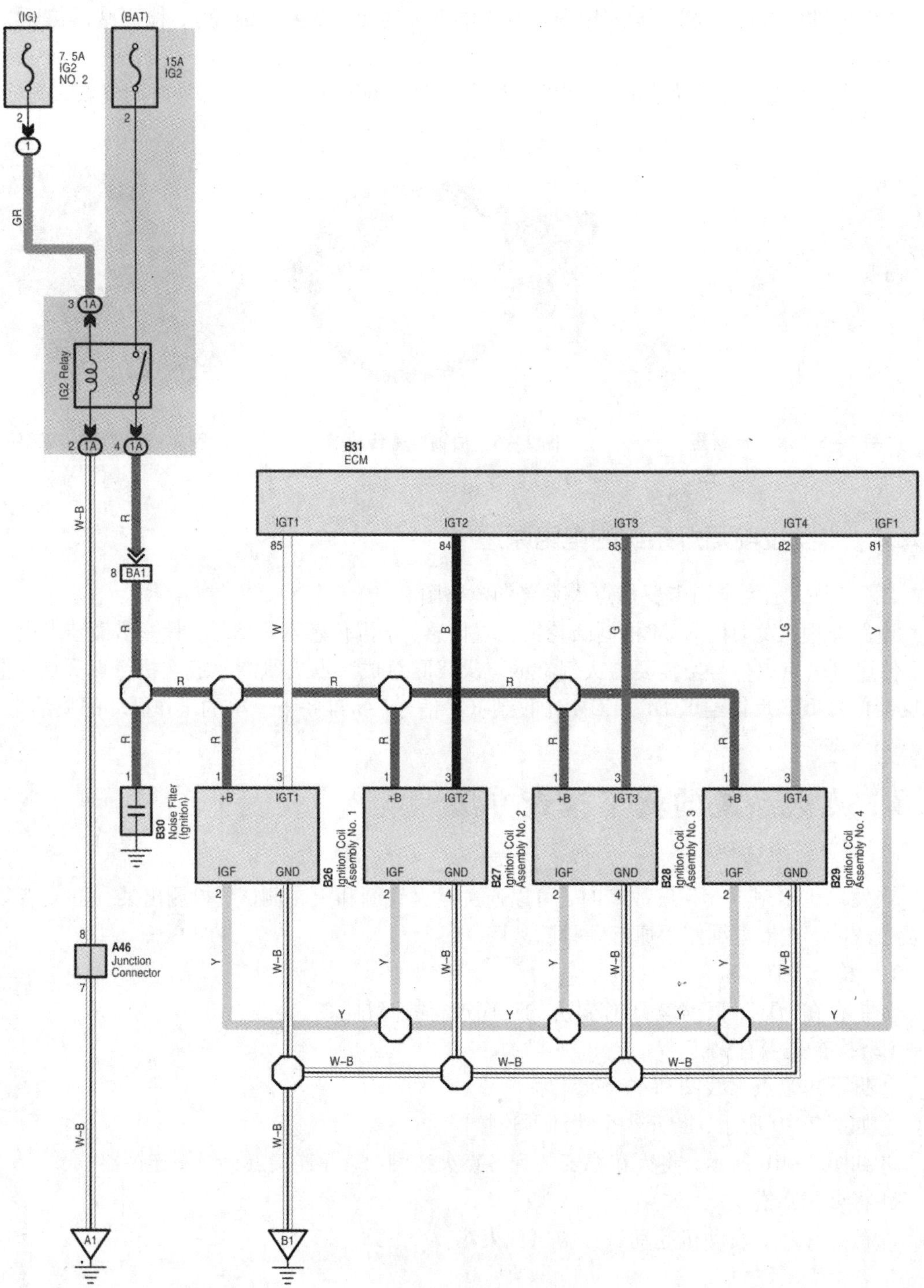

图 7-8 卡罗拉点火系统电路图

①检查并确认带点火器的点火线圈的线束侧连接器连接牢固。

异常：连接牢固。

正常：转至下一步。

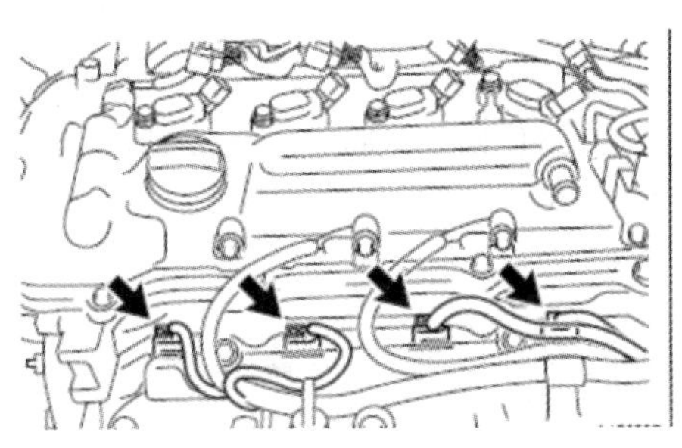

图 7－9　断开喷油器连接器

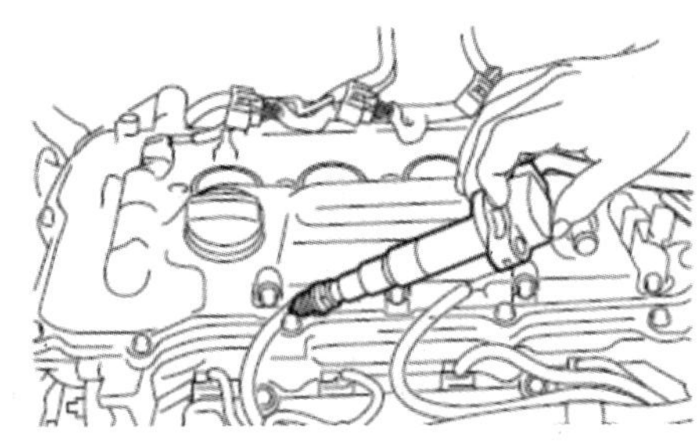

图 7－10　检查火花

②对每个带点火器的点火线圈进行火花测试。

换上能正常工作的带点火器的点火线圈。再次进行火花测试。

正常：更换带点火器的点火线圈。

异常：转至下一步。

③检查火花塞。

异常：更换火花塞。

正常：转至下一步。

④检查并确认带点火器的点火线圈有电源。

将点火开关置于 ON 位置。检查并确认点火线圈正极(+)端子处有蓄电池电压。

异常：检查点火开关和带点火器的点火线圈之间的配线。

正常：转至下一步。

⑤检查曲轴位置传感器的电阻。

异常：更换曲轴位置传感器。

正常：转至下一步。

⑥检查来自 ECM 的 IGT。

异常：检查 ECM。

正常：维修点火线圈和 ECM 间的线束。

(4)连接 4 个喷油器连接器。

(5)安装 4 个点火线圈和 4 个火花塞。

7.4　无着火征兆的故障诊断

故障现象描述：将点火开关转至启动挡，起动机正常转动，但没有着火现象。

故障分析：正常情况下，点火开关转至启动挡，起动机转动，几秒后发动机着火并正常转动。但若起动机正常转动，没有任何燃烧的征兆，则可推断是点火系统故障。

检查程序：专用解码仪连接汽车，读取故障码，并根据故障码检查相关故障部位。

表 7－1　点火系统 DTC 代号代表的故障

DTC 代号	检测项目	故障部位
P0351	点火线圈“A”初级/次级电路	1. 点火系统； 2. 点火线圈与 ECM 之间的 IGF1 或 IGT(1 至 4)电路断路或短路； 3. 1 ~4 号点火线圈； 4. ECM
P0352	点火线圈“B”初级/次级电路	与 DTC P0351 相同
P0353	点火线圈“C”初级/次级电路	与 DTC P0351 相同
P0354	点火线圈“D”初级/次级电路	与 DTC P0351 相同
P0300 * 2	检测到随机/多个气缸缺火	1. 发动机线束断路或短路； 2. 连接器的连接； 3. 真空软管连接； 4. 点火系统； 5. 喷油器； 6. 燃油压力； 7. 质量空气流量计； 8. 发动机冷却液温度传感器； 9. 压缩压力； 10. 气门间隙； 11. 气门正时； 12. PCV 阀和软管； 13. PCV 软管连接； 14. 进气系统； 15. ECM
P0301 * 2	检测到 1 号气缸缺火	与 DTC P0300 相同
P0302 * 2	检测到 2 号气缸缺火	与 DTC P0300 相同
P0303 * 2	检测到 3 号气缸缺火	与 DTC P0300 相同
P0304 * 2	检测到 4 号气缸缺火	与 DTC P0300 相同

以 P0351 为例应用以下诊断方法进行排除：

1. 检查高压火花

用上述就车检查方法检查高压火花塞。

正常 → 检查IGF信号是否断路

不正常

2. 检查点火线圈、点火器接头

重新检查点火线圈、点火器接头是否连接牢固。

松动 → 紧固接头

正常

3. 检查 IGT 的电压(0.5 ~1 V)

起动发动机时用万用表测量点火器连接器 IGT 信号端子与搭铁间的电压，即 IGT 信号电压，其值应为 0.8 V 左右。

正常 → 检查点火器和点火线圈
(1)检查点火器电源电压；
(2)点火线圈初级电路是否断路或者短路；
(3)检查点火线线圈是否损坏；
(4)检查点火器是否损坏

不正常

4. 检查点火器与 ECM 之间的 IGT 信号是否有短路或者断路

用万用表检查 ECM 到点火器插座的连接线之间的电阻，如果电阻接近 0 Ω，连接线对搭铁应该良好绝缘。

不正常 → 修理配线故障

正常

5. 检查曲轴位置传感器

用万用表测量电磁感应式曲轴位置传感器线束插座内各感应线圈两接线端之间的电阻。该电阻即为电磁感应式曲轴位置传感器感应线圈的电阻。如果测得的电阻不符合标准，或感应线圈有短路、断路现象，说明有故障，应予以更换。

不正常 → 更换曲轴位置传感器

正常

6. 更换 ECM

7.5 火花塞的种类

火花塞的工作条件极其恶劣，它要受到高压、高温以及燃烧产物的强烈腐蚀。因此要求火花塞必须具有足够的机械强度，能够承受冲击性高压电的作用，能承受剧烈的温度变化且具有良好的热特性，并要求火花塞的材料能抵抗燃气的腐蚀。目前，世界上主要的火花塞品牌有电装、博世、NGK 等。

7.5.1 裙部热值不同的火花塞

火花塞按照热值高低来分，分为冷型和热型。

如图 7－11 所示，绝缘体裙部短，受热面积小，传热距离短，散热容易，因此裙部温度低些，称为冷型火花塞，适用于高速高压缩比的大功率发动机；有些绝缘体裙部长的火花塞，受热面积大，传热距离长，散热困难，裙部温度高，称为热型火花塞，适用于中、低速低压缩比的小功率发动机。

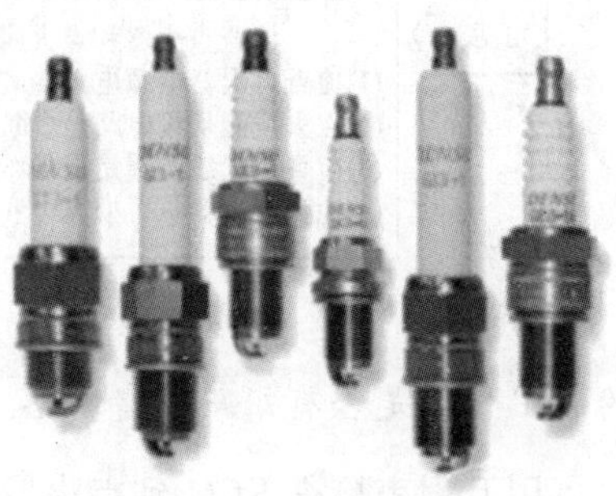

图 7－11 不同热值的火花塞

7.5.2 电极材质不同的火花塞

按照电极材料来分，火花塞可分为镍合金、铂合金和铱合金等。镍合金火花塞的更换周期为$(2\sim3)\times10^4$ km，铂合金和铱合金的火花塞更换周期为行驶 10 万 km 左右。

7.5.3 电极数量不同的火花塞

按照电极数量不同，火花塞可以分为单极火花塞、双极火花塞和多极火花塞，分别如图 7－12～图 7－15 所示。多极火花塞的工作可靠性比单极火花塞高，假如其一极损坏，还有其他极可继续工作；同级别的火花塞，单极火花塞的使用寿命比多极火花塞短，单个侧电极的在燃烧中的损耗很快，而多级的则是各个侧电极轮流损耗；单极火花塞点火瞬间火花强度比多极火花塞强。

图 7-12　单极火花塞

图 7-13　双极火花塞

图 7-14　三极火花塞

图 7-15　四极火花塞

7.6　其他点火系统

现代汽车中普遍使用的是无分电器、无高压线、独立点火线圈的电控点火系统。在此之前，汽车的点火系统经历了传统点火系统、电子点火系统和带高压线的电控点火系统等几个时代。

7.6.1　传统点火系统

传统点火系统主要由蓄电池、点火开关、点火线圈、带断电器的分电器、高压线、火花塞等组成。由蓄电池或发电机向点火系统提供电能，用机械触点控制点火时刻，点火时刻的调节采用机械式自动调节机构，储能方式为电感储能。传统点火系统结构简单，成本低，是一种应用较早、较普遍的点火系统。但该点火系统工作的可靠性差，点火状况受转速、触点技术状况影响较大，需要经常维修、调整。

7.6.2　电子点火系统

电子点火系统主要由蓄电池、点火开关、点火线圈、信号发生器的分电器、点火器、高压线、火花塞等组成。由晶体管控制点火电路的通断，由信号发生器控制点火时刻，由机械式自动调节点火时刻。常用的信号发生器有磁感应式、霍尔式和光电式三种。对比传统点火系统，电子点火系统点火能量更高，高速稳定性更好，燃油消耗小，可减小排放污染。

7.6.3 带高压线的电控点火系统

带高压线的电控点火系统(微机控制的点火系统)的应用是在普通电子点火系统的基础上，电子技术的高速发展以及超微计算机在汽车工业上应用的必然结果。采用微机控制点火系统，可使发动机实际点火提前角接近理想点火提前角，在各种运转条件下，点火提前角可获得复杂而精确的控制：怠速时，最佳点火提前角使发动机运转更平稳、排放污染最低、油耗最小；部分负荷时，可降低油耗和提高行驶特性；大负荷时，能满足发动机最大转矩输出和避免工作中产生爆震的要求。系统主要由蓄电池、点火开关、点火线圈、曲轴位置传感器、ECU、点火器、高压线、火花塞等组成。

【任务书】

一、经过初步的检查，你怀疑造成佐藤先生的轿车无初始燃烧的故障可能是由于发动机没有点火，你需要通过对点火系统执行主动测试来进行验证。请根据维修手册的步骤来执行试火。

二、根据手册，对卡罗拉无着火迹象的故障进行排除。

序号	检测内容	正常状态(正常值)	实际状态(实测值)

模块八　喇叭不响的故障检修

【情境描述】

库克先生昨天开车在回小区的路上，当时是绿灯，但是对面却有一辆电瓶车闯了红灯，库克先生连忙按喇叭，可是喇叭却怎么按都不响，无奈之下库克先生只能采取紧急制动。但由于跟车距离太近，后面的轿车与库克先生的轿车发生了轻微的追尾事故。在事故处理的同时，库克先生把喇叭不响的问题反映给保险公司与4S店。维修接待把情况记录下来，交由你们班组进行维修。

库克先生的车辆是一辆丰田卡罗拉轿车，使用了将近3年，行驶里程已达10万km，有进行定期保养，但没有做过任何线路方面的专项检查。库克先生希望自己的轿车在一天内有诊断结果并有维修报价。因此，你们班组负责检查此车，并把维修方案报给维修接待，由维修接待与顾客沟通。

【学习目标】

1. 在行车中，能正确、文明地使用喇叭；
2. 能正确口述卡罗拉喇叭系统的电路原理；
3. 能正确口述卡罗拉喇叭系统各主要零部件的位置；
4. 能根据教师给定的电路图，正确连接喇叭系统电路；
5. 能根据维修手册，更换与检修喇叭系统零部件；
6. 能正确口述喇叭不响的故障判断；
7. 能正确判断电喇叭的是否工作正常。

【学习资源】

类别	序号	名称	数量与备注
学材、教材	1	前置学习任务	模块八
	2	任务书	
	3	评价表	

续表

类别	序号	名称	数量与备注
实训设备	4	卡罗拉实训车	AT，5 人一台
	5	卡罗拉维修与电路手册	每个工位一套
	6	卡罗拉使用手册	
	7	数字万用表	
	8	常用拆装工具	
	9	充电机	
	10	声级计	
配件耗材	11	保险丝	各种规格、若干
	12	继电器	卡罗拉适用
	13	高、低音喇叭	
	14	蓄电池	
学习环境	15	电脑	每个工位一台
	16	拍照手机	学生自备

【前置学习任务】

一、我国现在哪些城市是禁鸣喇叭的？什么情况下必须使用喇叭？

二、查询维修手册的卡罗拉点火系统电路图，把线路图简化为原理图，并描述其工作原理。

原理图：

具体电路原理：

8.1 电喇叭概述

喇叭是汽车的音响信号装置。在汽车的行驶过程中，驾驶员根据需要和规定发出必需的音响信号，警告行人和引起其他车辆注意，保证交通安全，同时还用于催行与传递信号。

8.1.1 文明使用电喇叭(乱使用喇叭的相关法律惩罚)

在交通法规里，对于汽车喇叭的使用，做了这样的规定：

(1)机动车驶近急弯、坡道顶端等影响安全视距的路段以及超车或者遇有紧急情况时，应当减速慢行，并鸣喇叭示意。

(2)机动车遇有前方车辆停车排队等候或者行驶缓慢时，应当停车等候或者依次行驶，不得进入非机动车道、人行道行驶，不得鸣喇叭催促车辆、行人。

也就是说，汽车喇叭的作用，是特殊路段的提前示警，是某些紧急状况下的警示，以保证交通安全。

从1997年开始，广州交警就已经在广州市越秀、荔湾、海珠、天河、白云、黄埔等区域内实行禁鸣喇叭措施，根据《中华人民共和国道路交通安全法》和《广东省道路交通安全条例》的相关规定，机动车如果在禁鸣喇叭区域内鸣喇叭，机动车驾驶员将面临罚款150元的处罚。

8.1.2 国家相关法律法规对汽车喇叭系统的规定

汽车电喇叭在行车安全中尤为重要，在《机动车运行安全技术条件》(GB 7258—2012)中规定，机动车(手扶拖拉机运输机组除外)应设置具有连续发声功能的喇叭，喇叭声级在距车前2 m、离地高1.2 m处测量时，发动机最大净功率(或电动机最大输出功率总和)为7 kW以下，摩托车为80～112 dB(A)，其他机动车为90～115 dB(A)。

8.2 卡罗拉喇叭系统

8.2.1 卡罗拉喇叭系统的零部件组成、安装位置、各零部件的作用

如图 8 -1 所示，卡罗拉前喇叭系统由低音喇叭、高音喇叭、发动机室继电器盒和接线盒、方向盘装饰盖(喇叭开关)、车身 ECU(仪表板接线盒)、螺旋电缆组成。

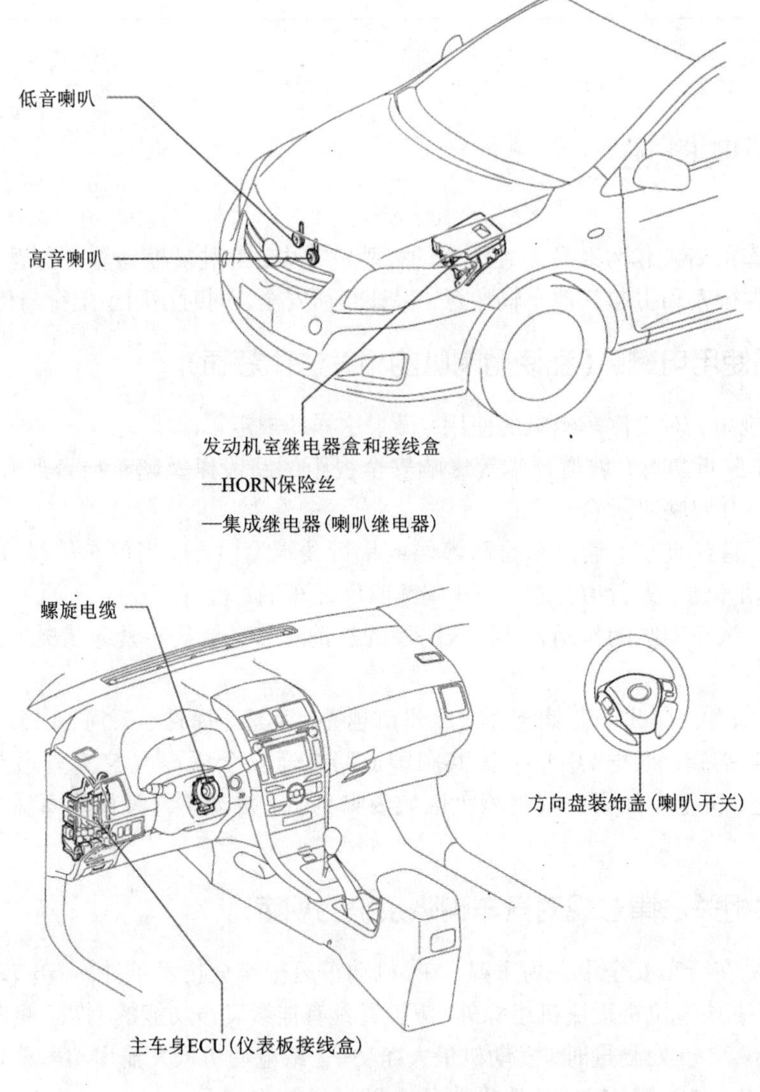

图 8 -1　卡罗拉系统组成

(1) 如图 8 -2 所示，高、低音喇叭安装在前保险内杠，组成一对双音喇叭。

(2)如图 8 –3 所示，HORN 保险丝与喇叭继电器安装在发动机室继电器盒和接线盒内。

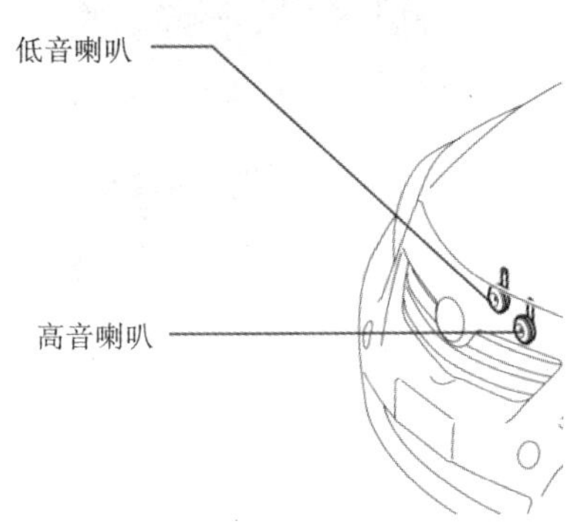

图 8 –2　高、低音喇叭

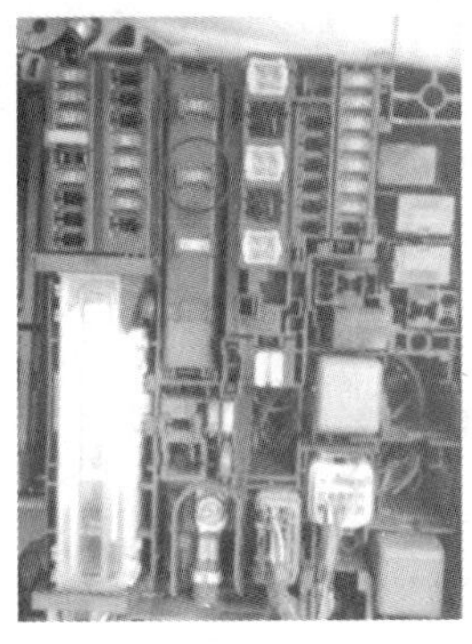

图 8 –3　HORN 保险丝

(3)如图 8 –4 所示，方向盘装饰盖(喇叭开关)安装在方向盘上，驾驶员按压开关，控制电路的通断。

(4)车身 ECU(仪表板接线盒)：安装在驾驶座仪表台下方、放置 ECU 及接线。

图 8 –4　方向盘装饰盖

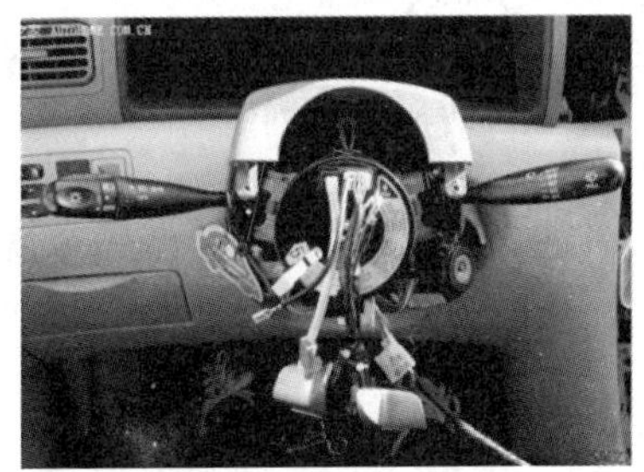

图 8 –5　螺旋电缆

(5)如图 8 –5 所示，螺旋电缆安装方向盘轴上，作用方向盘在转动时都可以有信号的连接。

8.2.2　更换卡罗拉轿车高、低音喇叭

高、低音喇叭的更换步骤相同，此处仅介绍更换低音喇叭的步骤。

(1)拆卸。如图 8 –6 所示，在维修手册的指引下，分别拆下散热器上空气导流板、散热器格栅防护罩、前保险杠总成。拆卸低音喇叭总成的连接器，拆下螺栓和低音喇叭总成。

(2)安装。如图 8 –7 所示，用螺栓安装低音喇叭总成，扭矩为 20 N · m，安装喇叭连接器。依次装回安装前保险杠总成、散热器格栅防护罩、散热器上空气导流板。最后对雾光灯进行检查与调整。

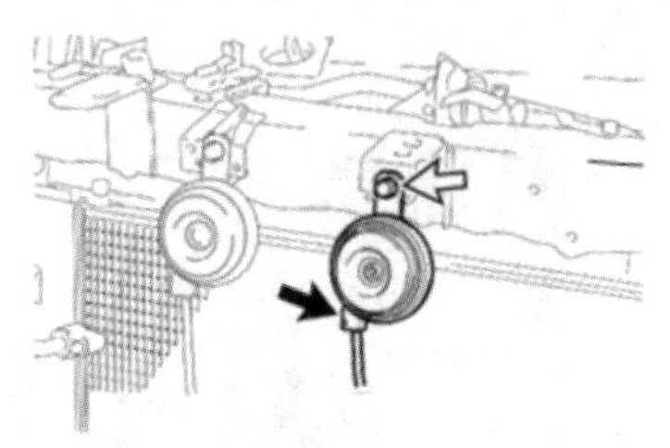

图8-6 拆卸低音喇叭总成

图8-7 低音喇叭总成

8.3 卡罗拉喇叭系统的电路原理

图8-8所示为丰田卡罗拉喇叭的电路图。

按下喇叭开关，喇叭开关控制喇叭继电器线圈通电搭铁。其电流路径为蓄电池正极→喇叭保险丝→喇叭继电器线圈→螺旋电缆→喇叭开关→搭铁。

喇叭继电器线圈通电，喇叭继电器触点闭合，喇叭响起。其电流路径为蓄电池正极→喇叭保险丝→喇叭继电器触点→高、低音喇叭→搭铁A82、A83。

8.4 喇叭不响的故障诊断

故障现象描述：喇叭不响。

故障分析：根据故障现象和喇叭音响电路原理图，可推断故障点可能存在：HORN保险丝断路、喇叭继电器损坏、喇叭开关接触不良、螺旋电缆断路、线束接头接触不良或断路。

检查程序：

1. 检查火线是否有电

用旋具将喇叭继电器电池接线柱与接地搭铁刮火。若无火花，则说明火线中有断路，应检查蓄电池熔断器至喇叭继电器电池接线柱之间线路有无断路。

2. 若火线有电

再用旋具将喇叭继电器的电池与喇叭两接线柱短接，若喇叭仍不响，说明喇叭有故障；若喇叭响，说明喇叭继电器或按钮有故障。

3. 按喇叭按钮，听继电器内有无声响

若有“咯咯”声(触点闭合)，但喇叭不响，说明继电器触点氧化或烧蚀。若继电器内无“咯咯”声，再用旋具将喇叭按钮接线柱与接地搭铁短接，此时若继电器触点闭合，喇叭响，则说明是按钮氧化锈蚀或脏污而接触不良；若继电器触点仍不能闭合，喇叭依然不响，则说明继电器线圈中有断路。

4. 按下按钮，喇叭只发出“嗬”的一声后就不响了

此故障在喇叭内部，可拆下喇叭盖再按下按钮，观察喇叭触点是否打开。若不能打开应

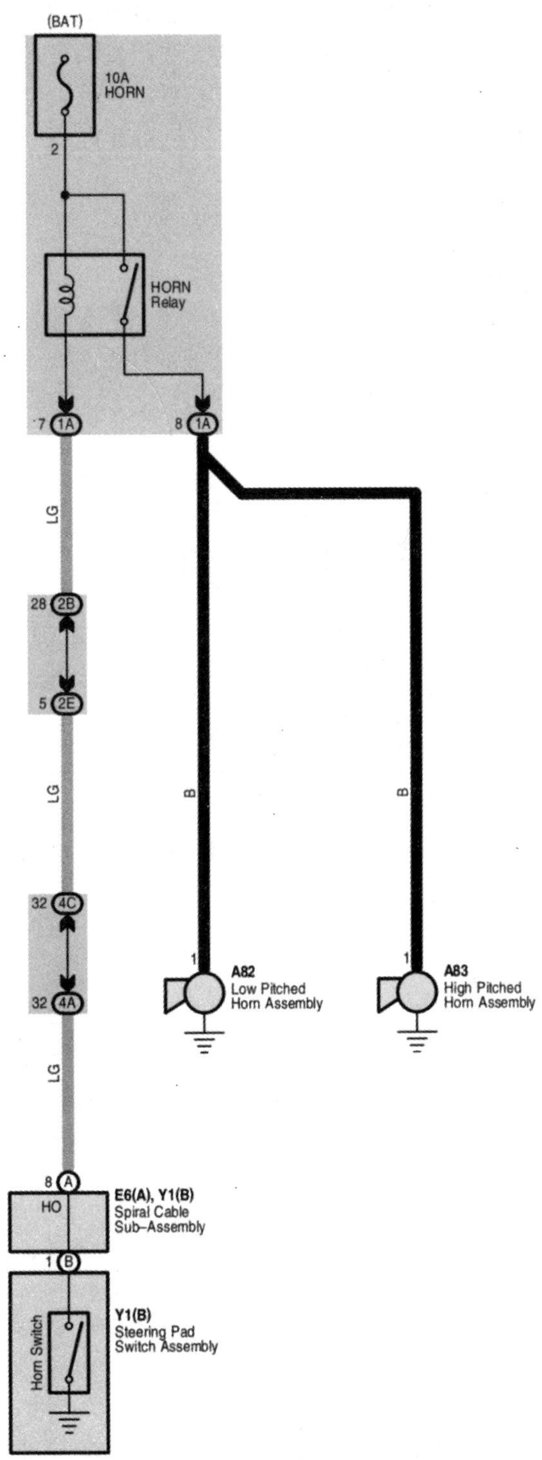

图 8－8　卡罗拉喇叭系统的电路原理

重新调整；若能打开则应检查触点间隙以及电容器或灭弧电阻是否短路。

5. 若按下按钮喇叭不响，检查电路，发现保险跳开(或熔丝熔断)

首先应检查电路中是否有搭铁等短路故障。其方法是在断开的熔断器两端串上一试灯，若试灯亮，为熔断器至喇叭继电器这一段电路中有搭铁处；若试灯不亮，可再按下按钮，若此时试灯再亮，为继电器至电喇叭这一段电路有搭铁处，再用断路法找到搭铁部位加以排查。

8.5 卡罗拉电喇叭系统检查

卡罗拉电喇叭系统检查，由喇叭继电器检查继电器的工作情况，再检查高、低音喇叭是否有声响。

8.5.1 检查喇叭继电器

如图 8－9 所示，从发动机室继电器盒上拆下集成继电器，并根据下表中的值测量电阻。若结果不符合规定，则更换集成继电器。

检测仪连接	条件	规定状态
C1－A8	蓄电池电压没有施加在端子 A6 和 A7 上时	10 kΩ 或更大
C1－A8	蓄电池电压施加在端子 A6 和 A7 上时	小于 1 Ω

8.5.2 检查高、低音喇叭

如图 8－10 所示，通过对喇叭施加蓄电池电压来检查喇叭的工作情况，检查喇叭声音是否响亮。

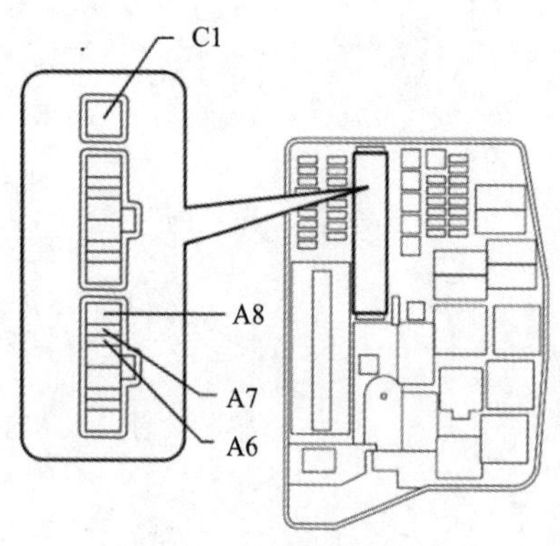

图 8－9 发动机室继电器盒

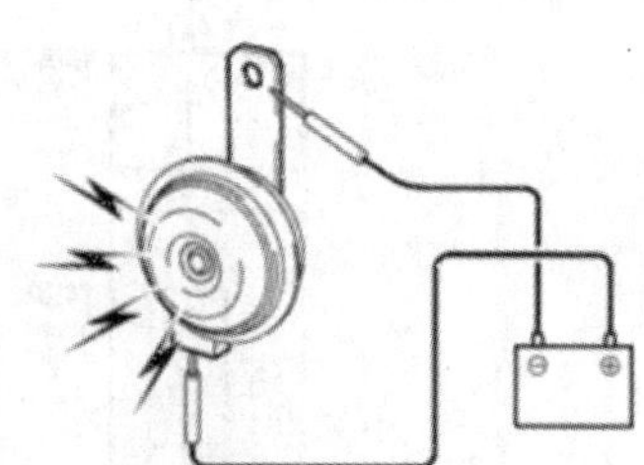

图 8－10 通过喇叭施加蓄电池电压

【任务书】

一、根据教师给定的电路图，在实训车架上正确连接喇叭系统电路。

二、根据维修手册，更换卡罗拉轿车高音喇叭。

三、根据维修手册，对卡罗拉喇叭不响的故障进行排除。

序号	检测内容	正常状态(正常值)	实际状态(实测值)

四、喇叭系统的零部件检修。

(1)检查喇叭继电器。

从____________上拆下集成继电器，并根据下表中的值测量电阻。

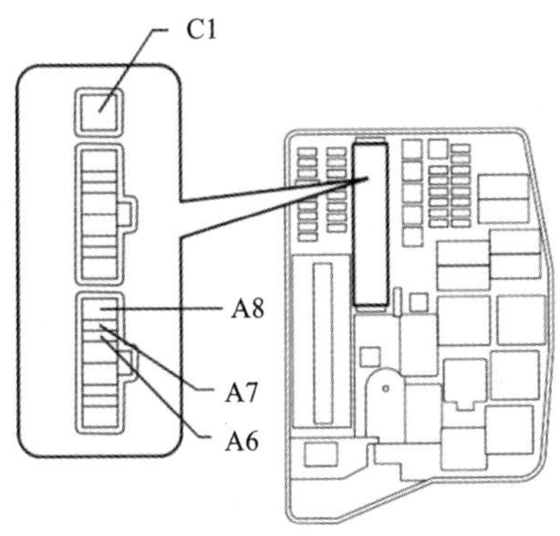

条件	用万用表检测	规定状态	实测值	检测结果
蓄电池电压没有施加在端子 A6 和 A7 上时				
蓄电池电压施加在端子 A6 和 A7 上时				

若结果不符合规定，则更换集成继电器。

(2)检查高、低音喇叭。

通过对__________来检查喇叭的工作情况，检查喇叭声音是否响亮。检查结果：__________。

模块九　雨刮系统不工作的故障检修

【情境描述】

史密斯先生打算趁着清明假期，到惠州自驾游。车辆正准备上高速时就下起了蒙蒙细雨，史密斯先生打开雨刮器，但发现不管在哪个挡位，雨刮器均不工作(洗涤器正常)。看着前方乌云密布，史密斯先生暂缓了旅程，驱车到4S店，向维修接待反映情况报修。

史密斯先生的车是一辆丰田卡罗拉轿车，使用了将近3年，行驶里程已达10万km，有定期保养，但没有做过任何线路方面的专项检查。史密斯先生希望自己的轿车在一天内有诊断结果并有维修报价。因此，你们班组负责检查此车，并把维修方案报给维修接待，由维修接待与顾客沟通。

【学习目标】

1. 能正确进行雨刮系统各个功能使用；
2. 能正确口述卡罗拉雨刮系统各主要零部件的位置；
3. 能正确口述卡罗拉雨刮系统的电路原理；
4. 能根据维修手册，更换与检修雨刮系统的零部件；
5. 能正确口述雨刮器的故障发生原理。

【学习资源】

类别	序号	名称	数量与备注
学材、教材	1	前置学习任务	模块九
	2	任务书	
	3	评价表	
实训设备	4	卡罗拉实训车	AT，5人一台
	5	卡罗拉维修与电路手册	每个工位一套
	6	卡罗拉使用手册	
	7	数字万用表	
	8	常用拆装工具	
	9	充电机	

续表

<table>
<tr><th>类别</th><th>序号</th><th>名称</th><th>数量与备注</th></tr>
<tr><td rowspan="4">配件耗材</td><td>10</td><td>保险丝</td><td>各种规格、若干</td></tr>
<tr><td>11</td><td>继电器</td><td rowspan="3">卡罗拉适用</td></tr>
<tr><td>12</td><td>雨刮器</td></tr>
<tr><td>13</td><td>蓄电池</td></tr>
<tr><td rowspan="2">学习环境</td><td>14</td><td>电脑</td><td>每个工位一台</td></tr>
<tr><td>15</td><td>拍照手机</td><td>学生自备</td></tr>
</table>

【前置学习任务】

一、查询维修手册的卡罗拉电动雨刮器线路图，把线路图简化为原理图，并描述其工作原理。

原理图：
具体电路原理：

9.1　卡罗拉雨刮系统

9.1.1　卡罗拉雨刮系统的零部件组成、安装位置、各零部件的作用

如图 9 - 1、图 9 - 2 所示，卡罗拉雨刮系统由清洗器电动机、前刮水器电动机、雨刮器开关、前挡风玻璃清洗器开关、仪表板接线盒等组成。

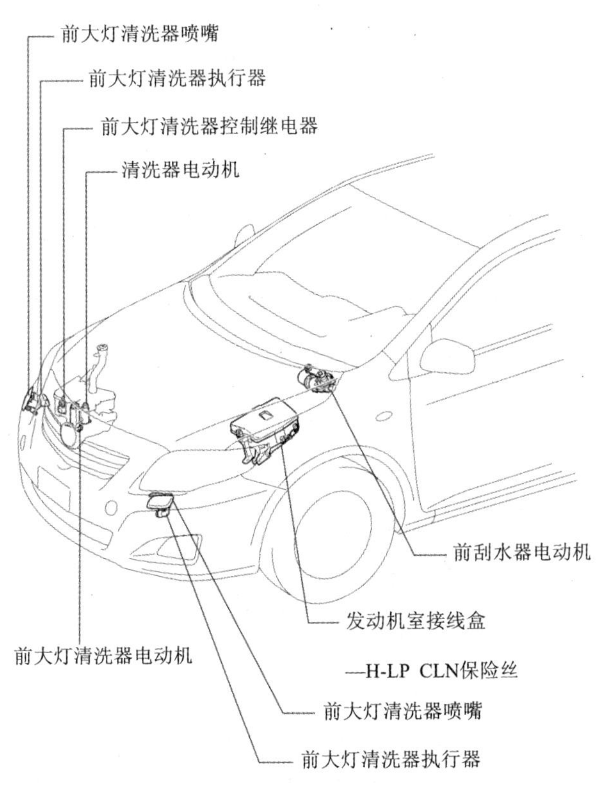

图 9 - 1　卡罗拉雨刮系统组成 1

(1)如图 9 - 3 所示，清洗器电动机安装在发动机室右前部，电动机带动水泵形成压力喷水的作用。

(2)如图 9 - 4 所示，前刮水器电动机安装在挡风玻璃下面，带动雨刮器摆动作用。

(3)如图 9 - 5 所示，雨刮器组合开关安装在方向盘下方，驾驶员操作雨刮器作用。

(4)前挡风玻璃清洗器开关：安装在雨刮器组合开关里，驾驶员操作前挡风玻璃清洗器作用。

(5)仪表板接线盒安装在驾驶座仪表台下方，放置 ECU 及接线。

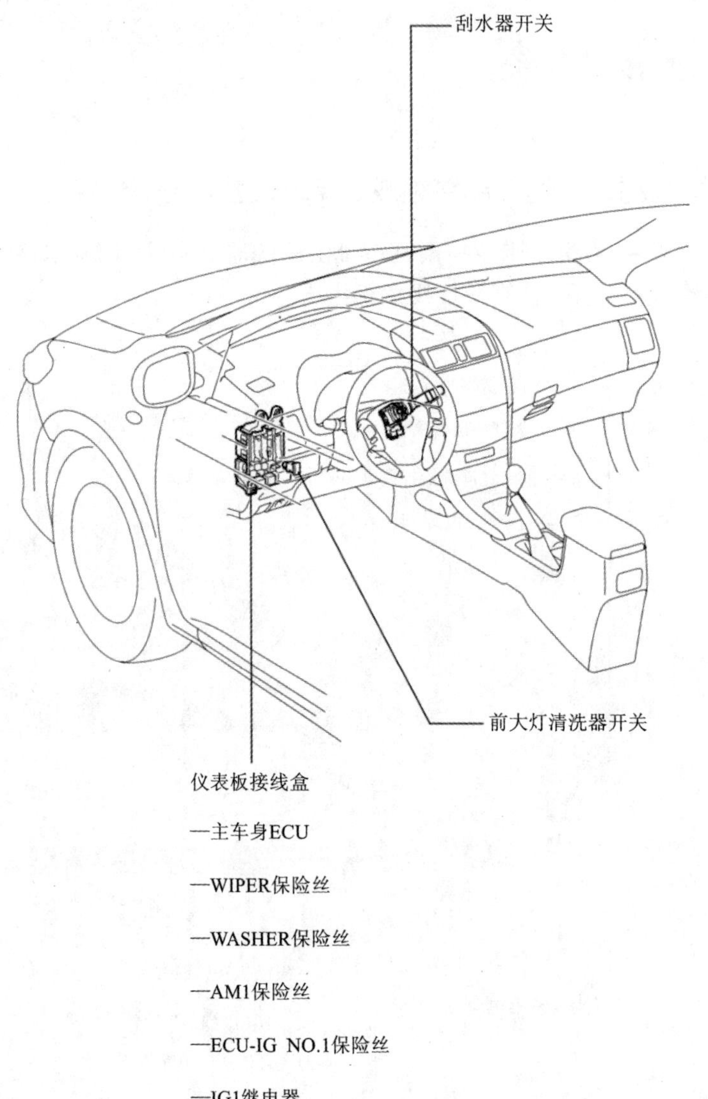

图 9－2　卡罗拉雨刮系统组成 2

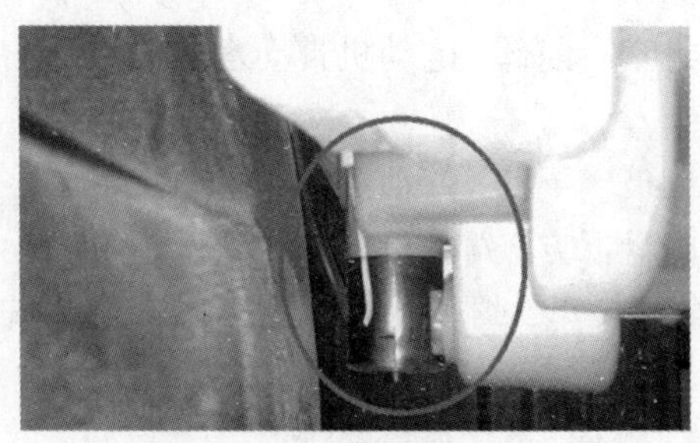

图 9－3　清洗器电动机

图 9－4　前刮水器电动机

图 9－5　雨刮器组合开关

9.1.2　卡罗拉雨刮系统的电路原理

图 9－6 所示为丰田卡罗拉雨刮器系统的电路图。

点火开关 IG 挡，通过雨刮器组合开关，输出不同挡位信号，前刮水器电动机以不同的速度工作。

（1）点动挡：雨刮组合开关打到 MIST 挡，雨刮器实现点动功能。电流路径为：蓄电池正极→点火开关 IG 挡→25 A WIPER 保险丝→雨刮组合开关总成 B 插座的 2 号端子→雨刮组合开关 MIST 挡位→雨刮组合开关总成 B 插座的 3 号端子→雨刮器电机总成的 5 号端子→雨刮器电机→搭铁 A3。

（2）低速挡：雨刮组合开关打到 LO 挡，雨刮器实现点动功能。电流路径为：蓄电池正极→点火开关 IG 挡→25 A WIPER 保险丝→雨刮组合开关总成 B 插座的 2 号端子→雨刮组合开关 LO 挡位→雨刮组合开关总成 B 插座的 3 号端子→雨刮器电机总成的 5 号端子→雨刮器电机→搭铁 A3。

（3）高速挡：雨刮组合开关打到 HI 挡，雨刮器实现点动功能。电流路径为：蓄电池正极→点火开关 IG 挡→25 A WIPER 保险丝→雨刮组合开关总成 B 插座的 2 号端子→雨刮组合开关 HI 挡位→雨刮组合开关总成 B 插座的 4 号端子→雨刮器电机总成的 3 号端子→雨刮器电机→搭铁 A3。

（4）间歇挡：把刮水器开关打到间歇挡，电流经过刮水器开关总成的间歇电路后，进入刮水器电机，实现间歇挡。电流路径为：蓄电池正极→点火开关 IG 挡→15 A WASHER 保险丝→挡风玻璃清洗泵→刮开关总成 A 插座的 3 号端子→间歇电路、刮水器开关→雨刮组合开关总成 B 插座的 3 号端子→雨刮器电机总成的 5 号端子→雨刮器电机→搭铁 A3

（5）复位开关：刮水器在转动时，刮水器凸轮也跟着转动。上述任何一个挡位拨到 OFF 挡时，只要凸轮没有复位，刮水器电机仍然转动，直到雨刮拨片摆动到前挡风玻璃下方，凸轮才复位，刮水电机停止运作。电流路径为：蓄电池正极→点火开关 IG 挡→25 A WIPER 保险丝→刮水电机 2 号端子→刮水电机 1 号端子→刮水器开关总成 1 号端子→刮水器开关 OFF 挡→雨刮组合开关总成 B 插座的 3 号端子→雨刮器电机总成的 5 号端子→雨刮器电机→搭铁 A3。

（6）喷水器动作：打开洗涤开关，挡风玻璃清洗泵工作。其电流路径为：蓄电池正极→点火开关 IG 挡→15 A WASHER 保险丝→挡风玻璃清洗泵→刮开关总成 A 插座的 3 号端子→

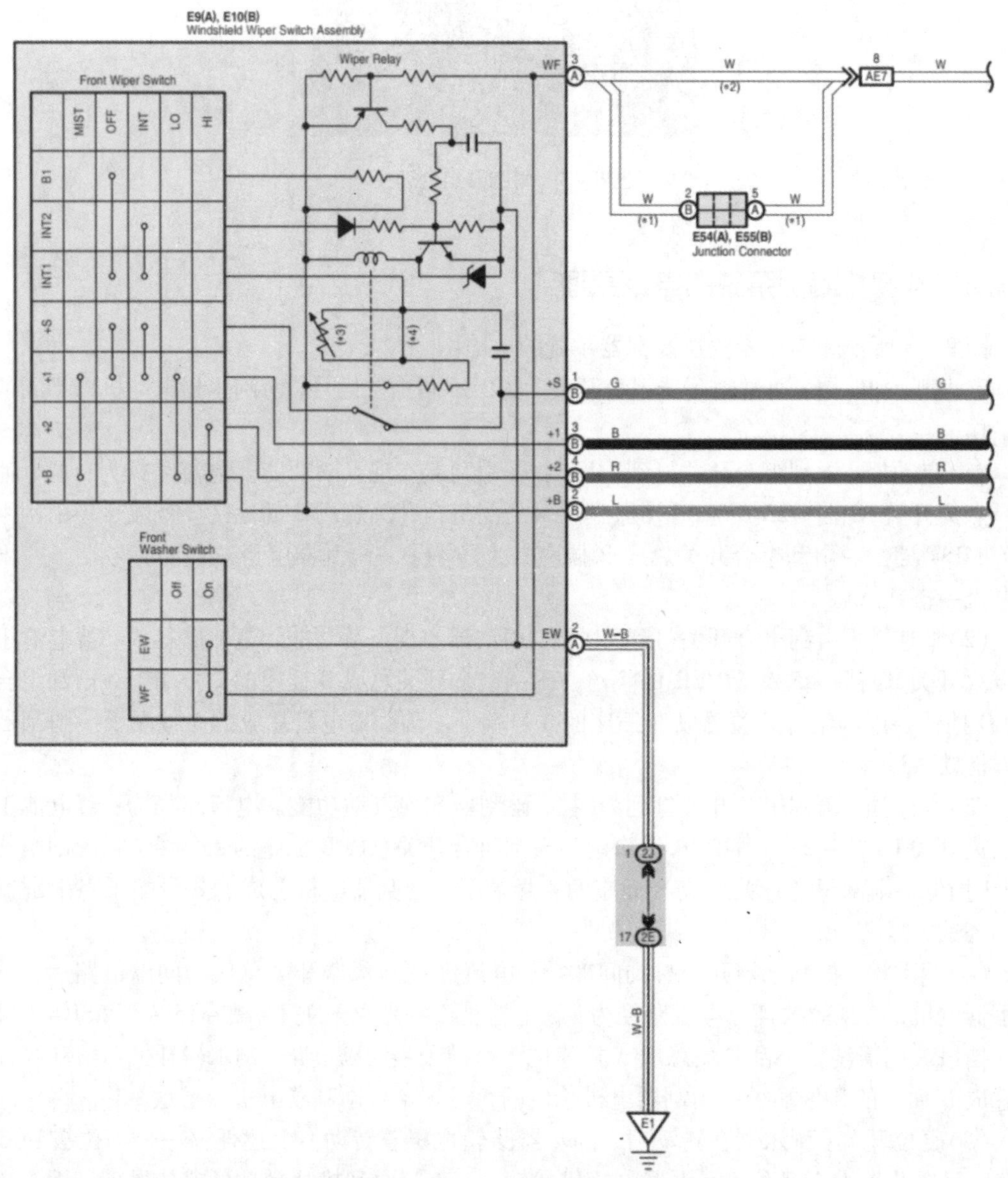

图 9－6　丰田卡罗拉雨刮器的电路图 1

洗涤开关→刮开关总成 A 插座的 2 号端子→搭铁 E1。同时接通刮水器间歇电路，使刮水器工作。

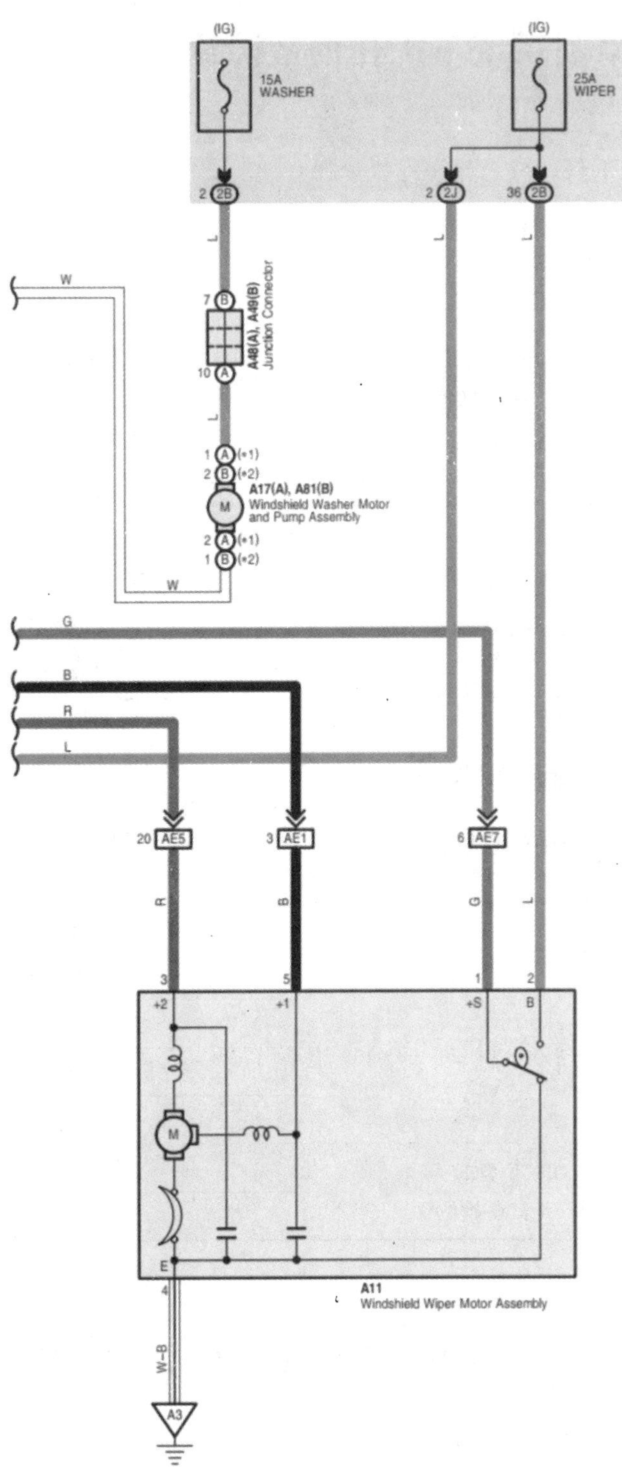

图 9－7　丰田卡罗拉雨刮器的电路图 2

9.2 卡罗拉雨刮系统不工作的故障诊断

9.2.1 雨刮器不工作

故障现象描述：雨刮器不工作。

故障分析：前刮水器电动机、雨刮组合开关、仪表板接线盒熔断丝。

检查程序：

(1)使用下表可帮助诊断故障原因。以递减的顺序表示故障原因的可能性。按顺序检查每个可疑部位，必要时维修或更换有故障的零件或进行调整。

(2)检查表9－1所示可疑部位前，先检查与本系统相关的保险丝和继电器。

表9－1 雨刮器不工作诊断表

症状	可疑部位
前刮水器和清洗器系统不工作	挡风玻璃刮水器开关
	线束
	仪表板接线盒熔断丝

9.2.2 雨刮系统其他故障的诊断

雨刮系统还有其他可能出现的故障，根据维修手册，其可疑部位如表9－2所示。

表9－2 雨刮系统其他故障诊断表

症状	可疑部位
在LO或HI位置，前刮水器系统不工作	WIPER 保险丝
	挡风玻璃刮水器开关
	前刮水器电动机
	线束
刮水器开关置于OFF位置时，前刮水器臂不能返回至其初始位置	前刮水器电动机
	线束

9.3 根据维修手册，更换与检修雨刮系统零部件

9.3.1 更换刮水电机

1. 拆卸旧的刮水电机

(1)如图9－8所示，拆卸2个前刮水器臂端盖。

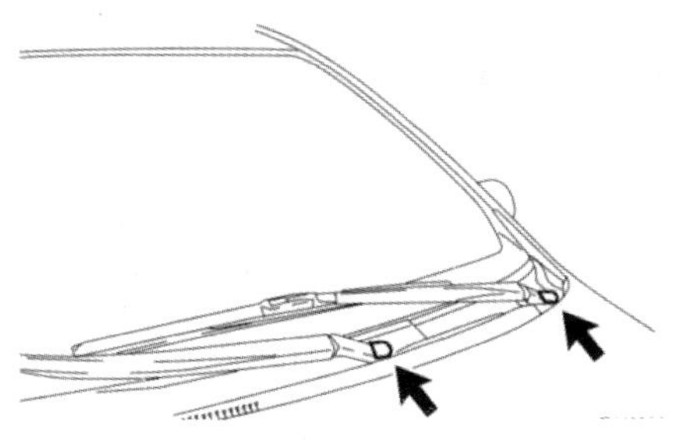

图 9－8　拆卸前刮水器臂端盖

图 9－9　拆卸前刮水器臂端盖

(2) 如图 9－10 所示，拆卸螺母、左前刮水器臂和刮水片总成。

(3) 如图 9－11 所示，拆卸螺母、右前刮水器臂和刮水片总成。

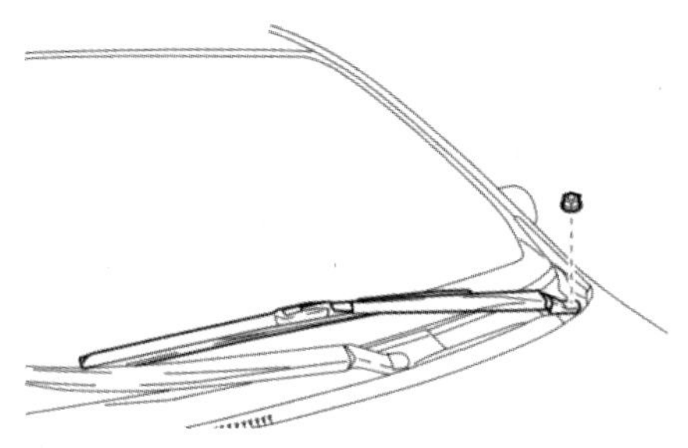

图 9－10　拆卸螺母、左前刮水器臂和刮水片总成

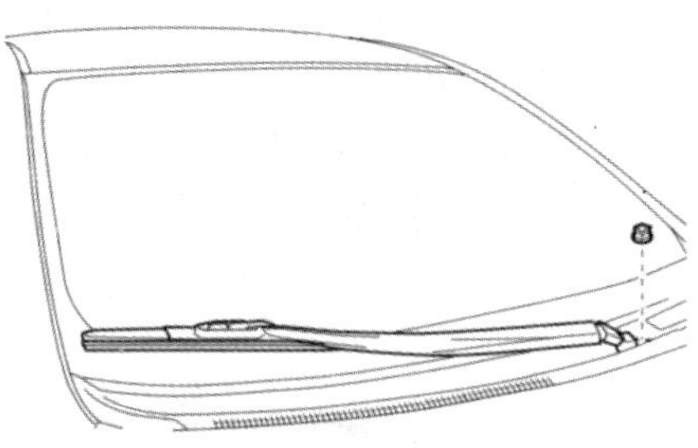

图 9－11　拆卸螺母、右前刮水器臂和刮水片总成

(4) 如图 9－12 所示，拆卸发动机盖至前围上板密封。脱开 7 个卡子并拆下发动机盖 2 至前围上板密封。

(5) 如图 9－13 所示，拆卸右前围板上通风栅板。脱开卡子和 14 个卡爪，并拆下右前围板上通风栅板。

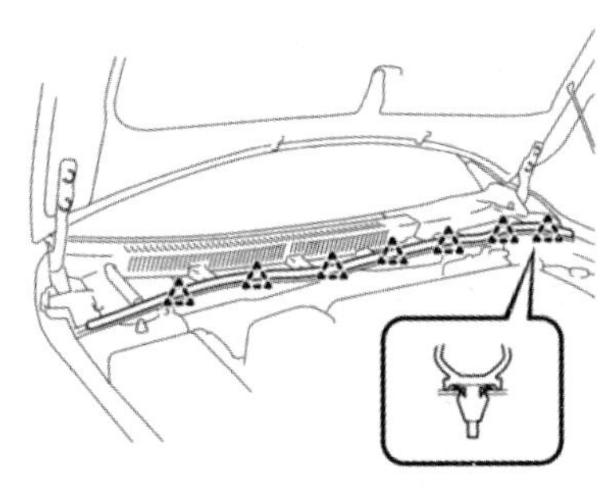

图 9－12　拆卸发动机盖至前围上板密封

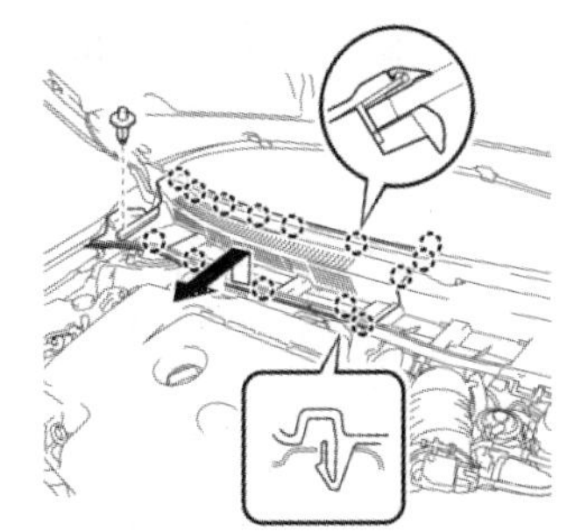

图 9－13　拆卸右前围板上通风栅板

(6) 如图 9－14 所示，拆卸左前围板上通风栅板。脱开卡子和 8 个卡爪，并拆下左前围板上通风栅板。

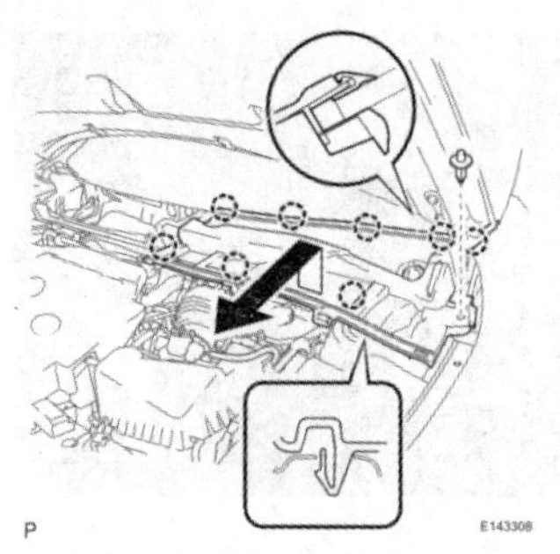

图 9－14　拆卸左前围板上通风栅板

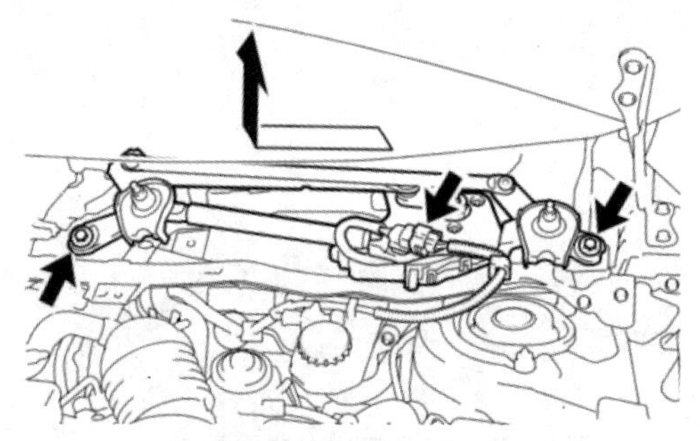

图 9－15　拆卸挡风玻璃刮水器电动机及连杆总成

(7) 如图 9－15 所示，拆卸挡风玻璃刮水器电动机及连杆总成。

①断开连接器。

②拆下 2 个螺栓和挡风玻璃刮水器电动机和连杆总成。

(8) 拆卸挡风玻璃刮水器电动机总成

①如图 9－16 所示，用头部缠有胶带的螺丝刀从挡风玻璃刮水器电动机总成的曲柄臂枢轴上断开挡风玻璃刮水器连杆。

②如图 9－17 所示，从线束上拆下绝缘胶布，以便断开连接器。

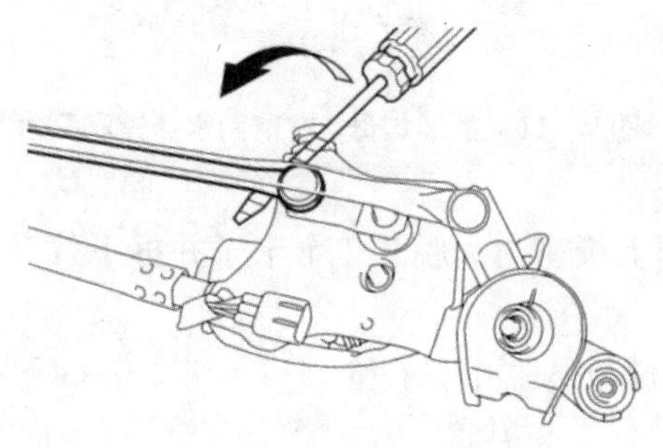

图 9－16　从挡风玻璃刮水器电动机总成的曲柄臂枢轴上断开挡风玻璃刮水器连杆

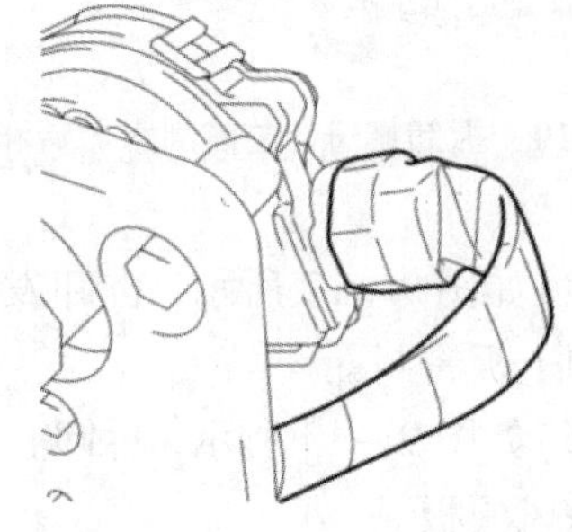

图 9－17　从线束上拆下绝缘胶布

③断开连接器。

④如图 9－18 所示，拆下 3 个螺栓和挡风玻璃刮水器电动机总成。

若不能从挡风玻璃刮水器连杆总成上拆下挡风玻璃刮水器电机总成，则转动曲柄臂便能拆下挡风玻璃刮水器电动机总成。

2. 安装新的刮水电机

(1) 如图 9－19 所示，安装挡风玻璃刮水器电动机总成。

①用 3 个螺栓安装挡风玻璃刮水器电动机总成，扭矩为 5.4 N · m。

②连接连接器。

③如图 9－20 所示，用新的绝缘胶布包裹线束。

对于除去绝缘胶布的部位，使用新的绝缘胶布包裹，使线束紧固在板上。

④如图 9－21 所示，在挡风玻璃刮水器电动机总成的曲柄臂枢轴上涂抹通用润滑脂。

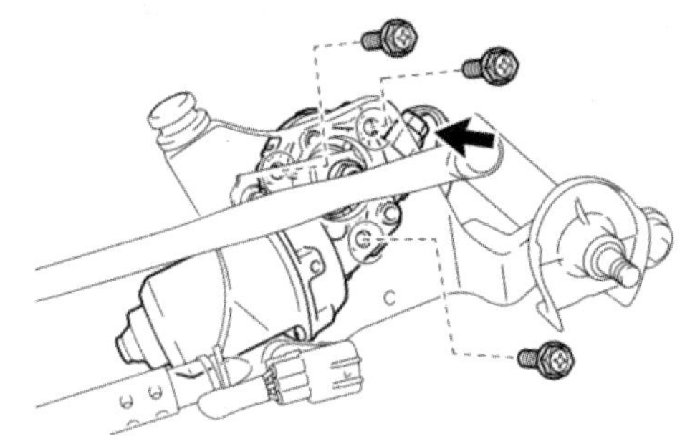

图 9－18　拆下 3 个螺栓和挡风玻璃刮水器电动机总成

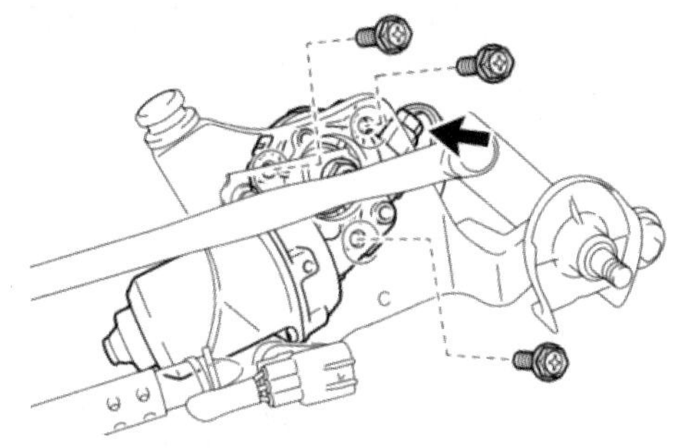

图 9－19　安装挡风玻璃刮水器电动机总成

图 9－20　用新的绝缘胶布包裹线束

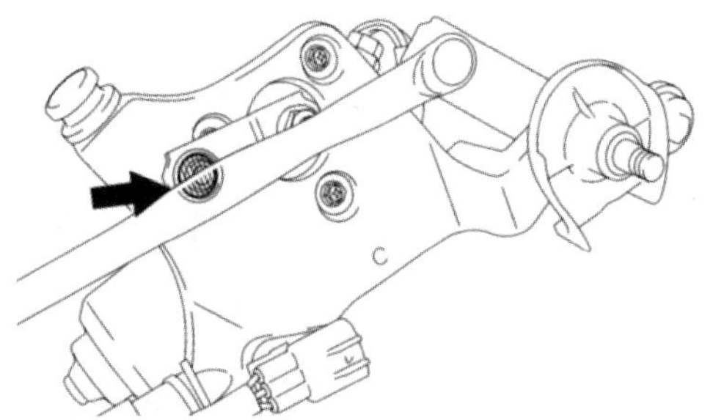

图 9－21 曲柄臂枢轴上涂抹通用润滑脂

⑤如图 9－22 所示，将挡风玻璃刮水器连杆总成连接至挡风玻璃刮水器电动机总成的曲柄臂枢轴。

(2) 如图 9－23 所示，安装挡风玻璃刮水器电动机及连杆总成。

①使用 2 个螺栓安装挡风玻璃刮水器电动机和连杆总成，扭矩为 5.5 N · m。

②连接连接器。

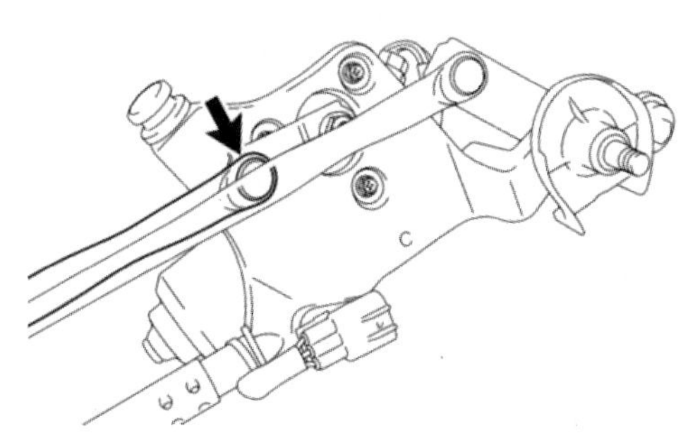

图 9－22　曲柄臂枢轴

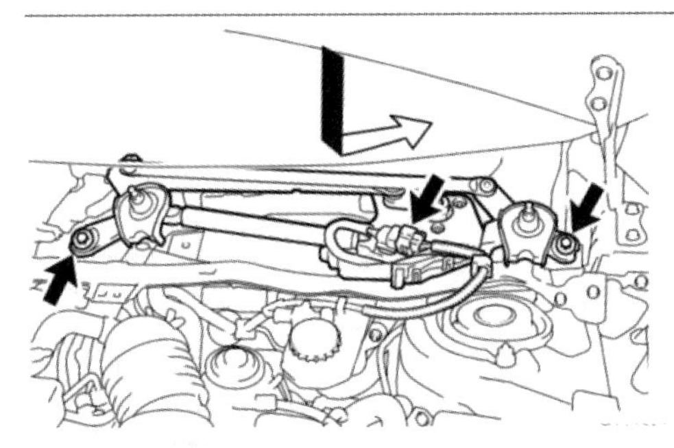

图 9－23　安装挡风玻璃刮水器电动机及连杆总成

(3) 如图 9－24 所示，安装左前围板上通风栅板。接合卡子和 8 个卡爪，并安装左前围板上通风栅板。

(4)如图9－25所示，安装右前围板上通风栅板。接合卡子和14个卡爪，并安装右前围板上通风栅板。

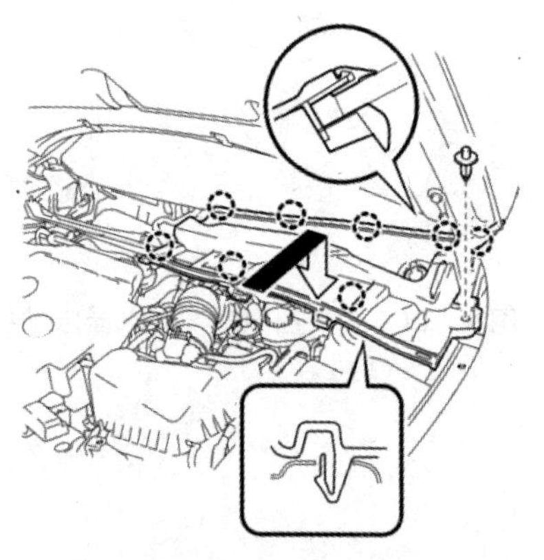

图9－24　安装左前围板上通风栅板

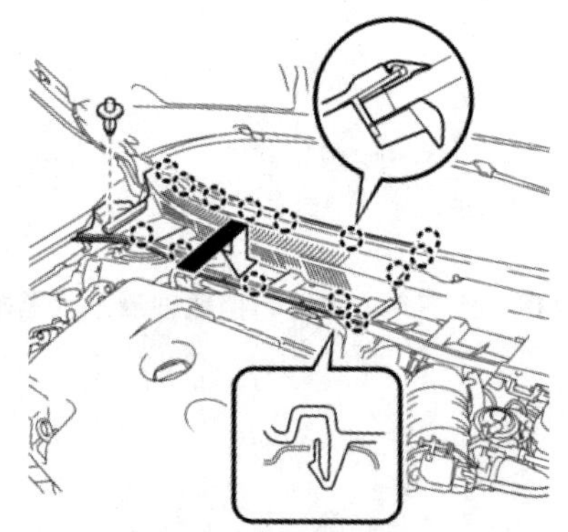

图9－25　安装右前围板上通风栅板

(5)如图9－26所示，发动机盖至前围上板密封接合7个卡子并安装发动机盖至前围上板密封。

(6)安装右前刮水器臂和刮水片总成。

①操作刮水器并在自动停止位置停止挡风玻璃刮水器电动机。

②清洁刮水器臂齿面。

③如图9－27所示，在重新安装时，使用钢丝刷清洁刮水器枢轴齿面。

④如图9－28所示，用螺母在如图所示位置安装右前刮水器臂和刮水片总成，扭矩为26 N·m。注意应用手握住臂铰链以紧固螺母。

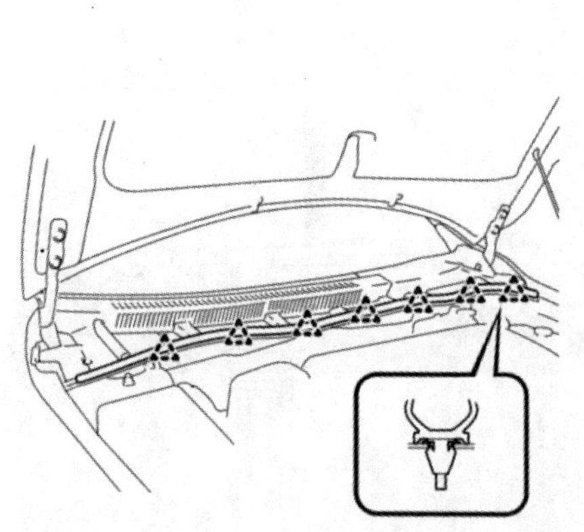

图9－26　发动机盖至前围上板密封接合7个卡子

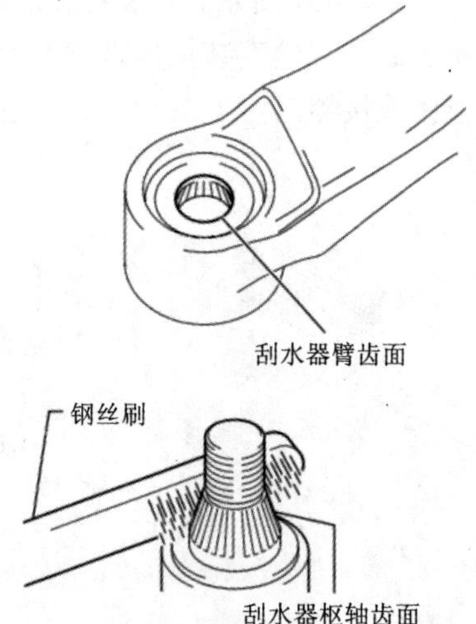

图9－27　使用钢丝刷清洁刮水器枢轴齿面

(7)安装左前刮水器臂和刮水片总成。

①操作刮水器并在自动停止位置停止挡风玻璃刮水器电动机。

②清洁刮水器臂齿面。

③如图 9－29 所示，在重新安装时，使用钢丝刷清洁刮水器枢轴齿面。

④如图 9－30 所示，用螺母在如图所示位置安装左前刮水器臂和刮水片总成，扭矩：26 N·m。注意应用手握住臂铰链以紧固螺母。

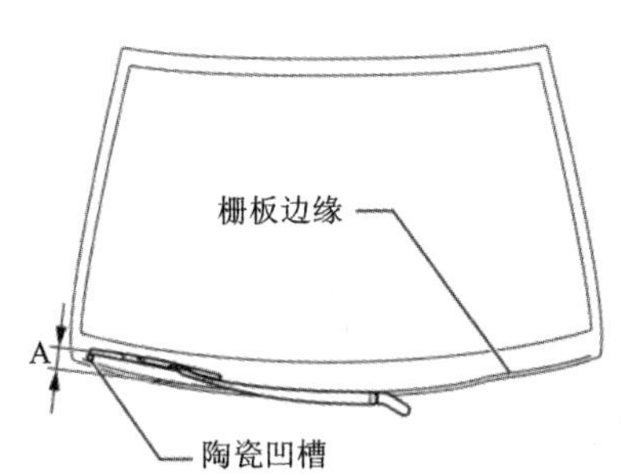

图 9－28　位置安装右前刮水器臂和刮水片总成

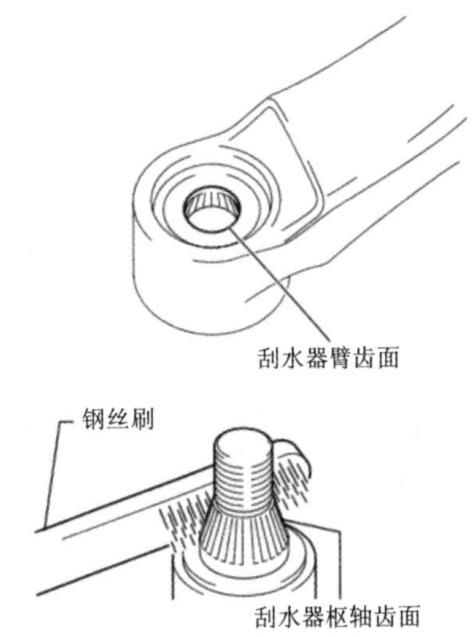

图 9－29　使用钢丝刷清洁刮水器枢轴齿面

⑤在挡风玻璃上喷射清洗液的同时，操作前刮水器。保前刮水器功能正常，且刮水器不与车身接触。部位测量值 A 为 22.5～37.5 mm

(8)如图 9－31 所示，安装 2 个盖前刮水器臂端盖。

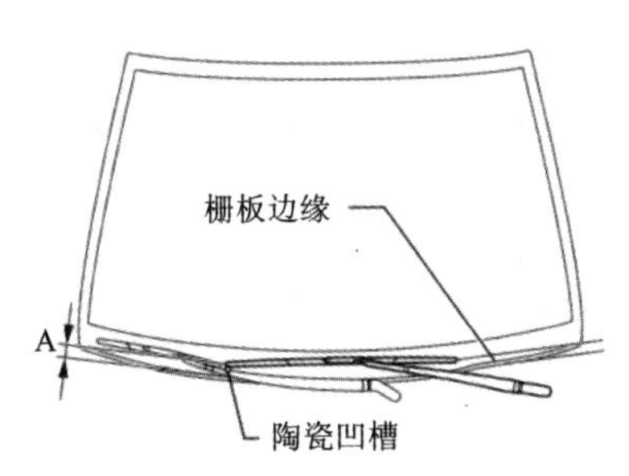

图 9－30　安装左前刮水器臂和刮水片总成

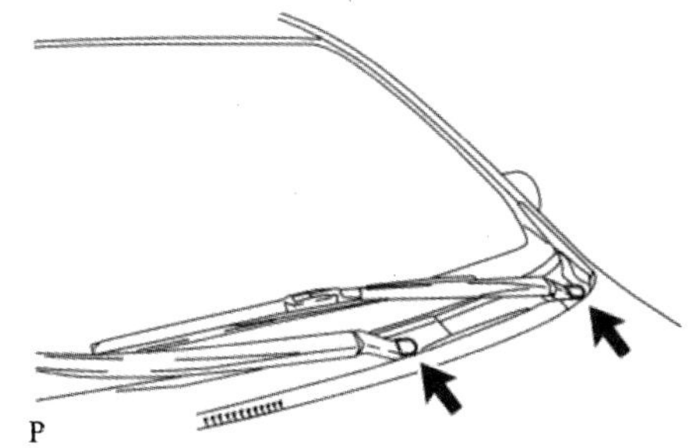

图 9－31　安装 2 个盖前刮水器臂端盖

9.3.2　检查挡风玻璃刮水器电动机总成

概述挡风玻璃刮水器电动机总成的特点与基本工作原理，电机通电后转动，由驾驶员控制开关，车身 ECU 输出信号，有低速与高速之分，电机带有自动复位电路结构，实现在关闭雨刮器刮水功能时能够停在玻璃下方，以免遮挡驾驶员视线。

图 9－32 所示为挡风玻璃刮水器电动机插口，表 9－3 所示为其端子的定义。

表 9－3　雨刮器电动机插口端子的定义

端子	定义
1	复位开关
2	电源正极
3	高速挡电源
4	搭铁
5	低速挡电源

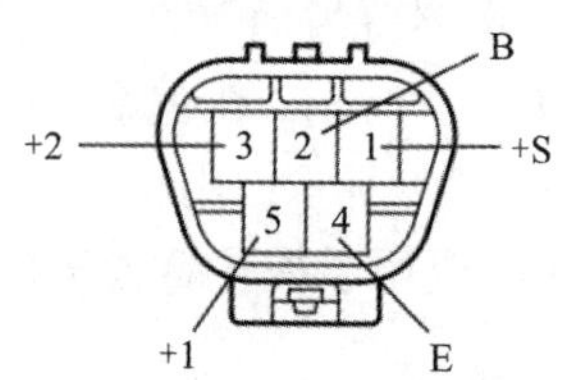

图 9－32　挡风玻璃刮水器电动机插口

（1）检查低速操作。将蓄电池正极（＋）引线连接至端子 5（＋1），并将蓄电池负极（－）引线连接至端子 4（E），同时检查并确认电动机低速（LO）运行。

（2）检查高速操作。将蓄电池正极（＋）引线连接至端子 3（＋2），并将蓄电池负极（－）引线连接至端子 4（E），同时检查并确认电动机高速（HI）运行。

（3）检查自动停止运行。

①将蓄电池正极（＋）引线连接至端子 5（＋1），将蓄电池负极（－）引线连接至端子 4（E）。电动机低速（LO）旋转时，断开端子 5（＋1）使刮水器电动机停止在除自动停止位置外的任何位置。

②如图 9－33 所示，用 SST 09843－18040 连接端子 1（＋S）和 5（＋1）。然后将蓄电池正极（＋）引线连接至端子 2（B），并将蓄电池负极（－）引线连接至端子 4（E），以使电动机以低速（LO）重新起动。检查并确认电动机在自动停止位置自动停止。

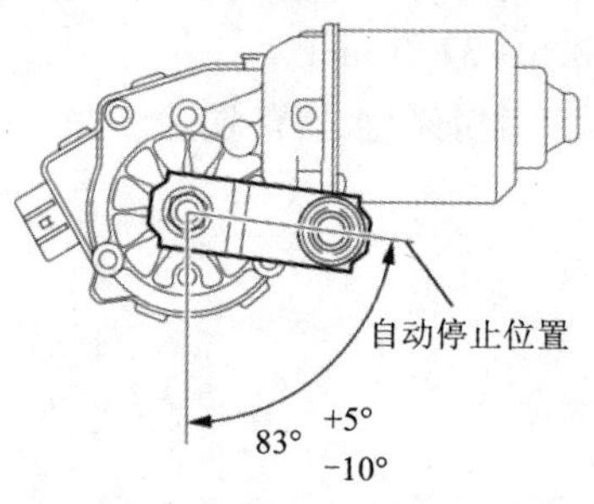

图 9－33　检查并确认电动机在自动停止位置自动停止

9.3.3　检查挡风玻璃刮水器开关总成

（1）根据表 9－4 中的值测量电阻，检查前刮水器开关（图 9－34）。若结果不符合规定，则更换开关总成。

表 9－4　雨刮器开关总成检查

检测仪连接	开关状态	规定状态
E10－1（＋S）－E10－3（＋1）	INT	小于 1 Ω
	OFF	
E10－2（＋B）－E10－3（＋1）	MIST	
	LO	
E10－2（＋B）－E10－4（＋2）	HI	

图 9－34　检查前刮水器开关

（2）根据表 9－5 中的值测量电阻，检查前清洗器开关。如果结果不符合规定，更换开关总成。

表 9－5　前清洗器开关检查

检测仪连接	开关状态	规定状态
E9－2（EW）－E9－3（WF）	ON	小于 1 Ω
	OFF	10 kΩ 或更大

（3）检查间歇性运行（不带间歇正时调整）。

①将电压表正极（＋）引线连接至端子 E10－3（＋1），并将蓄电池负极（－）引线连接至端子 E9－2（EW）。

②将蓄电池正极（＋）引线连接至端子 E10－2（＋B），并将蓄电池负极（－）引线连接至端子 E9－2（EW）和 E10－1（＋S）。

③将刮水器开关置于 INT 位置。

④将蓄电池正极（＋）引线连接至端子 E10－1（＋S），并保持 5 s。

⑤将蓄电池负极（－）引线连接至端子 E10－1（＋S）。

操作间歇式刮水器继电器并检查端子 E10－3（＋1）和 E9－2（EW）之间的电压。电压变化应如图 9－35 所示。若结果不符合规定，则更换开关总成。

（4）检查间歇性运行（带间歇正时调整）。

①将电压表正极（＋）引线连接至端子 E10－3（＋1），并将蓄电池负极（－）引线连接至端子 E9－2（EW）。

②将蓄电池正极（＋）引线连接至端子 E10－2（＋B），并将蓄电池负极（－）引线连接至端子 E9－2（EW）和 E10－1（＋S）。

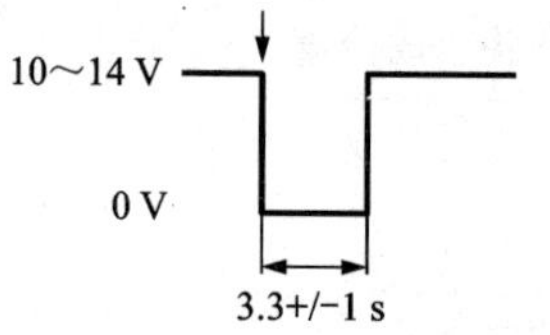

图 9－35　端子 E10－3(＋1)和 E9－2(EW)之间的电压

③将刮水器开关置于 INT 位置。

④将蓄电池正极(＋)引线连接至端子 E10－1(＋S)，并保持 5 s。

⑤将蓄电池负极(－)引线连接至端子 E10－1(＋S)。操作间歇式刮水器继电器并检查端子 E10－3(＋1)和 E9－2(EW)之间的电压，电压变化应如图 9－36 所示。若结果不符合规定，则更换开关总成。

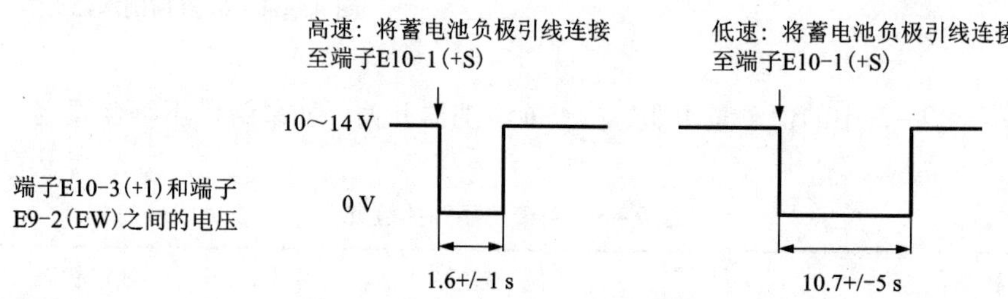

图 9－36　端子 E10－3(＋1)和 E9－2(EW)之间的电压

(5)检查前清洗器的运行。

①将刮水器开关置于 OFF 位置。

②将蓄电池正极(＋)引线连接至端子 E10－2(＋B)，并将蓄电池负极(－)引线连接至端子 E10－1(＋S)和 E9－2(EW)。

③将电压表正极(＋)引线连接至 E10－3(＋1)，并将蓄电池负极(－)引线连接至端子 E9－2(EW)。

④将清洗器开关置于 ON 和 OFF 位置，并检查端子 E10－3(＋1)和 E9－2(EW)之间的电压，电压变化应如图 9－37 所示。若结果不符合规定，则更换开关总成。

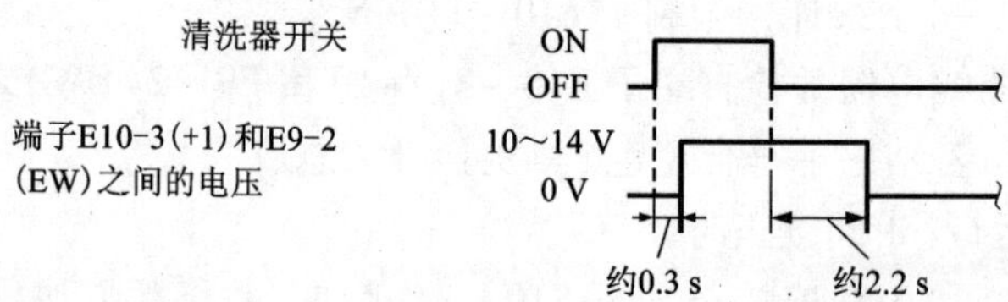

图 9－37　端子 E10－3(＋1)和 E9－2(EW)之间的电压

【任务书】

一、根据维修手册，对雨刮器不工作的故障进行排除。

序号	检测内容	正常状态（正常值）	实际状态（实测值）

二、根据维修手册，检查雨刮系统零部件总成。

（1）检查挡风玻璃刮水器电动机总成

端子	定义
1	复位开关
2	电源正极
3	高速挡电源
4	搭铁
5	低速挡电源

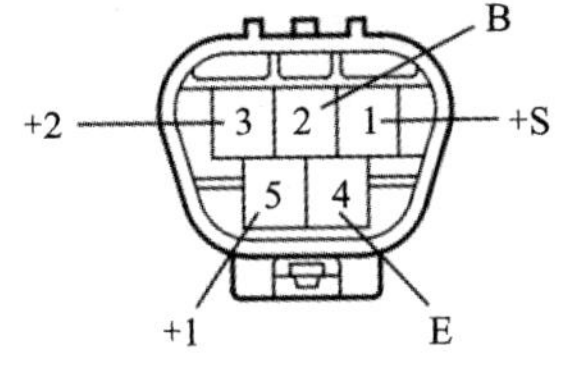

图 9－32　挡风玻璃刮水器电动机插口

检查项目	检查步骤	检查结果
检查低速操作		
检查高速操作		
检查自动停止运行		

（2）检查挡风玻璃刮水器开关总成

①检查前刮水器开关。

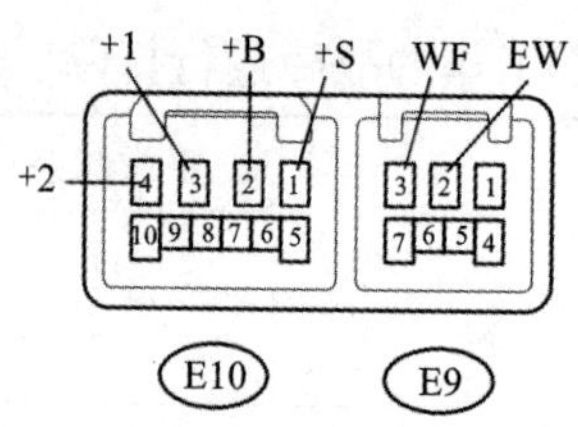

条件	用万用表检测	规定状态	实测值	检测结果
INT				
OFF				
MIST				
LO				
HI				

②检查前清洗器开关。

条件	用万用表检测	规定状态	实测值	检测结果
ON				
OFF				

③检查间歇挡运行。

根据维修手册，检查间歇挡，画出端子 E10－3(＋1)和 E9－2(EW)之间的电压变化。

④检查前清洗器的运行。

根据维修手册，检查前清洗器，画出端子端子 E10－3(＋1)和 E9－2(EW)之间的电压变化。

模块十　电动车窗不工作的故障检修

【情境描述】

快车司机伟儒先生是一名烟民，每天都要在路上接单。今天正准备出车，他在车上点了一支烟，同时试图打开所有车窗，但是他发现主控开关均无法操作四个车窗的升降。为了不使车内充斥烟味，影响乘客的舒适性，他只好把刚点的烟熄灭。没法吸烟让他很苦恼，于是他就马上到4S店报修，他希望今天内就能解决故障。维修接待把情况记录下来，交由你们班组进行维修。

伟儒先生的车是一辆丰田卡罗拉轿车，使用了将近3年，行驶里程已达10万km，有进行定期保养，但没有做过任何线路方面的专项检查。伟儒先生希望自己的轿车在一天内有诊断与维修结果并有维修报价。因此，你们班组负责检查此车，并把维修方案报给维修接待，由维修接待与顾客沟通。

【学习目标】

1. 能根据实车，口述卡罗拉电动车窗系统的组成与零部件位置；
2. 能根据实车与电路图，口述卡罗拉电动车窗的电路原理；
3. 能根据教师给定的电路图，在实训车架上连接电动车窗的电路；
4. 能根据维修手册，对卡罗拉车窗不工作的故障进行电路诊断；
5. 能根据维修手册，正确检修电动车窗主控开关、分控开关和电动车窗升降器电动机。

【学习资源】

类别	序号	名称	数量与备注
学材、教材	1	前置学习任务	模块十
	2	任务书	
	3	评价表	
实训设备	4	卡罗拉实训车	AT，5人一台
	5	卡罗拉维修与电路手册	每个工位一套
	6	卡罗拉使用手册	
	7	数字万用表	
	8	常用拆装工具	
	9	充电机	

续表

类别	序号	名称	数量与备注
配件耗材	10	保险丝	各种规格、若干
	11	电动车窗开关	卡罗拉适用
	12	电动车窗主开关	
学习环境	13	电脑	每个工位一台
	14	拍照手机	学生自备

【前置学习任务】

一、查询维修手册中卡罗拉电动车窗线路图，把线路图简化为原理图，并描述其工作原理。

原理图：
具体电路原理：

现代汽车对车窗的舒适性和便捷性要求越来越高，电动车窗已经越来越多地成为汽车的通用配置。所谓电动车窗，就是通过车载电源来驱动玻璃升降器电动机，使升降器上下运动，带动车窗玻璃上、下运动的装置，达到车窗自动开闭的目的。电动车窗可使驾驶员或者乘员坐在座位上，利用开关使车门玻璃自动升降，操作简便并有利于行车安全，已经成为各个车厂车窗设计时的首选。

10.1　电动车窗系统描述

现代轿车的电动车窗控制一般具备以下功能：

(1)手动上升和下降功能。当将电动车窗开关向上拉到中途时，使车窗上升；将开关向下推到中途时，使车窗下降；开关一松开，车窗就会停止。

(2)驾驶员侧门窗自动上升和下降功能。通过按一次电动车窗开关，使驾驶员侧门窗完全打开或关闭。

(3)如图 10－1 所示，防夹功能。自动上升操作(驾驶员车门)期间，如果有异物卡滞在门窗内，使电动车窗自动停止并向下移动。

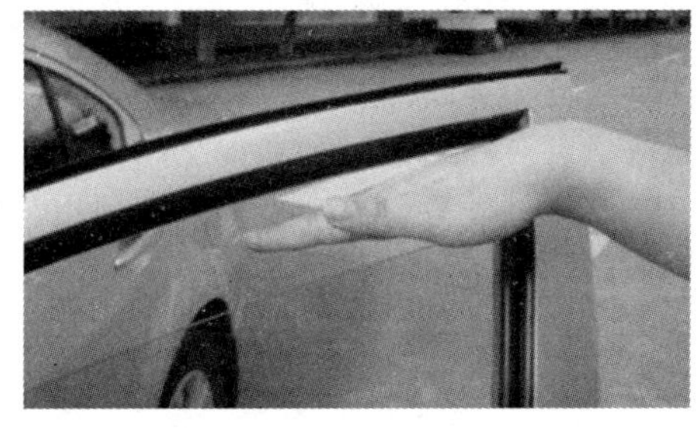

图 10－1　防夹功能示意图

(4)Key－Off 操作功能。在将点火开关置于 ON(IG)或 OFF 位置后大约 45 s 内，若任一前门未打开，则该功能将使电动车窗仍可以工作。

(5)诊断功能。该功能在电动车窗开关检测到电动车窗系统故障时，可让电动车窗开关进行故障部位的诊断。电动车窗开关灯亮起或闪烁，以通知驾驶员。

(6)失效保护。如果电动车窗电动机内的脉冲传感器出现故障，失效保护功能能够禁用部分电动车窗功能，驾驶员车门的自动上升和下降功能以及遥控功能也会被禁用。

10.2　卡罗拉电动车窗系统

电动车窗系统都装有两套控制开关，一套装在仪表板或驾驶员侧车门扶手上，为主开关，它由驾驶员控制每个车窗的升降，另一套装在每一个乘客门上，为分开关，可由乘客进行操纵。一般在主开关上还装有断路开关，如果它断开，分开关就不起作用。

10.2.1　卡罗拉电动车窗系统的零部件组成、安装位置、各零部件的作用

如图 10－2 所示，卡罗拉电动车窗的由主车身 ECU(仪表板接线盒)、驾驶座电动车窗开关总成、电动车窗升降器及电动机、乘客车门电动车窗开关等组成。

(1)如图 10－3 所示，电动车窗升降电机(右前、右后、左前、左后)：安装于车门内，驱动玻璃升降器作用。

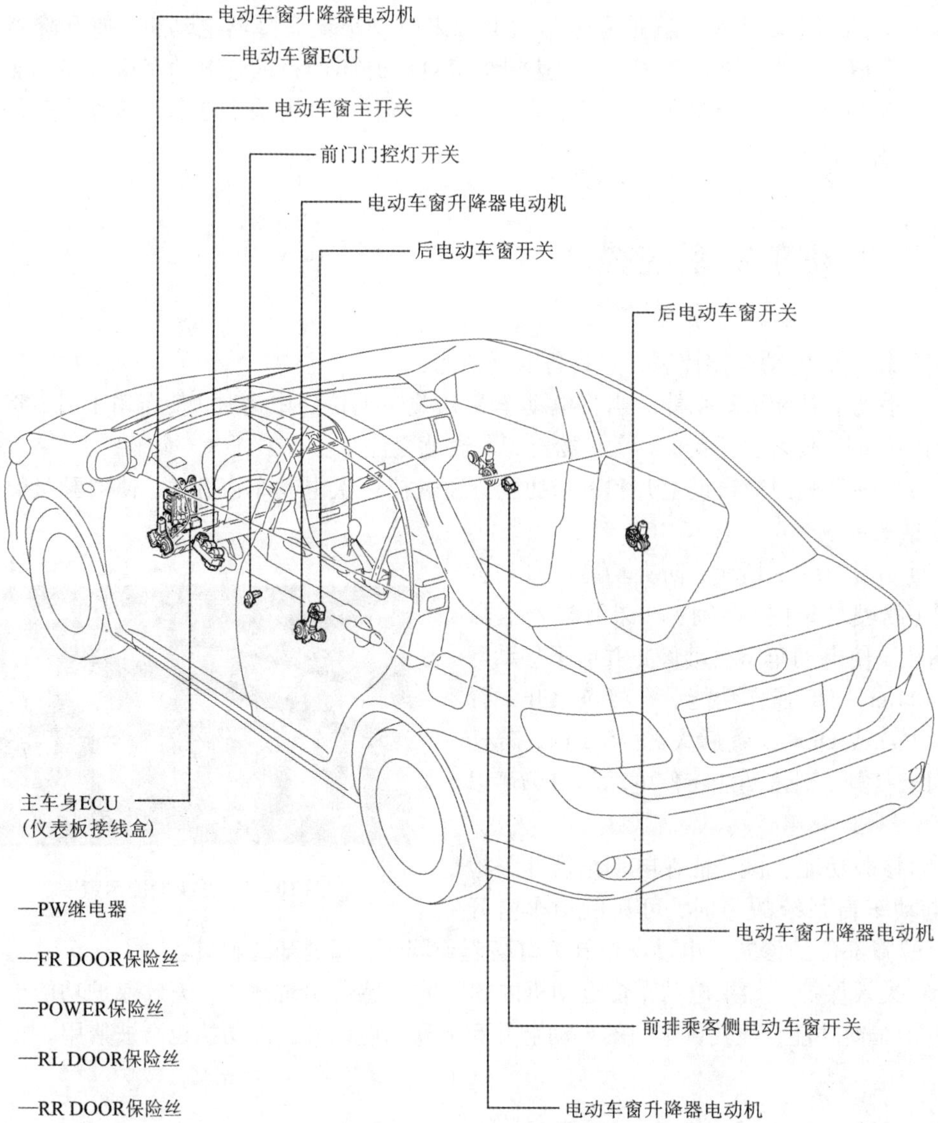

电动车窗升降器电动机
—电动车窗ECU
电动车窗主开关
前门门控灯开关
电动车窗升降器电动机
后电动车窗开关
后电动车窗开关
主车身ECU
(仪表板接线盒)
—PW继电器
—FR DOOR保险丝
—POWER保险丝
—RL DOOR保险丝
—RR DOOR保险丝
电动车窗升降器电动机
前排乘客侧电动车窗开关
电动车窗升降器电动机

图 10－2 卡罗拉电动车窗系统的零部件组成、安装位置

(2)主车身 ECU(仪表板接线盒)：驾驶座仪表台下方，存放保险丝盒。

(3)如图 10－4 所示，驾驶座电动车窗开关总成：右前门门板扶手上，其作用为方便驾驶员操作升降车窗。

(4)如图 10－5 所示，乘客电动车窗开关：右前、右后、左前门扶手上，其作用为乘客控制车窗升降。

图 10－3 电动车窗升降电机

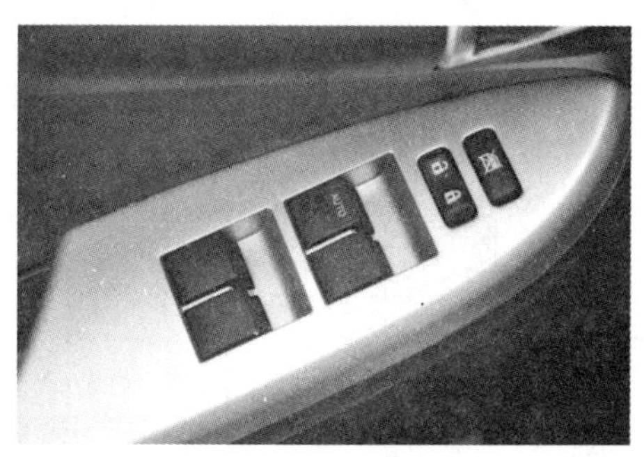

图 10－4　驾驶座电动车窗开关总成

图 10－5　乘客电动车窗开关

10.2.2　卡罗拉电动车窗系统的电路原理

图 10－6～图 10－10 所示为丰田卡罗拉电动车窗的电路图。

电路原理：点火开关打到 IG 挡时，电动车窗才能工作。此时汽车主车身 ECU 通过其 13 号端子和 1 号端子使车窗继电器线圈通电，控制车窗继电器触点闭合。其电路通过对直流电动机电流方向的控制，从而实现电动车窗的升降。下面以驾驶员调节左前车窗上升(手动)、驾驶员调节左前车窗上升(自动)、乘客调节右后车窗下降(手动)三种情况举例说明该电路的原理。

驾驶员调节左前车窗上升(手动)：电动窗开关总成 8 号端子向前电动车窗调节器 10 号端子发出上升指令，前车窗电动机上升直到驾驶员松开开关或者车窗升到最高位。其电路原理为蓄电池正极→20 A FR DOOR 保险丝→前电动车窗调节器 2 号端子→前电动车窗调节 CPU 及电机→前电动车窗调节器 1 号端子→搭铁 E1。

驾驶员调节左前车窗上升(自动)：电动窗开关总成 8 号端子向前电动车窗调节器 10 号端子发出上升指令，同时，电动窗开关总成 4 号端子向前电动车窗调节器 4 号端子发出自动指令，前车窗电动机自动上升直到最高位。其电路原理与上述一致。此时若前电动车窗调节器 7 号端子收到下降指令，则前车窗电动机停止运动，车窗停在当前位置。

乘客调节右后车窗下降(手动)：蓄电池正极→车窗继电器触点→20 A RR DOOR 保险丝→右后电动车窗开关 3 号端子→右后车窗电动机 2 号端子→右后车窗电动机→右后车窗电动机 1 号端子→右后电动车窗开关 4 号端子→右后电动车窗开关→右后电动车窗开关 5 号端子→电动窗开关总成 10 号端子→电动窗开关总成→电动窗开关总成 1 号端子→搭铁 E1。

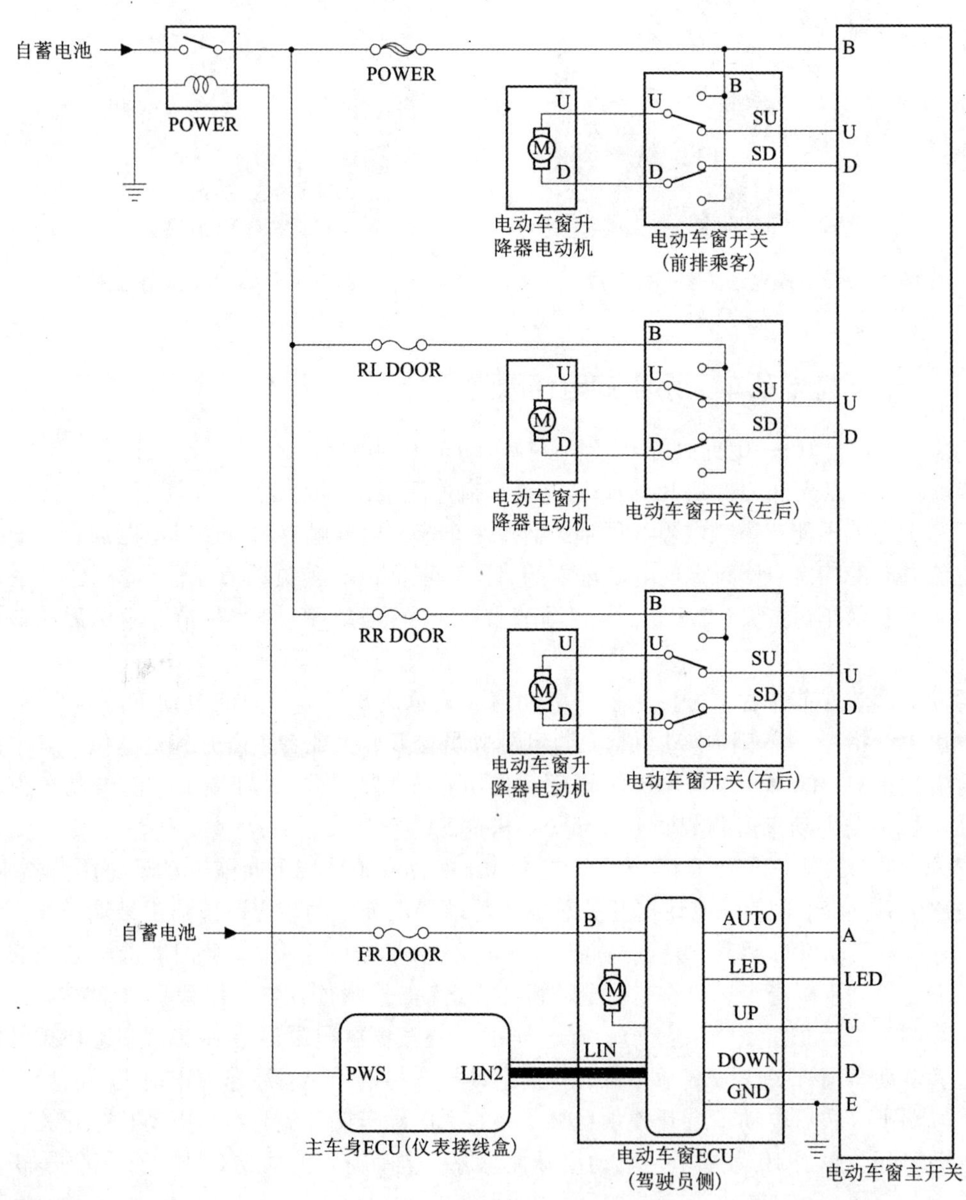

图 10－6　丰田卡罗拉电动车窗的原理电路图

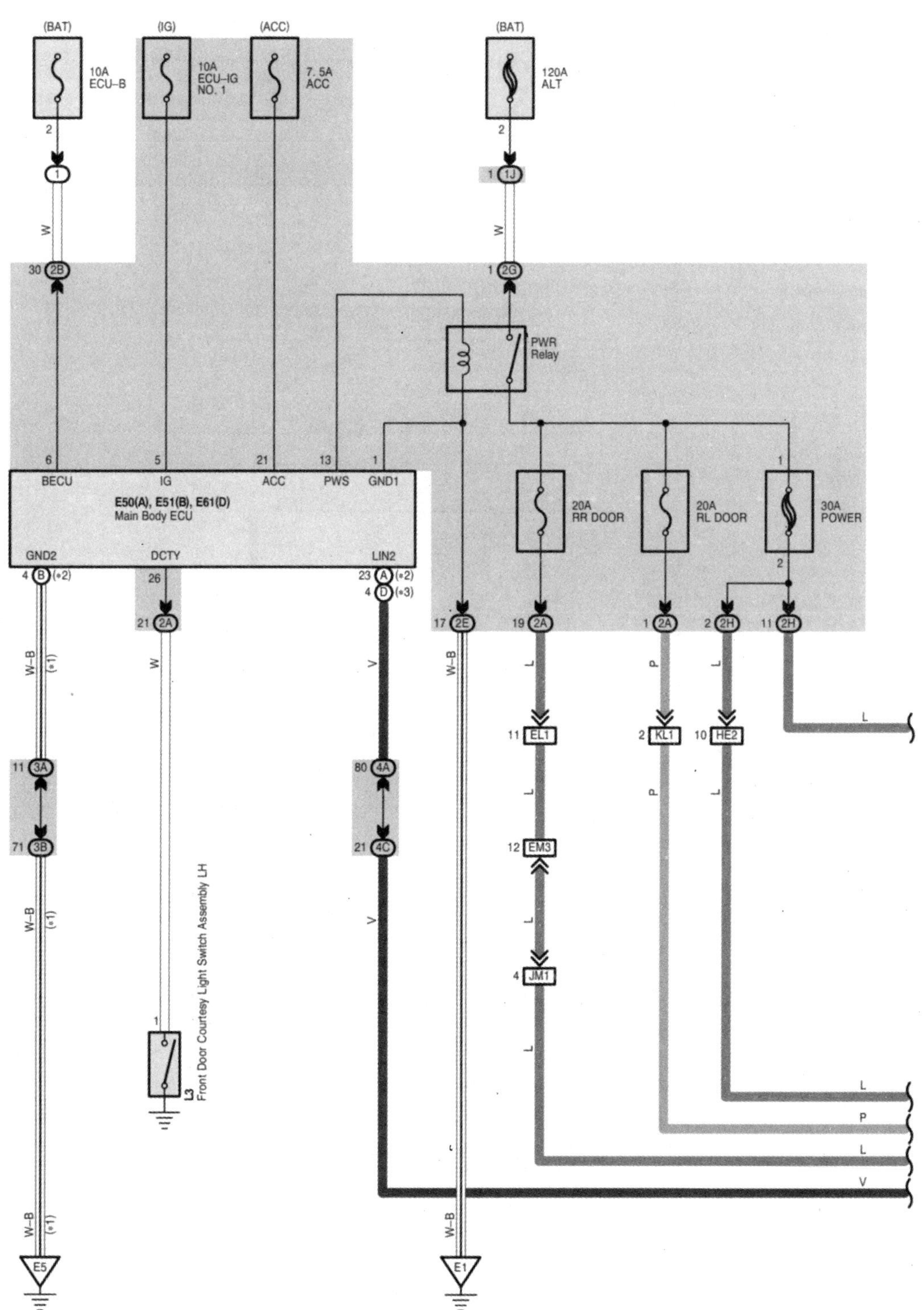

图 10－7　丰田卡罗拉电动车窗的接线电路图 1

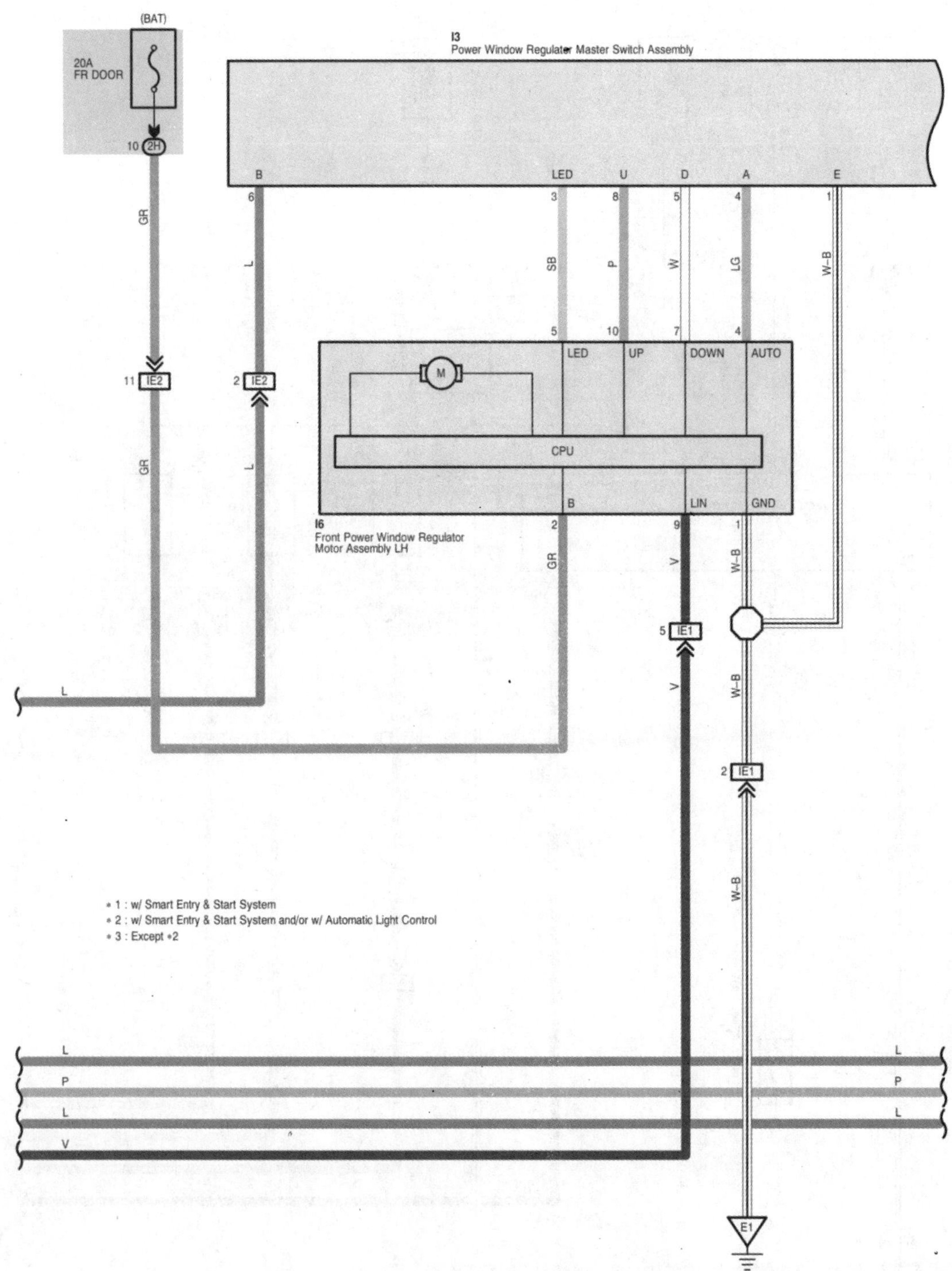

图 10－8　丰田卡罗拉电动车窗的接线电路图 2

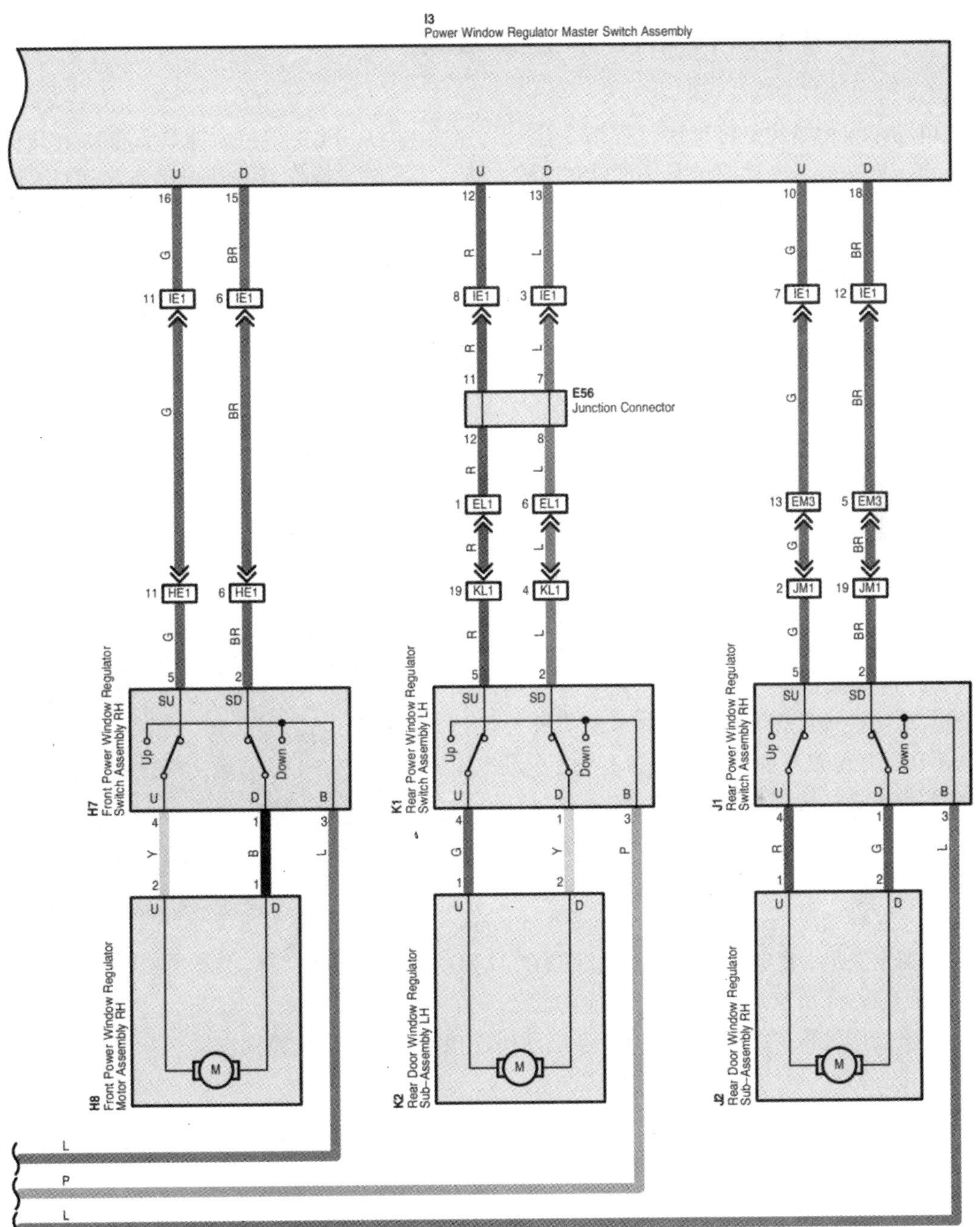

图 10－9　丰田卡罗拉电动车窗的接线电路图 3

10.3 电动车窗初始化与主动测试

电动车窗初始化是将车窗行程指令让ECU重新学习，ECU学习后能具备自动上升功能和车窗防夹功能。主动测试是用诊断仪，输入指令，不通过操作开关让电动车窗运行，以排除故障点。

10.3.1 初始化电动车窗

在车辆维修过程中，如果更换车门玻璃、车门玻璃升降槽、电动车窗电动机或电动车窗升降器，可能导致当前车门玻璃位置与ECU中存储的位置之间产生差异。在这种情况中，防夹功能将无法正常工作，自动上升功能也不起作用，需要对车辆的电动车窗系统进行初始化，初始化期间不应操作其他电气系统。若电动车窗电动机的电源电压下降，则初始化将中断。在蓄电池负极端子断开并重新连接后，不需要对电动车窗初始化。但某些车辆(例如2013款日产天籁等)则需要在蓄电池负极端子断开并重新连接后，对电动车窗初始化。

电动车窗初始化步骤如下：

(1)将点火开关置于ON(IG)位置，电动车窗主开关指示灯将闪烁；

(2)通过操作电动车窗主开关完全关闭车门玻璃。车门玻璃关闭后，将电动车窗主开关保持在AUTO UP位置至少1 s；在此过程中，电动车窗主开关指示灯持续闪烁至初始化完成；

(3)检查并确认电动车窗主开关指示灯是否常亮。若指示灯不是常亮，则意味着初始化未成功完成。这种情况下，降下车门玻璃至少50 mm，并在车窗全关后，将电动车窗主开关保持在AUTO UP位置1 s，将系统返回初始化之前的状态。在电动车窗操作过程中，断开车窗升降器电动机连接器，该项操作将使电动机恢复至初始化之前的状态。

图10-10 电动车窗主开关

10.3.2 主动测试

使用智能检测仪进行主动测试，无需拆下任何零件就可进行继电器、VSV、执行器和其他项目的测试。这种非侵入式功能检查非常有用，因为可在扰动零件或配线之前发现间歇性操作。排除故障时，尽早进行主动测试可以缩短诊断时间。执行主动测试时，可显示数据表信息(表10-1~表10-4)。

挡风玻璃/车窗玻璃—电动车窗控制系统：

表 10－1　电动车窗控制系统检测

检测仪显示	测量项目及范围	正常状态
D Door P/W Auto SW	驾驶员车门电动车窗自动开关信号为ON 或 OFF	ON：驾驶员车门电动车窗自动开关工作 OFF：驾驶员车门电动车窗自动开关不工作
D Door P/W Up SW	驾驶员车门电动车窗手动上升开关信号为 ON 或 OFF	ON：驾驶员车门电动车窗手动上升开关工作 OFF：驾驶员车门电动车窗手动上升开关不工作
D Door P/W Down SW	驾驶员车门电动车窗手动下降开关信号为 ON 或 OFF	ON：驾驶员车门电动车窗手动下降开关工作 OFF：驾驶员车门电动车窗手动下降开关不工作
Glass Position (Close－1/4)	防夹操作范围从全关至 1/4 开车窗玻璃位置为 OK 或 CAUTION	OK：手动 UP 操作时有足够的车窗玻璃边缘 CAUTION：当各位置未受到阻力时，可能显示“CAUTION”字样，在这种情况下，此位置上卡有异物
Glass Position (1/4－1/2)	防夹操作范围从 1/4～1/2 开车窗玻璃位置为 OK 或 CAUTION	OK：手动 UP 操作时有足够的车窗玻璃边缘 CAUTION：当各位置未受到阻力时，可能显示“CAUTION”字样，在这种情况下，此位置上卡有异物
Glass Position (1/2－3/4)	防夹操作范围从 1/2～3/4 开车窗玻璃位置为 OK 或 CAUTION	OK：手动 UP 操作时有足够的车窗玻璃边缘 CAUTION：当各位置未受到阻力时，可能显示“CAUTION”字样，在这种情况下，此位置上卡有异物
Glass Position (3/4－Open)	防夹操作范围从 3/4 至全开车窗玻璃位置为 OK 或 CAUTION	OK：手动 UP 操作时有足够的车窗玻璃边缘 CAUTION：当各位置未受到阻力时，可能显示“CAUTION”字样，在这种情况下，此位置上卡有异物

表 10－2　车身控制系统检测

检测仪显示	测量项目及范围	正常状态
Communication D Door Motor	电动车窗升降器电动机（驾驶员车门）和主车身 ECU（仪表板接线盒）之间的连接状态为 OK 或 Stop	OK：通信正常 STOP：通信停止
D Door Courtesy SW	驾驶员侧门控灯开关信号为 ON 或 OFF	ON：驾驶员侧车门打开 OFF：驾驶员侧车门关闭

表 10－3　驾驶员车门电动机检测

检测仪显示	测试部位	控制范围
Power Window	电动车窗	UP 或 OFF
Power Window	电动车窗	DOWN 或 OFF

表 10－4　点火开关的电动车窗系统检测

检测仪显示	测试部位	控制范围
IG OFF P/W Control Permission Output	电动车窗	ON 或 OFF （点火开关置于 OFF 位置后）

10.4　电动车窗工作异常的故障诊断

电动车窗系统是一个使用频率相对较高的电气系统，因此发生故障的概率也相对比较高。电动车窗系统常见的故障主要有：电动车窗开关无法操作电动车窗、电动车窗自动上升功能不起作用、车窗不能完全关闭等。

10.4.1　排除用电动车窗主开关无法操作电动车窗的故障

故障现象描述：用电动车窗主开关无法操作电动车窗（表 10－5）。

表 10－5　电动车窗主开关无法操作电动车窗故障分析

症状	可疑部位
电动车窗主开关无法操作电动车窗	POWER、PWR、RR DOOR LH 和 RR DOOR RH 保险丝断路
	数据表/主动测试
	电动车窗主开关电路（电源）
	电动车窗升降器电动机电路
	电动车窗主开关

检查程序：电动车窗的故障诊断，若从分开关到总开关的某一控制导线断路，车窗就只能按一个方向运动，如只能升不能降或只能降不能升。若从分开关到电动机的某一方向导线断路，则车窗在两个方向都不能运动。如两个后分开关都不能使侧窗运动，应检查断路开关和总开关的工作情况。如一个车窗只能向一个方向运动，应检查由分开关到总开关的控制导线是否导通。如所有车窗都不能升降或有时不能升降，应检查、清洁和紧固接铁线（在驾驶员车门内壁板后面，或在驾驶员侧仪表板下面）。此外，熔断器或断电器烧坏，也会使所有车窗不能工作。如一个车窗在两个方向都不能运动，可能是车窗电动机有故障。如链带卡住时，电动机内的断路器会自动断开，以保护电路、开关和电动机。为检查玻璃是否卡住，可上下、前后、左右轻轻摇动玻璃，只要玻璃能向所有方向轻微运动，电动机就应能使玻璃升降。

10.4.2　其他故障状况检查

其他故障状况检查如表 10－6 所示。

表 10－6　其他故障状况检查

症状	可疑部位
用电动车窗开关无法操作前排乘客侧电动车窗	电动车窗开关电路（电源）
	电动车窗升降器电动机电路（前排乘客侧）
	电动车窗开关（前排乘客侧）
	线束或连接器
电动车窗开关无法操作左后侧电动车窗	电动车窗开关电路（电源）
	电动车窗升降器电动机电路（左后侧）
	电动车窗开关（左后侧）
	线束或连接器
电动车窗开关无法操作右后侧电动车窗	电动车窗开关电路（电源）
	电动车窗升降器电动机电路（右后侧）
	电动车窗开关（右后侧）
	线束或连接器
驾驶员侧自动上升/下降功能不起作用（仅防夹辅助功能）	诊断检查
	电动车窗升降器电动机重置
	电动车窗主开关
	线束或连接器
遥控上升/下降功能不起作用	电动车窗主开关
	线束或连接器
将点火开关置于 OFF 位置后，即使不满足工作条件，电动车窗仍然可以工作	前门门控灯开关
	线束或连接器（LIN 通信线路）
自动操作不能完全关闭驾驶员侧电动车窗（防夹功能被触发）	电动车窗升降器电动机重置
	检查和清洁车窗玻璃升降槽
	电动车窗主开关

续表 10－6

症状	可疑部位
驾驶员侧自动下降功能不起作用(仅自动下降)	电动车窗主开关
	电动车窗升降器电动机电路（驾驶员侧）
	线束或连接器
乘客侧 PTC 功能不起作用	电动车窗升降器电动机(前排乘客侧)
左后侧 PTC 功能不起作用	电动车窗升降器电动机(左后侧)
右后侧 PTC 功能不起作用	电动车窗升降器电动机(右后侧)

10.5 电动车窗零部件的拆装与检查

对电动车窗零部件检测维修，要按照下面的拆装步骤对电动车窗零部件拆装后，然后对照数据表格进行开关总成和电动机检查及测量。

10.5.1 电动车窗主开关的拆装

电动车窗主开关的安装与拆卸相反，此处仅介绍拆卸步骤。

(1)如图 10－11 和图 10－12 所示，拆卸前扶手座上板。使用头部缠有保护胶带的螺丝刀，脱开 2 个卡子和 6 个卡爪，拆下前扶手座上板，断开连接器。

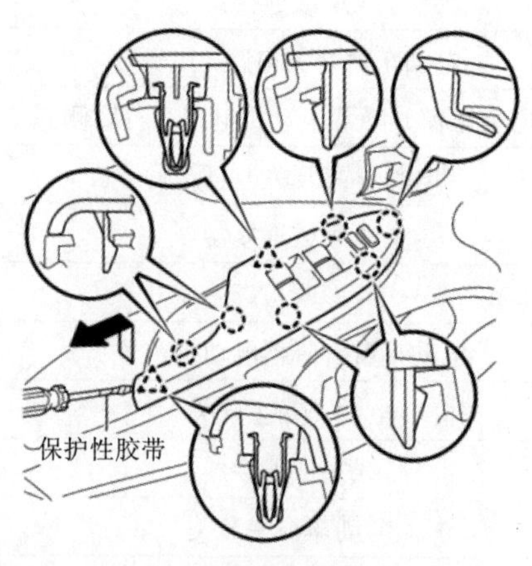

图 10－11 拆卸前扶手座上板

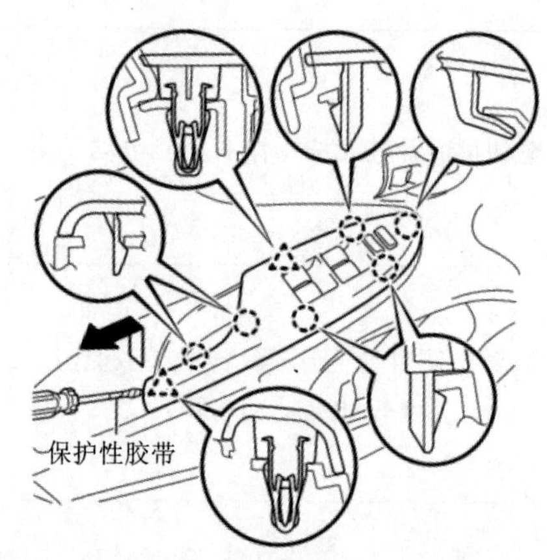

图 10－12 拆卸电动车窗升降器主开关总

(2)如图 10－13 和图 10－14 所示，拆卸电动车窗升降器主开关总成。拆下 3 个螺钉和电动车窗升降器主开关总成。

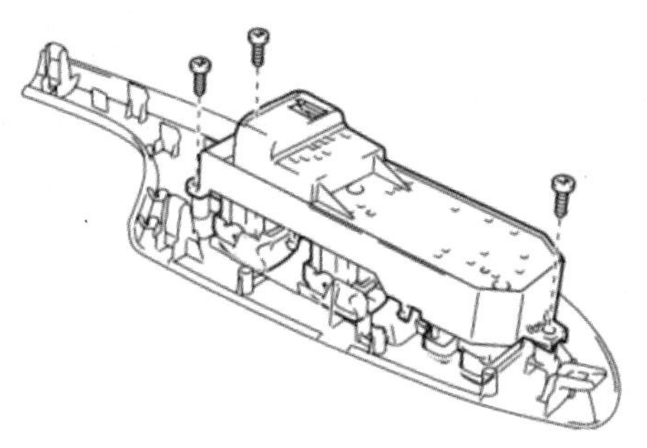

图 10－13　拆卸电动车窗升降器主开关总成

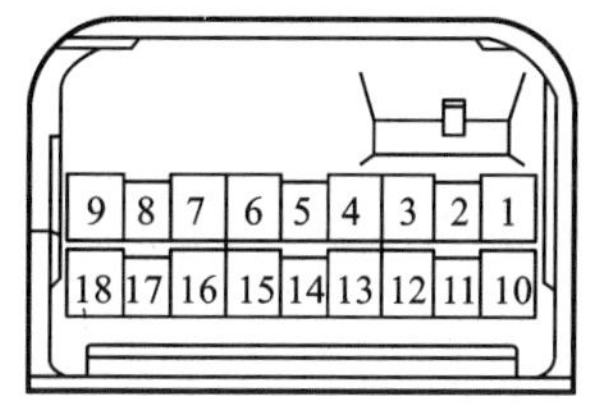

图 10－14　电动车窗主开关插口

10.5.2　电动车窗主开关的检查

如图 10－14 所示，根据表 10－7 的要求，对相应的端子进行细致的测量，得出有效数值，与规定值对比，判断开关的故障。

表 10－7　电动车窗主开关插口端子的定义

插脚	定义
1	搭铁
2	空脚
3	空脚
4	自动升降
5	驾驶员侧车窗下降
6	电源
7	空脚
8	驾驶员侧电机上升
9	空脚
10	右后车窗上升
11	空脚
12	左后车窗上升
13	左后车窗下降
14	空脚
15	副驾驶车窗下降
16	副驾驶车窗上升
17	空脚
18	右后车窗下降

(1)根据表10－8中的值测量电阻，若结果不符合规定，则更换开关总成。

表10－8　电动车窗主开关插口端子的电阻

用万用表测量端子之间电阻	条件	规定状态
8(U)－1(E)－4(A)	自动UP(驾驶员侧)	小于1 Ω
8(U)－1(E)	手动UP(驾驶员侧)	小于1 Ω
5(D)－1(E)	手动DOWN(驾驶员侧)	小于1 Ω
4(A)－5(D)－1(E)	自动DOWN(驾驶员侧)	小于1 Ω
6(B)－16(U) 15(D)－1(E)	UP(乘客侧)	小于1 Ω
6(B)－15(D) 16(U)－1(E)	DOWN(乘客侧)	小于1 Ω
6(B)－12(U) 13(D)－1(E)	UP(左后)	小于1 Ω
6(B)－13(D) 12(U)－1(E)	DOWN(左后)	小于1 Ω
6(B)－10(U) 18(D)－1(E)	UP(右后)	小于1 Ω
6(B)－18(D) 10(U)－1(E)	DOWN(右后)	小于1 Ω

(2)向主开关施加蓄电池电压，检查并确认LED亮起(表10－9)。若结果不符合规定，则更换开关总成。

表10－9　主开关接线指引

测量条件	规定状态
蓄电池正极(＋)→端子3(LED) 蓄电池负极(－)→端子1(E)	LED亮起

10.5.3　电动车窗升降器电动机的检查(前排乘客侧)

根据维修手册的步骤，拆卸前排乘客侧电动车窗升降器电动机总成后，对电动车窗升降器电动机进行检查。需注意的是，在检查电动车窗升降器电动机内的PTC工作情况时，必须在车辆安装有电动车窗升降器和车门玻璃的情况下才能执行此操作。

如图10－15所示，检查电动车窗升降器电动机内的PTC工作情况。

(1)将电子检测仪的DC 400 A探针连接至端子2的线束。小心：使探针的箭头标记和电流方向相符。

(2)通过按下电动车窗 UP 开关完全关闭车门玻璃，等待大约 60 s。

(3)继续按下电动车窗 UP 开关，并测算电流从 16～28 A 的范围变化至约 1 A 所需时间(检查电流是否切断)，标准为 4～90 s。若结果不符合规定，则更换电动车窗升降器电动机。

(4)上一步骤结束后 60 s，按下电动车窗 DOWN 开关(乘客侧)。正常：乘客侧车窗下降。

若结果不符合规定，则更换电动车窗升降器电动机。在更换电动车窗电动机或电动车窗升降器后，必须对电动车窗进行初始化。

10.5.4　检查电动车窗开关(前排乘客侧)

如图 10－16 所示，操作开关时，根据表 10－10 中的数值测量电阻。若结果不符合规定，则更换开关总成。

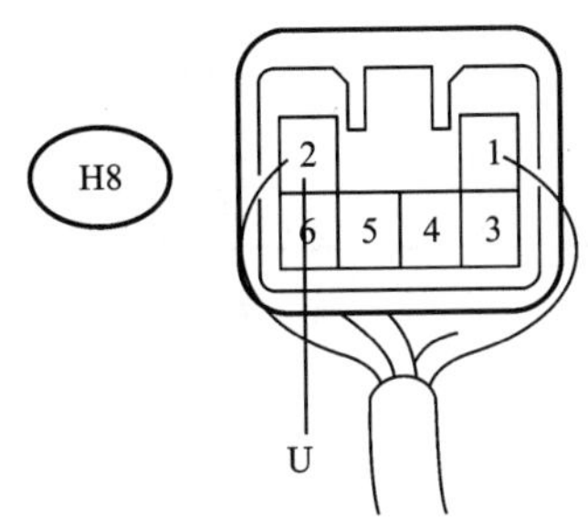

图 10－15　电动车窗升降器电动机插口

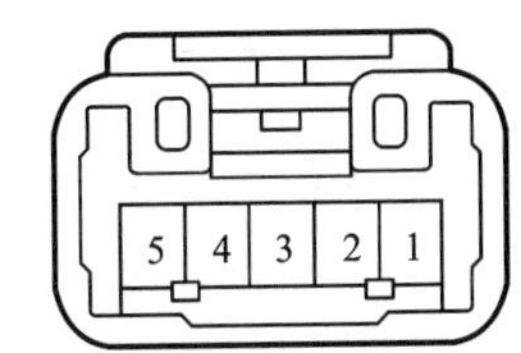

图 10－16　电动车窗开关插口
(前排乘客侧)

表 10－10　电动车窗开关插口端子的电阻

检测仪连接	开关状态	规定状态
1(D)－2(SD)	上升	小于 1 Ω
3(B)－4(U)		小于 1 Ω
1(D)－2(SD)	OFF	小于 1 Ω
4(U)－5(SU)		小于 1 Ω
4(U)－5(SU)	下降	小于 1 Ω
1(D)－3(B)		小于 1 Ω

【任务书】

一、根据维修手册的步骤，完成以下操作。

(1)初始化电动车窗。

(2)主动测试。

二、根据维修手册，对电动车窗主开关无法操作电动车窗的故障进行排除。

序号	检测内容	正常状态(正常值)	实际状态(实测值)

三、根据维修手册的步骤，拆装电动车窗主开关。

四、检查电动车窗主开关的检查。

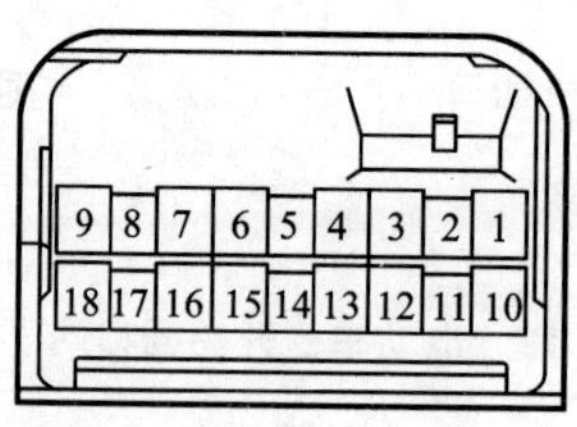

条件	用万用表检测	规定状态	实测值	检测结果

五、检查电动车窗开关（前排乘客侧）。

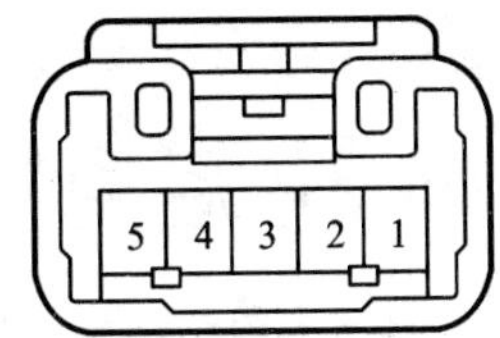

<table>
<tr><th>条件</th><th>用万用表检测</th><th>规定状态</th><th>实测值</th><th>检测结果</th></tr>
<tr><td rowspan="2">上升</td><td></td><td></td><td></td><td></td></tr>
<tr><td></td><td></td><td></td><td></td></tr>
<tr><td rowspan="2">OFF</td><td></td><td></td><td></td><td></td></tr>
<tr><td></td><td></td><td></td><td></td></tr>
<tr><td rowspan="2">下降</td><td></td><td></td><td></td><td></td></tr>
<tr><td></td><td></td><td></td><td></td></tr>
</table>

模块十一　电动后视镜不能调整的故障检修

【情境描述】

早些日子，奥斯顿先生把自己的汽车借给他的朋友几天。车辆拿回来后，奥斯顿先生发现后视镜的位置发生了变化，需要重新调整。此时他发现车辆的两侧电动后视镜均不能工作。奥斯顿先生把车辆开到4S店报修。

奥斯顿的车是一辆丰田卡罗拉轿车，使用了将近2年，行驶里程已达6万km，有进行定期保养，但没有做过任何线路方面的专项检查。奥斯顿克先生希望自己的轿车在一天内有诊断结果并有维修报价。因此，你们班组负责检查此车，并把维修方案报给维修接待，由维修接待与顾客沟通。

【学习目标】

1. 能根据实车，口述卡罗拉电动后视镜系统的组成与零部件位置；
2. 能根据实车与电路图，口述卡罗拉电动后视镜的电路原理；
3. 能根据教师给定的电路图，在实训车架上连接电动后视镜的电路；
4. 能根据维修手册，对卡罗拉电动后视镜不工作的故障进行电路诊断；
5. 能根据维修手册，对卡罗拉电动后视镜的零部件进行检修。

【学习资源】

类别	序号	名称	数量与备注
学材、教材	1	前置学习任务	模块十一
	2	任务书	
	3	评价表	
实训设备	4	卡罗拉实训车	AT，5人一台
	5	卡罗拉维修与电路手册	每个工位一套
	6	卡罗拉使用手册	
	7	数字万用表	
	8	常用拆装工具	
	9	充电机	

续表

类别	序号	名称	数量与备注
配件耗材	10	保险丝	各种规格、若干
	11	电工胶布	
	12	继电器	卡罗拉适用
	13	蓄电池	
学习环境	14	电脑	每个工位一台
	15	拍照手机	学生自备

【前置学习任务】

一、查询维修手册的卡罗拉电动后视镜系统电路图，把线路图简化为原理图，并描述其作原理。

原理图：
具体电路原理：

11.1 卡罗拉电动后视镜的调整方法

如图 11 -1 所示，首先驾驶员坐在驾驶位，找到仪表台左下方的电动后视镜调节组合开关。观察开关上的字母：L 代表左后视镜，R 代表右后视镜。

若要调节左侧后视镜的角度，则将开关调至 L 位置。若要调节右侧后视镜的角度，则将开关调至 R 位置。

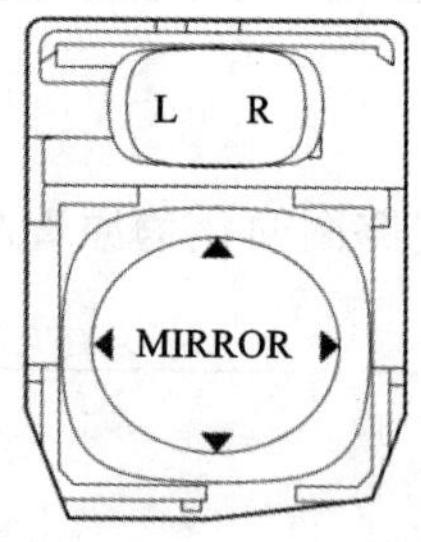

图 11 -1 电动后视镜调节组合开关

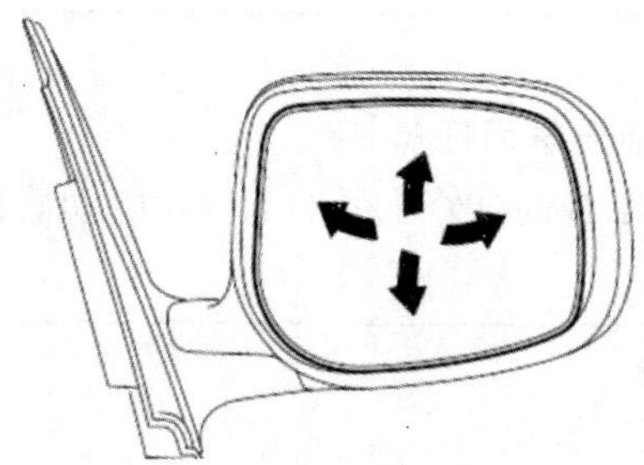

图 11 -2 后视镜的视角往上变化

如图 11 -2 所示，将旋钮往上抬，后视镜的视角往上变化。同理，将方向按键下压，后视镜的视角往下变化。往左、往后、用同样扳动方向按键的方法来调节。

11.2 卡罗拉电动后视镜系统

驾驶员车后的视野，基本取决于后视镜的角度。汽车后视镜角度对驾驶者的安全行车很重要，因此一定要调节好后视镜角度。电动后视镜为方便驾驶员调节，在驾驶座附近安装简易的开关，使驾驶员不用触摸后视镜都可以遥控调节后视镜的角度。

11.2.1 卡罗拉电动车窗系统的零部件组成、安装位置、各零部件的作用

如图 11 -3 所示，卡罗拉的电动车窗系统主要由左侧车外后视镜、右侧车外后视镜、车外后视镜开关和主车身 ECU 等零部件组成。

(1) 如图 11 -4 所示，左、右侧车外后视镜分别安装在车辆的左、右两个 A 柱旁边。

(2) 如图 11 -5 所示，车外后视镜开关安装位置在仪表板左下方，驾驶员调整左、右后视镜可视角度。

(3) 主车身 ECU 安装位置在驾驶员仪表台下方，车身系统电子控制单元。

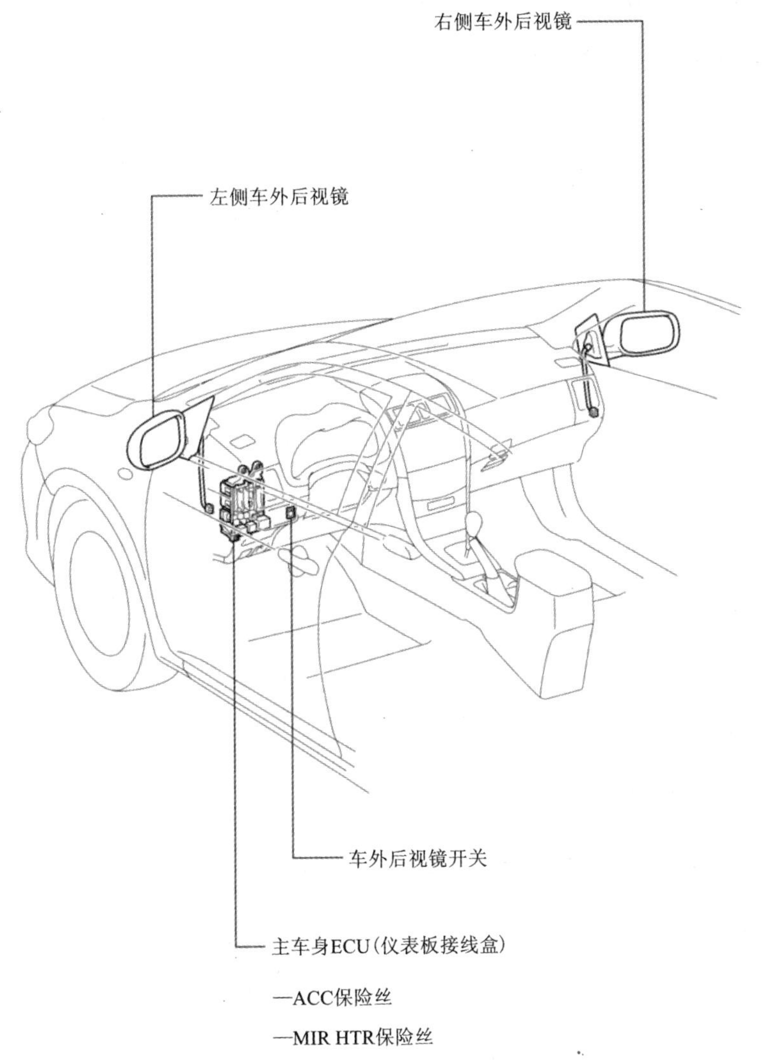

图 11－3　卡罗拉电动车窗系统的零部件组成、安装位置

图 11－4　车外后视镜

图 11－5　车外后视镜开关

11.2.2 卡罗拉电动后视镜系统的电路原理

如图 11－6 所示，丰田卡罗拉电动后视镜的电路图。两个电动机分别通过控制后视镜的垂直、水平运动，来协助和控制后视镜的可视角度。

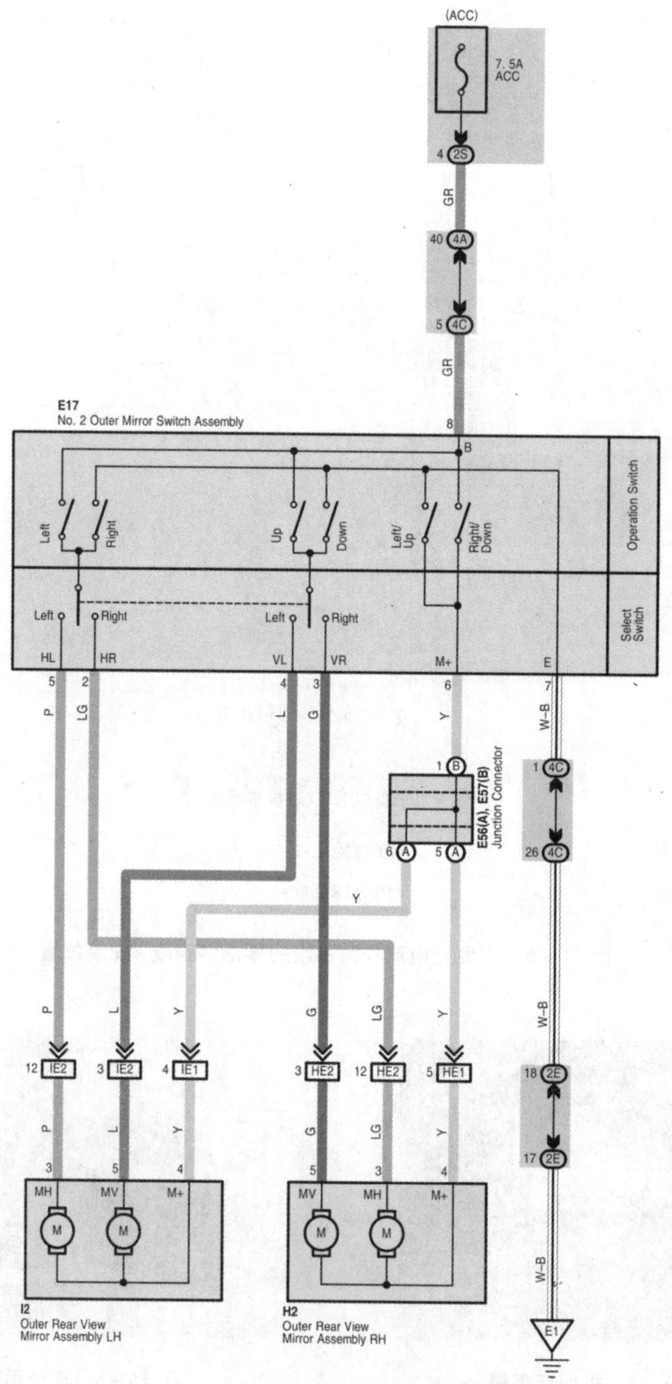

图 11－6 丰田卡罗拉电动后视镜的电路图

以左后视镜向上调整为例。打开 ACC 挡或 ON 挡，选择开关打到 L 端，按下操作开关向上调整按钮，此时左侧后视镜向上转动。其电流路径为：蓄电池正极→点火开关→ACC 保险丝(7.5 A)→外后视镜开关总成 8 号端子→操作开关 UP→LEFT 开关→4 端子(VL)→外左后视镜 MV→外左后视镜上下电机→M + 端子→分插口 A→分插口 B→外后视镜开关总成 6 号端子→开关 LEFT/UP→外后视镜开关总成 7 号端子→搭铁。

11.3　电动后视镜系统的故障检修

若车辆为固定驾驶员，则基本不需要多次调整后视镜，因此电动后视镜的电动调节功能使用概率比较低，因此若出现故障，驾驶员一般不会立即发现。万一电动后视镜的电动调节功能失效，驾驶员仍然可以通过手动来调整后视镜的角度。

11.3.1　电动后视镜不工作的故障检修

故障现象描述：电动后视镜不工作。

故障分析：ACC 保险丝熔断或断路，车外后视镜开关失灵，接触不良，车外后视镜电机短路或断路、线束或连接器接触不良等。

检查程序：

1. 检查后视镜连接器

参考电动后视镜零部件检查相关内容，如图 11 – 7 所示。

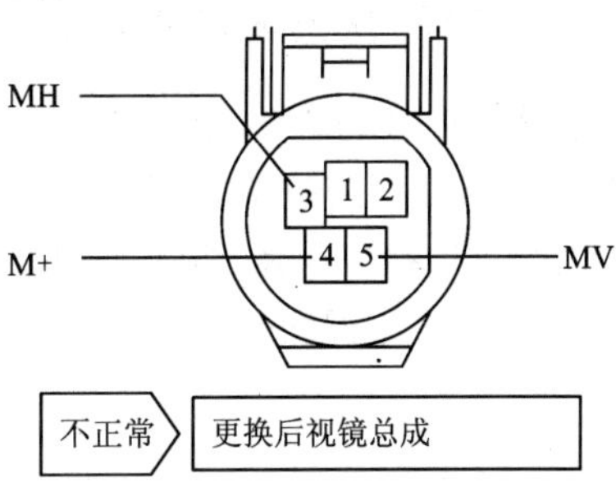

图 11 – 7　电动后视镜插脚

2. 检查车外后视镜开关总成

参考电动后视镜零部件检查相关内容。

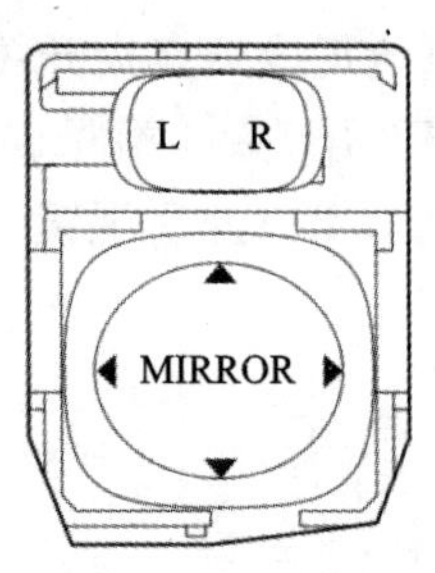

图 11-8 电动后视镜开关

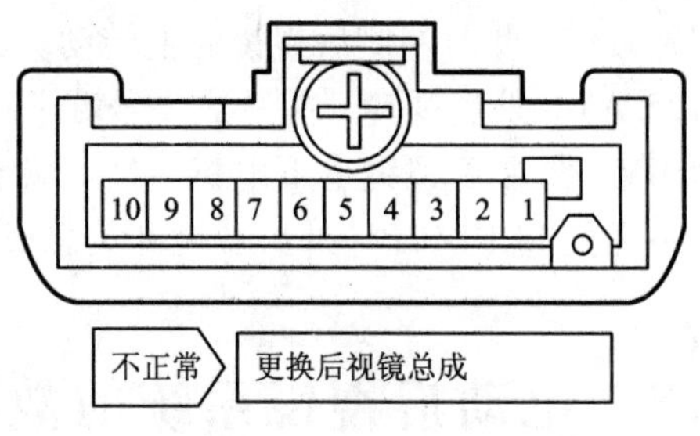

图 11-9 电动后视镜调节组合开关插口

11.3.2 其他故障状况检查

电动后视镜还有可能存在其他工作异常的故障状况，可能出现电路故障的原因主要有：

(1)车外后视镜开关失灵，接触不良。

(2)车外后视镜电机短路，断路。

(3)线束或连接器接触不良。

11.4 电动后视镜零部件的更换

11.4.1 车外后视镜玻璃拆装(不带加热器)

(1)如图 11-10 所示，将保护性胶带贴到车门后视镜的遮阳板底部。推动后视镜镜面的上部，使其倾斜，用防护条拆卸工具脱开 2 个卡爪。

(2)如图 11-11 所示，脱开车外后视镜上部的 2 个导销，拆下车外后视镜玻璃。

(3)安装顺序与拆卸顺序相反。

图 11-10 用防护条拆卸工具脱开 2 个卡爪

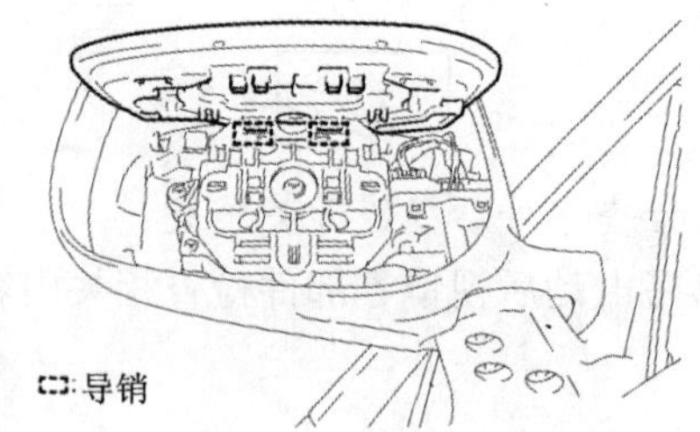

图 11-11 脱开车外后视镜上部的 2 个导销

11.4.2 车外后视镜盖拆装

如图 11-12 所示，拆卸车外后视镜玻璃，脱开 7 个卡爪，并将车外后视镜盖从带盖的车外后视镜总成上拆下。安装顺序与拆卸顺序相反。

11.4.3　车外后视镜开关拆装

如图 11－13 所示，拆卸仪表板下装饰板总成，脱开 2 个卡爪并拆下车外后视镜开关总成，拆卸车外后视镜开关总成。安装顺序与拆卸顺序相反。

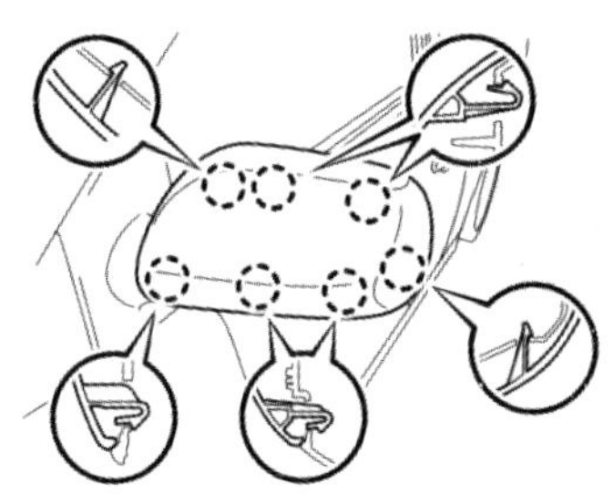

图 11－12　拆卸车外后视镜玻璃

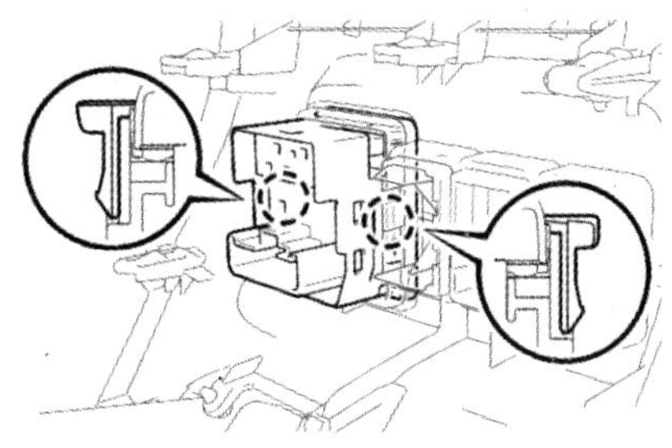

图 11－13　拆卸仪表板下装饰板总成

11.5　电动后视镜零部件检查

使用万用表检查后电动视镜插头的各个端子的电流方向情况。

11.5.1　电动右侧后视镜总成的检查

断开后视镜连接器，根据测量条件，施加蓄电池电压并检查后视镜的工作情况（表 11－1、表 11－2、图 11－14）。若结果不符合规定，则更换后视镜总成。

表 11－1　电动后视镜插口端子定义

端子	定义
1	后视镜加热电源正极，若无后视镜加热功能，则为空脚
2	后视镜加热搭铁，若无后视镜加热功能，则为空脚
3	后视镜左右马达电极
4	后视镜马达公共电极
5	后视镜上下马达电极

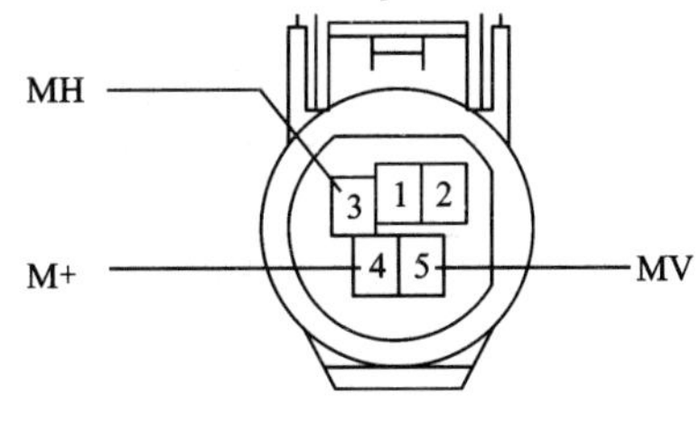

图 11－14　电动右侧后视镜插口

表 11－2　电动后视镜测量条件

测量条件
蓄电池正极（+）→端子 5（MV） 蓄电池负极（-）→端子 4（M+）
蓄电池正极（+）→端子 4（M+） 蓄电池负极（-）→端子 5（MV）
蓄电池正极（+）→端子 3（MH） 蓄电池负极（-）→端子 4（M+）
蓄电池正极（+）→端子 4（M+） 蓄电池负极（-）→端子 3（MH）

11.5.2　电动后视镜开关总成的检查

如图 11－15 所示，电动后视镜开关总成的端子定义如表 11－3 所示。

表 11－3　电动后视镜开关总成端子定义

端子	定义
1	空脚
2	右后视镜水平调整 HR
3	右后视镜垂直调整 VR
4	左后视镜垂直调整 VL
5	左后视镜水平调整 HL
6	接电动后视镜马达 4 号脚
7	搭铁 E
8	电源正极 B
9	空脚
10	空脚

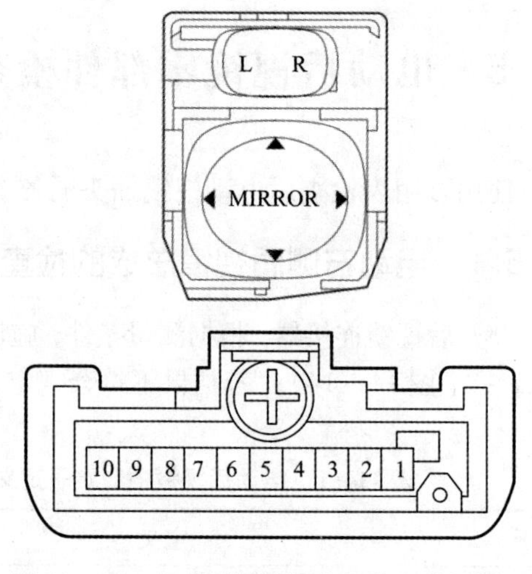

图 11－15　电动后视镜调节组合开关及插口

(1) 左/右调整开关的 L 位置：根据表 11－4 中的值测量电阻。若结果不符合规定，则更换开关总成。

表 11－4　电动后视镜开关总成（L）端子电阻

检测仪连接	开关条件	规定状态
4(VL)－8(B) 6(M+)－7(E)	UP	小于 1 Ω
	OFF	10 kΩ 或更大
4(VL)－7(E) 6(M+)－8(B)	DOWN	小于 1 Ω
	OFF	10 kΩ 或更大

续表 11－4

检测仪连接	开关条件	规定状态
5(HL)－8(B) 6(M+)－7(E)	LEFT	小于 1 Ω
	OFF	10 kΩ 或更大
5(HL)－7(E) 6(M+)－8(B)	RIGHT	小于 1 Ω
	OFF	10 kΩ 或更大

2)左/右调整开关的 R 位置：根据表 11－5 中的值测量电阻。若结果不符合规定，则更换开关总成。

表 11－5　电动后视镜开关总成(R)端子电阻

检测仪连接	开关条件	规定状态
3(VR)－8(B) 6(M+)－7(E)	UP	小于 1 Ω
	OFF	10 kΩ 或更大
3(VR)－7(E) 6(M+)－8(B)	DOWN	小于 1 Ω
	OFF	10 kΩ 或更大
2(HR)－8(B) 6(M+)－7(E)	LEFT	小于 1 Ω
	OFF	10 kΩ 或更大
2(HR)－7(E) 6(M+)－8(B)	RIGHT	小于 1 Ω
	OFF	10 kΩ 或更大

【任务书】

一、电动右侧后视镜总成的检查。

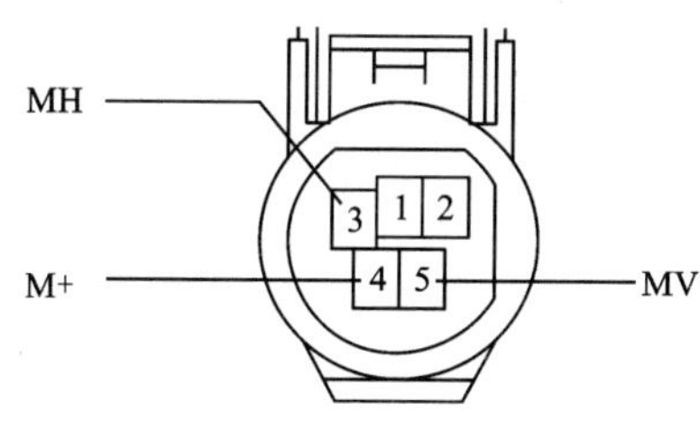

测量条件	规定状态	实际状态	检测结果

二、电动后视镜开关总成的检查。

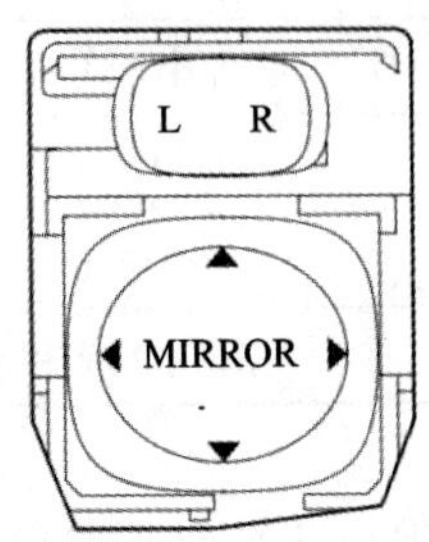

左/右调整开关的 L 位置：

条件	用万用表检测	规定状态	实测值	检测结果
UP				
OFF				
DOWN				
OFF				
LEFT				
OFF				
RIGHT				
OFF				

左/右调整开关的 R 位置：

条件	用万用表检测	规定状态	实测值	检测结果
UP				
OFF				
DOWN				
OFF				
LEFT				
OFF				
RIGHT				
OFF				

三、根据维修手册，对电动后视镜不工作的故障进行排除。

序号	检测内容	正常状态(正常值)	实际状态(实测值)

参考文献

[1] 丰田卡罗拉维修手册，2012.

[2] 日产天籁维修手册，2013.

[3] 毛平. 汽车电气设备构造与维修. 北京：中国劳动社会保障出版社.

[4] GB 7258—2004，机动车运行技术安全条件.